"十三五"国家重点图书出版规划项目
上海市新闻出版专项资金资助项目
新时代生态文明法律制度体系研究丛书
丛书总主编　陈晓景　李国敏

生态保护优先原则
及其法律制度因应

李嵩誉　著

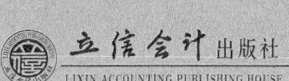

图书在版编目(CIP)数据

生态保护优先原则及其法律制度因应 / 李嵩誉著.
—上海：立信会计出版社，2018.12
（新时代生态文明法律制度体系研究丛书）
ISBN 978 - 7 - 5429 - 6048 - 1

Ⅰ.①生… Ⅱ.①李… Ⅲ.①生态环境—环境保护
法—研究—中国 Ⅳ.①D922.680.4

中国版本图书馆 CIP 数据核字(2019)第 018851 号

策划编辑　　　窦瀚修
责任编辑　　　王艳丽

生态保护优先原则及其法律制度因应
Shengtai Baohu Youxian Yuanze Ji Qi Falü Zhidu Yinying

出版发行	立信会计出版社		
地　　址	上海市中山西路 2230 号	邮政编码	200235
电　　话	(021)64411389	传　真	(021)64411325
网　　址	www.lixinaph.com	电子邮箱	lixinaph2019@126.com
网上书店	http://lixin.jd.com		http://lxkjcbs.tmall.com
经　　销	各地新华书店		

印　　刷	江苏凤凰数码印务有限公司		
开　　本	710 毫米×1000 毫米	1/16	
印　　张	12.5		
字　　数	186 千字		
版　　次	2018 年 12 月第 1 版		
印　　次	2018 年 12 月第 1 次		
书　　号	ISBN 978 - 7 - 5429 - 6048 - 1/D		
定　　价	68.00 元		

如有印订差错，请与本社联系调换

丛 书 序

目前,我国已进入中国特色社会主义新时代,人民对"美好生活"的需求越来越强烈,人民对"美丽环境"的需求也越来越突出。如果说经济上富有、能享受良好的教育、身体健康、有时间去游历名山大川等都是人们对"美好生活"的具体需求,那么在排除社会收入分配不公和差距过大的情况下,社会经济发展水平应该与这些需求的满足水平成正相关关系。也就是说,社会经济发展水平越高,人们的收入水平也越高;社会经济发展水平越高,人们可享受的教育资源和教育条件也越好;社会经济发展水平越高,人们游览国内外名山大川、名胜古迹的机会也越多;社会经济发展水平越高,人们越注重以合理的节奏工作和生活,人们的身体将更加健康。但实际上,社会经济发展水平与"美丽环境"和"美好生活"需求之间似乎并不存在正相关关系。经济学家所说的"负外部性"、政治学家所说的绝不走"先污染后治理的老路"以及法学家所说的"普遍环境责任"等都告诉我们,人们追求的"美丽环境"和"美好生活"曾经且还在继续受到经济活动释放的"负外部性"影响,人们不得不为"营建发展"造成的非自然因素成本"买单"。虽然按"创新发展理念"实现的发展会在很大程度上消解经济活动的"负外部性"影响,但这种影响不会被永久消除。"美好生活"的实现需要我们付出新的努力,而"美丽环境"的实现需要我们付出更大的努力。

由陈晓景和李国敏担任总主编的这套"新时代生态文明法律制度体系研究丛书"的创作和出版,是环境学界、热心环保人士和环保组织等为实现"美丽环境"和"美好生活"做出努力的一部分。这套丛书的创作和出版既是学术盛事,也是为人民谋取美好生活的"义举"。

古人云:"君子务本,本立而道生。"这套"新时代生态文明法律制度体系研究丛书"立足我国生态文明法治建设的实际需求,致力于生态文明法律制度根本问题的研究,在某些方面实现了生态文明法律制度体系理论研究的创新发展。据我了解,迄今为止,国内尚未出版过以"新时代生态文明法律制度"为主题的系列学术著作。"新时代生态文明法律制度体系研究丛书"填补了我国该领域学术著作出版的空白,它将对环保实务界,尤其是环境法学界,带来巨大的知识冲击和学术冲击,它或将掀起新时代生态文明法律制度研究的热潮,带动更多的学者,尤其是环境法学者,为建设"美丽中国"、实现人民对"美好生活"的向往而贡献智慧和力量。

"新时代生态文明法律制度体系研究丛书"各分册的选题主要围绕环境法学研究的两个重点领域展开,一是沿着已经建立或奠基的环境保护制度做加强制度建设的努力,即研究怎样使这些制度建设水平更高、质量更高,如《生态补偿法律制度研究——以南水北调中线工程沿线为例》《低碳发展下环境治理体系理论创新及法律制度建构研究》《企业环保信用评价法律制度研究》《新时代环境财政法律制度研究》《绿色金融法律制度研究》;二是对生态文明建设、环境法制建设做应然选择的尝试,即研究在新时代生态文明建设的任务面前,我们应当怎样建设和完善环境法,如《生态保护优先原则及其法律制度因应》《新时代环境保护法律制度检视与重构》《中国生态系统管理范式与法律制度建构研究》。这两个研究领域都是我国环境保护实务界和环境法学理论界高度关注的领域。因此,这套丛书的出版有望对环境保护实务研究和环境法学理论研究带来双重推动。

徐祥民

2018 年于青岛海滨寓所

目　　录

第一章　生态保护需要生态理性回归 ·························· 1

　第一节　环境资源利用是生态保护的肇始 ··············· 1

　第二节　生态保护根植于生态理性 ······················· 28

第二章　生态保护优先原则理论 ···························· 37

　第一节　生态保护优先原则的含义 ······················· 37

　第二节　生态保护优先原则的历史追溯 ··············· 49

　第三节　生态保护优先原则的内涵 ······················· 58

第三章　生态保护优先的正当性理论基础 ··············· 69

　第一节　生态学的科学基础是生态优先观 ··············· 69

　第二节　生态伦理学的核心是生态义务 ··············· 73

　第三节　生态经济学倡导生态秩序优于经济秩序 ······· 77

　第四节　生态政治学要求政治制度生态化 ··············· 82

　第五节　维护生态秩序是生态文明建设的本质要求 ··············· 90

第四章　生态保护优先原则的制度建构 ··············· 102

　第一节　整体性保护制度 ···························· 103

　第二节　生态风险管控制度 ······················· 105

　第三节　生态环境质量不得退化制度 ··············· 109

　第四节　生态规划制度 ···························· 115

　第五节　生态影响评价制度 ······················· 125

　第六节　生态保护红线制度 ······················· 128

第七节　生态保证金制度 ……………………………… 140

第五章　生态保护优先原则下的环境制度 …………… 145

第一节　生态修复制度 ……………………………… 145

第二节　生态补偿制度 ……………………………… 158

第三节　生态公益代表诉讼制度 ……………………… 164

第四节　生态环境损害赔偿制度 ……………………… 179

参考文献 …………………………………………… 186

第一章　生态保护需要生态理性回归

我国陆地国土面积和主张管辖海域面积广大,自然资源丰富,但同时我国也是世界上人口最多的国家,在现实的人类需求与本国可利用资源的关系上,"供不应求"的矛盾十分突出,土地资源、滩涂(海域)资源等被过度开发,且面临进一步消耗殆尽的危险。面对环境污染和生态损害严重的现实,对生态资源进行源头性的生态优先保护和对已损害的生态资源进行抢救性的生态修复保护,已是刻不容缓的事情。

在建设生态文明和强调"牢固树立创新、协调、绿色、开放、共享的发展理念"的社会背景下,在环境污染和生态破坏日益严峻的态势下,在自然资源的生态价值与经济价值发生激烈冲突的情况下,生态文明建设的本质属性要求人们对自然资源的开发利用必须在不超过自然资源承载力的基础上进行,其目的是维护自然资源的可持续利用以及保护其生态系统结构稳定、生态公益功能完整。这也就意味着,对自然资源的生态价值进行立法保护是其生态理性的本质要求。

第一节　环境资源利用是生态保护的肇始

我国作为一个人口大国与经济大国,过去、现在乃至将来都承受着巨大的社会经济和自然生态的压力。我国环境资源开发利用在强度上的提高和广度上的扩展,虽然为利益主体和社区发展带来了经济效益,但同时也对环境资源造成了破坏性的影响;而那些即将对环境资源进行开发利用的经济活动,尽管是利益主体按照成本收益精心设计的,对个人和社会都将带来丰厚的经济效益或社会效益,但同时也势必对已经承载很大压力的环境资源造成更大的不利影响,甚至对以资源为载体的陆域或水域生态系统构成直接威胁。在这种情况下,为了环境资源的可持续利用,也为了满足环境资源管理的需要,对环境资源尤其是脆弱的生态环境资源进行立法保护并规范人们的开发行为,是非常必要的。

一、环境资源的不合理利用必然对其生态安全产生不利影响

环境资源的自然生态性在于其整体性和系统性,环境资源及其周围的生物群落和非生物环境[①]共同构成生态系统,生态系统的各组分或要素之间相互依存、相互作用、相互制约,共同构成一个整体,且每一个整体都是一个完整的系统,任一组分或要素都具有不可替代的地位和功能。若改变其中的任一组分,必然会对其他组分甚至整体产生直接或间接的影响。

人们的生产和生活活动会对环境资源生态系统产生消极影响,这种影响反过来又会威胁人类的健康生存。不同环境资源生态系统的特性各异,要制定一个保护环境资源生态系统平衡与稳定的战略决策,制定切实有效的治理或缓解生态灾难的制度,必须先搞清楚环境危机或生态恶化问题产生的根源。因此,分析环境资源生态危机的成因是非常有必要的。人类活动对环境资源自然演替过程的干扰会对其生态系统各组分及各组分之间的关系造成直接的威胁。在人类对生态环境直接或间接的侵犯中,最值得警惕的是使用危险甚至致命的物质对空气、土壤、河流及海洋造成的环境污染和生态破坏。这种污染和破坏通常是不可逆的。

中共十一届三中全会召开之后,我国市场经济全面搞活,以经济发展为中心的战略将市场经济自东向西、由南向北、从陆地向海洋全方位推进。经济增长的速度成为衡量一切工作绩效的指标,真可谓"不管白猫或黑猫,只要能使经济增长就是好猫"。然而,这种粗放型的经济增长,掠夺式的资源利用,追求高能耗、高消耗的生产、生活方式,以牺牲生态环境为代价的经济增长和奢侈消费,是非持续的,是不符合自然生态发展规律

---

① 穆治霖.从海岛生态系统和自然资源的特殊性谈海岛立法的必要性[J].海洋开发与管理,2007(2):44-46。

的。其结果是土地荒漠化、生物多样性减少、水土流失加剧、雾霾天气肆虐等威胁人类生存的一系列生态环境灾难,使人类的身心健康付出沉重的代价。于是,人们逐渐意识到:经济增长不能以牺牲环境资源为代价,经济发展必须走可持续发展的科学之路。由此,我国开始了自陆地到海洋全方位保护生态环境的立法动议。

虽然我国拥有漫长的海岸线,有着丰富的海域和岛屿资源,但我国传统上一直重陆地发展而轻海洋经济开发。随着改革开放的逐步深化,我国内陆和沿海经济迅猛发展。但由于我国经济发展采用的是粗放型增长模式,经济结构的不合理导致整体经济的非持续性,即经济高速增长的同时,自然资源被掠夺性、破坏性地利用。这一方面致使陆地自然资源十分短缺,另一方面致使生态环境日趋恶化。面对陆地资源稀缺与生态环境恶化的窘境,人们把发展的触角伸向了海洋,海岛资源的重要地位日益突显。然而人们对海岛的开发利用,尤其是对无居民海岛的开发利用,不仅范围广而且强度大,这种掠夺式的资源利用模式已使环境恶化趋势从陆地系统蔓延至海域系统。此外,由于自然资源国家所有权制度的不完善,以及管理缺失和多头管理,我国的环境资源开发利用一度呈现"无序、无度、无偿"的严峻态势。这不仅使环境资源遭到毁灭性的破坏,而且更加剧了环境资源生态系统的退化。尽管环境资源保护领域有大量的法律法规和部门规章,但这些法规的侧重点大多是针对环境污染的末端治理,而不是对源头的生态资源进行保护。这也就意味着,生态保护优先的理念从本质上就缺少制度的支撑。因此,自然资源生态系统恶化的态势将不可能从根本上得到遏制。

二、经济理性泛滥是加剧生态危机的根源

工业革命为人们带来物质文明和社会进步的同时,也产生了一系列严重的全球性社会问题。其中,环境污染与生态破坏直接威胁到人类的健康生存。

(一) 经济理性是工业文明的产物

20世纪以来,随着工业革命和技术革新的迅猛推进,人类社会发展的速度和规模是过去任何历史发展阶段无法比拟的,但同时也产生了一系

列严重的全球性社会问题：人口激增、能源危机、粮食短缺、环境恶化、生态失衡、水资源匮乏、贫富悬殊……这一系列环境与发展之间的矛盾使人类社会的进一步发展遇到了前所未有的严峻挑战。人口无限扩张导致自然资源被无序地过度利用，工业化的生产与生活方式进一步将自然资源的经济功能发挥到极致，环境污染和生态危机突显，人类健康生存的生态环境消失殆尽。为解决工业革命的副产品——环境污染和生态危机问题，很多国家不是遵循生态环境风险预防原则，而是采取"先污染，后治理"的发展模式，即只要污染者付费就可以持续地利用资源和污染环境。其基本逻辑是："污染者付费"既是矫正市场失灵的有效工具，也是自然资源优化配置的有效途径。

然而，付费是要增加成本的，这是人人皆知的道理。从主流经济学的惯性思维出发，如果自然能够免费提供生态服务，那么一向关注稀缺性和经济性的经济学家是不会考虑增加成本的；如果生态服务稀缺，但市场却能够确保稀缺的生态服务可以被有效率地分配，那么环境经济学大可不必完全从主流经济学中分离出来。事实上，生态服务已经变成稀缺品，市场不仅忽视了人们对生态服务日益增长的需求，而且漠视了任何市场都不可能保证生态服务在市场中被有效率地利用这一事实。因此，环境经济学主张尽可能地在生态服务的提供和利用过程中通过"污染者付费"手段矫正市场失灵。具体来讲，就是试图把生态服务这一自然资产以价值的方式纳入市场的货币、商品和服务交换体系，使一度免费使用的生态服务体现为货币化的价值，使市场的经济主体必须为其给环境带来的不利影响和增加的社会成本承担责任，迫使市场主体最优化地利用自然资源。也就是说，"污染者付费"制度通过设计污染税、污染许可证、污染者赔偿原则等机制，达到以基于市场的方法打击污染行为的目的。然而，无论采用哪一种经济性惩罚机制，污染物排放数量的商品化将是一项必要的先决条件。这样，通过商品化的经济过程转化，本来与市场无关的自然生态服务反倒可以通过市场进行定价交易，使资源得到有效配置，污染的最优水平由市场来决定，污染物排放也顺理成章地被市场机制合法化。这既是环境持续退化的根本原因，也是经济理性认识论范式逻辑的有效践行。

第一章 生态保护需要生态理性回归

理性的标准是多样的。随着市场中心机制在西方世界的确立,市场按照经济理性的逻辑把自然界作为可随意奴役的环境资源,使之为经济目的服务。这不仅使不公正的资源所有权关系合法化,而且使经济优先于生态,置人的健康生存和生态需求于不顾。同时,经济理性还强调经济增长与环境保护是一致的,或者更有益于环境保护。遗憾的是,这种预设在理论上是可以成立的,但全球性环境问题和生态危机的实证结果证明,仅依据市场规则解决环境问题和生态危机不仅是不可能的,也是不现实的;相反,环境问题和生态危机正是由经济增长和资源过度消耗造成的。近年来,西方国家经济水平的提高和污染水平的降低并不是因为经济增长有益于环境保护,而是其把污染企业转移到污染边际成本更低的发展中国家,取而代之的是相对有利于环境的服务性行业。①

"先污染,后治理"的经济理性思维方式在一定程度上对于陆地资源的利用是可行的,因为陆地上的自然环境条件非常优越,其生态系统的承载力和恢复力都很强。但"先污染,后治理"这一经济理性思维方式并不适用于对无居民海岛整体性资源的开发利用,②因为无居民海岛的生态脆弱性特质使其从根本上无法与陆地生态系统的可恢复能力相媲美。③ 诚然,尽管无居民海岛资源使用也具有一般自然资源使用的共性特征,但从其开发利用和保护的角度,无居民海岛的整体性资源使用功能主要表现为地域性、整体性和客观性的特征。④ 地域性是指自然资源的空间分布与一定的地理区位相联系。无居民海岛具有因地理区位差异导致其自然资源分布差别性的属性特点,如交通运输用岛、渔业用岛、农林牧业用岛等。整体性是指各种自然资源在复杂的生态系统中作为组成整体的部分环境要素,既相互依存又相互制约,互为因果地交织在一起,构成完整的资源生态系统有机统一体。⑤ 其中,任何的资源利用或外力干扰行为,都会引起单一要素的变化,并可能进一步影响到其他要素,从而导致整个生态系

---

① 简·汉考克.环境人权:权力、伦理与法律[M].李隼,译.重庆:重庆出版社,2007:5-23.
② 牛文元.生态环境脆弱带(ECOTONE)的基础判定[J].生态学报,1989(2):97-105.
③ 冷悦山,孙书贤,等.海岛生态环境的脆弱性分析与调控对策[J].海岸工程,2007(2):58-63.
④ 蔡守秋.环境资源法教程[M].北京:高等教育出版社,2004:273-274.
⑤ 李昌麒.经济法学[M].北京:中国政法大学出版社,2007:487-488.

5

统结构的变化,甚至造成整个生态系统功能的失衡。无居民海岛并不是作为自然资源的载体(如草地、森林、矿藏等)孤立存在的,而是与其周围海域共同构成一个统一的整体。客观性是指自然资源无论是可再生资源还是不可再生资源,都是客观存在的自然环境要素的组成部分。[①] 因此,无居民海岛的开发利用必须正视其特殊脆弱性的特质,外界对其生态的干扰必须遵行其系统固有的整体性、系统性的自然生态规律。

(二)经济理性加剧了生态危机

工业文明以经济理性为基础形成了个人主义法律价值观,其法治文明所确立的绝对所有权、契约自由、自己责任原则,对生态危机的产生负有不可推卸的责任。[②]

1. 经济增长优先论:现代经济制度的理论基础

经济增长成为 20 世纪世界各国不可或缺的思想意识。20 世纪 30 年代,英美经济学家突破经济大萧条的困境,通过控制通货膨胀和管理经济为第二次世界大战的胜利作出贡献。在资本主义世界,一方面,第二次世界大战的胜利奠定了美国在国际事务中的支配地位;另一方面,美国在经济领域的成功也确保了美国文化理论在西方世界广为传播。在意识形态的另一极,苏联利用其地缘政治优势创造了另一版本的经济增长崇拜。更为极端的是,20 世纪 90 年代,一位美国经济学家曾乐观地预言,经济增长可以持续 70 亿年,只有在太阳消亡时经济才停止增长。某些诺贝尔经济学家更是声称,没有自然资源的支撑,世界经济也会持续增长。[③] 这些都确证了唐纳德·沃斯特所言:传统经济学家、商界巨头、政治家和广大公众中广泛持有的根深蒂固的经济增长优先论观点,构成了现代经济制度基础的理论态度和现代文明的全部物质精髓。[④]

经济增长优先论忽视了自然系统思想。以经济增长崇拜为核心的意识形态的认识基础在于把自然看作一个资源库存去使用,理论基础在

---

① 杨紫烜.经济法[M].北京:北京大学出版社,2006:491—492.

② 吕忠梅.中国生态法治建设的路线图[J].中国社会科学,2013(5):17—22.

③ 赫尔曼·E.戴利,乔舒亚·法利.生态经济学:原理和应用[M].金志农,等,译.北京:中国人民大学出版社,2014:3.

④ 唐纳德·沃斯特.自然的经济体系:生态思想史[M].侯文蕙,译.北京:商务印书馆,2007:409—410.

于机械的、功利主义的世界观和方法论。工业革命以来，世界经济的发展确实积累了真实的资本，创建了一个更加丰富、更加拥挤的世界，并且经济实证分析的思维方式对相关学科自然现象的研究也发挥过积极的作用，但由于其割裂了自然系统各事物之间、社会经济系统各要素之间以及它们之间相互的内在关联性，这种思维方式往往是"只见河流，不见大海"，对自然系统和社会经济系统规律的认识存在孤立性、片面性。因此，这种思维方式注定是不科学的。这种实证分析研究方法始于弗兰西斯·培根，经艾萨克·牛顿以及勒内·笛卡尔等人的继承和发扬光大，形成了线性思维，但生态循环并未被纳入其思考的范畴。[①] 这种实证分析的思维方式后来被崇尚自由市场理论和经济自由主义的亚当·斯密和其他经济学家所推崇、借鉴。但该研究方法和思维方式忽视了自然资产的消耗和折旧，其缺陷在于遵循经济规律时没有把生态环境因素纳入其理论视野之内考量。

2. 环境问题资本逻辑理论：经济增长论再展示

资本逻辑的本质旨在追求经济利润。经济增长的目的对社会而言是获取更多的社会财富，对资本所有者而言是取得更多的经济利润。简单来讲，资本的本性就是通过投资生产并在市场上销售商品追求更多的利润，以此来谋求资本自身的增值。这就是资本逻辑。[②] 这种追求资本增值、累积利润的资本逻辑在形式上正是通过经济增长的手段而实现的。经济增长要求快速生产、大量消费和产生大量废弃物的生产方式和消费方式与之相协调，体现在生产力上就是通过大量生产高额利润的产品使生产力得以迅速提高。从生产关系上看，这不仅符合资本本性的内在要求，而且彰显了资本逻辑贯穿商品经济社会的本性。从根本上讲，这种生产力与生产关系构成了与资本逻辑最相适应的生产经营体制。

环境问题的资本逻辑是与生态保护逻辑不相融的。资本逻辑从表象上看是通过生产商品满足人们所需要的生活资料，但实质上是为了实现资本的本性——获取高额利润。资本逻辑把包含人格在内的一切东西都

---

① 曹明德.生态法的理论基础[J].法学研究,2002(5)：98-107.

② 岩佐茂.环境的思想——环境保护与马克思主义的结合处[M].韩立新,等,译.北京：中央编译出版社,2006：24.

贬低为追求利润的手段,同时,在生产过程中又尽量削减成本费用。[①] 由于资本的逐利本性,如果没有法律的强制性约束——排放废弃物的无害化处理原则,资本必定服从于"节约"的经济人理性。在资本逻辑看来,如果没有法律的强制性规定,生产者可以无偿地摄取大气、水等自然资源,而且理所当然地把生产过程中产生的废气、污水免费排放到自然环境中去,那么生产者是不必关心排放物是否污染环境、污染的程度以及损害人体健康的程度等问题的。这种缘于资本本性所产生的"节约",实质上是以对环境的污染、生态的破坏为代价的。在此意义上,资本的逐利本性和大量生产、大量消耗的生产方式和消费方式催生了环境问题,导致了资本逻辑与生态保护逻辑的对立与冲突,使资本逻辑与生态保护逻辑处于不相融的两条轨道。

3. 过度经济理性导致生态秩序失衡

在生态保护和经济利益面前,如何处理两者的关系,既是价值判断问题,也是决定能否对环境资源利用实施生态保护的关键所在。对于管理者而言,地方政府及其相关管理部门通常是为了地方利益或部门利益进行选择性执法,对于有利益的管理,管理者都会争相管理;但一旦涉及污染防治、保护生态等履行义务的情况,因为不存在利益,管理方都会推脱。我国各管理部门之间由于存在业务和职权职责上的交叉与冲突,对同一件事情,大家都可以管也都可以不管,既缺乏统一的专业管理机制,也缺乏强有力的管理协调机制,从而导致越管越乱。这就是由缺乏生态系统管理的法律规范所导致的管理乱象。对于经济利益主体而言,自私自利的本性决定了其以最小的成本换取经济利益最大化,而防治污染、保护生态必然加大其成本,并且防治污染、保护生态的成果为大家所分享,是公共利益,经济利益主体当然不会在既没有强制力规范要求、又没有管理者对其进行管理监督的情形下,自觉主动地履行生态保护义务。此外,由于长期以来的人口承载压力,我国存在对大多数环境资源开发利用方式不当或过度开发利用,以及对环境资源只利用不保护的现象。因此,在生态

---

① 岩佐茂.环境的思想——环境保护与马克思主义的结合处[M].韩立新,等,译.北京:中央编译出版社,2006:149.

保护优先的立法规范不到位或缺位且管理无序的情况下,我国生态环境趋于恶化。

我国无居民海岛的使用和管理就是一个典型的环境资源使用无度、无序的案例。尽管无居民海岛在我国历史上已存在了几千年,但真正对其履行管理使命是始于陆地资源的稀缺和由此引发的海域争端。目前,我国对无居民海岛的管理问题较多,如刘文学在其文中所述:"现在的海岛管理状况是各说各的、各管各的,国土、海事、边防及地方政府等相关部门都在插手管理,但是都未管好,较混乱,而且没有明确的法律依据,无法进行有效的管理。因此,众多海岛仍然处于无序无度的开发状态,甚至有渔民在海岛上开山炸石、非法采砂,造成国家资源的浪费。"①我国海岛管理机构设置重叠、职责不清、各自为政,各级的管理范围、权限不明确。由于涉海部门较多,且彼此之间缺乏统一有效的协调,我国海岛保护与利用存在较多问题。这种管理体制的构建完全遵循行政管理体制的模式,是为了最大限度地适应或方便行政区划的管理,更是基于部门或地方管理主体对部门利益或地方经济利益的喜好,但却忽视了对生态环境的保护和对自然资源的可持续利用。然而,无居民海岛及其所属海域是一个相对完整且封闭的生态系统,并且该生态系统具有不同于大陆及有居民海岛的特性,即整体性、敏感性、脆弱性。因此,基于无居民海岛及其周围海域生态系统的属性及特点,人们应该遵循事物本身的规律或特性,以整体论、系统论为指导,采用科学的生态系统管理方法对其进行管理。

无居民海岛生态系统提供了人们赖以生存的资源和自然生境,因为受到人们经济活动的影响,其生态环境的恶化就是海岛生态系统对环境的强力胁迫,是对人类过度干扰的异常反应。无居民海岛生态系统的整体性、敏感性、脆弱性,以及无居民海岛生物资源和非生物资源已被破坏的现状,理应迫使人们自醒、反思:单一地追求生态系统最大生产量的行为对无居民海岛的生态系统造成了不可逆的破坏,我们必须摒弃传统的单一自然资源管理理念,转而采用生态系统的理论和方法对无居民海岛

---

① 刘文学.海岛保护立法:生态价值优先[J].中国人大,2009(14):37-38.

进行科学管理。生态系统管理是一种新的科学的自然资源管理方法,是一种基于生态系统知识的管理和评价方法,这种方法将生态系统的结构、功能和可持续的社会经济目标融合在一起。① 人们对无居民海岛的任何开发利用都会对其生态系统产生影响,只是开发利用的方式不同,所呈现的不利影响程度也就不同而已。这就要求人们对无居民海岛的任何开发利用都要建立在生态维护和科学管理基础之上。唯有采用科学的生态系统管理的方法,才能遏制无居民海岛环境和生态被破坏的乱象,也才能维护无居民海岛生态的可持续发展。

三、经济理性与生态保护理念相悖

人类文明经历了狩猎文明、农耕文明和工业文明。其中,工业文明较其他文明是更高级的文明,不仅创造了先进的生产力,而且形成了富有效率的社会经济组织、经济体系和管理制度。以经济为纽带的社会分工促成了与其生产关系相匹配的法治观念,即天赋人权、私有财产神圣不可侵犯、平等、自由等。这些法治观念使人脱离了普通的个体,被抽象为追求经济利益的理性"经济人",使人与人的关系经历了从身份到契约的嬗变。自然界被定位为"理性人"占有、支配的客体对象,以"物"为核心的财产法、契约法等法律制度构成了工业文明社会的法律体系,经济理性奠定了工业文明时代个人主义法律价值观的逻辑基础。② 然而,市场、财产、契约等众多工业文明的个人主义价值符号在促进工业文明繁荣的同时,也造成了环境污染、资源破坏和生态功能退化。于是,人们开始反思工业文明的生产与生活方式、忖度科学技术的双刃价值、反省人与自然的关系、质疑经济理性的价值基础。③

我国经济在快速发展的同时,也面临环境污染、资源破坏和生态功能退化等问题。这些已经威胁到公众身心健康的雾霾天气、被污染的水质和被污染的农地土壤,也迫使媒体和公众追问:数年来,为什么政府花了

---

① K.A.沃科特,等.生态系统——平衡与管理的科学[M].欧阳华,等,译.北京:科学出版社,2002:1.

② 吕忠梅.中国生态法治建设的路线图[J].中国社会科学,2013(5):17-22.

③ 姬振海.生态文明论[M].北京:人民出版社,2007:16.

那么多钱,用了那么长时间,下了那么大决心,但空气质量、大江大河大湖的水质还是没有发生根本性好转,土壤污染的态势依然严峻? 其实,我们的环境质量不是没有好转,而是好转后又被第二轮、第三轮的污染破坏了。因此,我国的水污染、大气污染和土壤污染等问题迟迟不能被解决,其原因不是技术障碍,不是资金问题,而是发展理念问题。

经济理性观不利于生态保护。工业文明和现代科技为人类导入的市场经济理性在创造物质财富的同时也形成了一种"反自然"的异化力量,这种经济的、自然的"双重衰退—崩溃"模式不仅摧毁了人类赖以生存的自然生态系统,而且导致了全球性的生态危机,更使人类遭受了史上空前的生态灾难。正如著名科学家卡普拉所说:"现在全球生态体系和生命进化处于危险之中,处于一场大规模的生态灾难之中。"①

1. 市场不是万能的

市场是实行市场经济的国家不可或缺的资源配置手段,但市场是万能的吗? 市场能揭示所有市场主体的期望吗? 市场理想体系既能有效地配置所有资源也能公平地分配所有资源吗? 市场能够自发有效地将社会经济系统调整到自然生态支持系统的可持续供给物质规模范围之内吗? 这些普遍的市场信念受到了生态文明理念的质疑,事实上,自由市场体系对配置自然系统的生态物品和服务是无能为力的。

市场只能影响、左右或调节市场商品,它在满足排他性和竞争性商品特性的前提下是一种很有效的资源配置机制。市场为交易主体的经营活动提供平台,旨在获得最大利润,市场通过交易媒介——商品(包括物质商品和非物质商品)的供给和需求平衡关系调整生产和分配。市场商品具有竞争性和排他性的产权特征,如果一种物品具有非产权、非排他的属性,任何人无须经过他人同意或授权可任意使用,那么任何一个市场主体都不会愿意投资生产这种物品,如非收费公路、免费开放的公园和大多数生态系统服务等,原因在于非排他性物品不体现市场价值。

市场不能有效地配置非市场商品。非市场商品具有非竞争性、非排

---

① 弗·卡普拉.转折点:科学·社会·兴起中的新文化[M].冯禹,译.北京:中国人民大学出版社,1989:129.

他性特征。许多非市场商品并非人类生产,而是自然系统提供的,如海洋中的鱼类、美丽的风景、明媚的阳光等。对非市场物品,市场不能生产和分配,这些物品不具有竞争性和排他性,对公众是开放的,这终将导致生态退化即"公用地悲剧"*。同样,开放式的海洋渔业也受这种悲剧的困扰,如大西洋鳕鱼就是典型的案例:在没有过度捕捞之前,渔民捕捞大西洋鳕鱼的成本很低,而可持续产量却非常高,然而世界性的长期过度捕捞导致鳕鱼的生物量急剧下降,稀缺的鳕鱼使捕捞成本变得极其昂贵。[①] 每个利己的渔民都认为,自己增加一点捕捞量,不会影响到整个鱼类的产量。然而,正是由于每个利己的渔民增加的捕捞量彻底摧毁了大西洋鳕鱼的生物存量。目前,这种生态恶化的趋势在许多地区仍在继续,公共海域的可捕捞量正在急剧地下降,如若不加遏制,开放式的制度终将导致生物系统衰退和渔业资源的崩溃。这种恶化状况也从另外一个侧面说明,市场对非竞争性物品或服务不能产生调节和分配效用。

市场对公共物品的供给和配置无能为力。公共物品不具有私人产权的特征,具有非排他性、非竞争性属性,任何人都可以免费使用,大多数生态物品和服务都是纯公共物品。公共物品的非市场效应主要体现在以下两方面:第一,公共物品的免费使用属性意味着它不体现任何市场价值,不具有追逐利润的市场属性,市场当然不会提供公共物品;第二,公共物品本身的特征决定了使用公共物品的"搭便车效应"。这种效应是从一种狭隘的自利观点出发,凡涉及公共利益(如减少废气排放、限制能源消费等)的约束、自律行为,无论他人如何选择,其最佳策略就是以自我利益最大化为标尺来衡量,纯粹依赖别人的无私付出和奉献。这严重地阻碍了公共物品的供给。

科斯定理认为,无论初始产权如何配置,只要具备完全竞争的市场交易条件且在市场中交换,那么最终有效率的资源配置都能实现。该定理

---

　　* "公用地悲剧"是指英格兰曾经非常普遍的公共牧场,社区中的任何人都可以在这片草地上放牧,社区共有100户家庭,在不过度放牧的情况下,这片草地最大可持续支撑的生物量为100头牛。如果理性的利己主义者牧民每人都增加一头牛,那么这片草地将因过度放牧,而导致生产力下降,最终所有牧民的牛都将饿死。
　　① 戴利,弗蕾.生态经济学——原理与应用[M].徐中民,等,译.郑州:黄河水利出版社,2007:119.

表明:第一,交易成本*为零时,效率最大化;第二,外部性问题单靠市场就能解决,根本不需要外力干预。现实难道果真如此吗?科斯定理最重要的理论假设就是在完全竞争的条件下,交易双方信息完备,即实现交易成本为零。在简单的即时交易中,可能交易成本不高,但这并不意味着所有交易成本都为零。基于此理论,如果以河流上游的一家污染企业影响到了河流中下游数千户居民的饮用水为例,势必演绎出如下结论:不仅能让所有相关主体都坐到谈判桌前达成一致协议,而且交易成本为零。这个结论未免也太不切实际了,单是把众多相关主体凑到一张谈判桌前就非常困难,甚至是不可能的事情。在现实中,当外部性涉及社会不特定众多主体时,交易成本是非常昂贵的,这是一般规律而并非特殊情形。因为所有的经济活动都会产生废弃物,影响生态系统的功能和服务实属不可避免,这是经济内部过程的必然环节,即经济活动与生态系统吸纳其排放的废弃物之间存在着不可分割的天然联系。以森林变为耕地为例,森林生态系统产生的生态服务会在当地、全国乃至全球减弱甚至丧失,这就产生了负外部性问题,而解决这一问题的交易成本会极其昂贵,令人望而却步;如果说这一负外部性影响到了后代,那么代际的交易成本更是无穷大,而市场根本无法解决此类问题。

2. 经济增长不能解决环境问题

环境库兹涅茨曲线假说**认为,在经济增长过程中,工业生产排入环境中的废弃物与由此引起的环境损害具有直接的关系,即环境损害程度与人均收入的关系曲线类似于"倒U"形。该假设的关系要素有三个。一是经济增长的不同阶段存在结构性问题。当人均收入水平较低时,经济增长依赖工业化、城市化来推动,需要从自然环境中摄取大量的资源、能源和原材料,从而导致废弃物等污染物排放增多;而随着人均收入的增

---

  * 交易成本是指达成一笔合同的成本,包括信息收集成本、谈判及时间成本、确定利害相关者及律师费用等成本。

  ** 在20世纪60年代,一位名叫库兹涅茨的经济学家推测,在增长的经济体系中,收入的不平等性和平均人均收入之间呈"倒U"形关系。当人均收入水平较低时,收入的不平等性随着人均收入的增加而增加,但是,当人均收入增加到一个特定水平时,随着人均收入的继续增加,收入的不平等性开始下降。在20世纪90年代初,一些经济学家提出,环境损害和人均收入的关系曲线类似于这个"倒U"形。

多,经济产业结构发生改变,第三产业的出现减少了资源和原材料的投入,废物排放也相应减少。二是随着收入的增加,人们会为了改善环境而理性地消费。三是西方的高收入国家推动了全球环境治理。这个假说的某个因素或某个环节有其合理性,但就整个地球环境而言,环境是一个不能分割的整体,局部的环境改善并不能对全球气候变暖、臭氧层破坏、生物多样性减少等产生实质性的影响。

《超越极限》的核心在于尊重环境约束。《增长的极限》和《超越极限》*认为,生态环境是有极限的,经济不可能永远增长下去,为避免未来经济的非可持续性,人们应避免对自然资源的过度利用行为,尊重自然。人类的任何经济活动都需要投入资源并产生废弃物,而且人们对自然资源的开发和利用已经超出自然生态的承受能力,如果未来人们不减少对自然资源和能源的过度使用,那么经济系统将溃退。事实上,经济的不可持续是可以避免的,即采取"量出为人"的办法,把人类对自然的索取建立在自然生态可承载的范围之内,也就是尊重自然的生态约束机理。

3. 经济增长的"反自然"性质:自然与经济的双重衰退模式

经济增长是以环境"透支"为代价的。人类的生存离不开地球生态系统及其服务的支持。在过去 50 年中,为满足人类对洁净水、食物、木材、燃料和纤维等快速增长的需求,人类对生态系统影响的速度、强度与规模均超出了历史上任何时期,生态资源的消耗极大地促进了人类福祉水平的提高和经济的发展。[①] 但是,人类对生态系统施加的压力越来越大,已远远超出了生态系统本身的承载能力,这意味着人类正以毁灭性的方式消耗地球上的生态资源,以此来刺激生产和消费。

生态系统正在遭受"求大于供"的严峻局面。在对生态系统的 24 项生态服务功能进行评估后发现,有 15 项生态服务功能正在退化或者处于不可持续利用的状态,包括净化空气和水源、调节区域和地方气候、调控

---

* 1972 年《增长的极限》出版,引起了经济学界的极大反应,甚至包括大量的抨击和质疑。但 1992 年《超越极限》的发表倒是没有引起公众和学术界的强烈反响。因为实践证明,任何经济活动都有自然消耗和废物排放,如果没有人口的控制和技术的进步,生态和经济的非可持续是很难避免的。

① 千年生态系统评估委员会.生态系统与人类福祉:综合报告[M].赵士洞,张永民,译.北京:中国环境科学出版社,2007.

自然灾害以及控制病虫害等。^① 就水资源而言,全球有半数的国家处于地下水位严重下降、水井干涸的状态;从农田基础来看,世界上有三分之一的农田土壤养分流失超过新养分生成,土地肥力正在逐渐丧失;从森林角度来看,森林被变更为农田或被砍伐用来生产木材、纸张,森林面积每年减少 35 万平方千米;从海洋资源来看,全球五分之四的海洋渔场因过度捕捞或满负荷运转而面临崩溃。^②

经济系统所依赖的自然支持系统呈现衰退态势。科学考察的"生态足迹"*发现:人类的总需求已在 1980 年首次超过了地球的可持续供给能力,到 1999 年全球需求超过了自然系统可持续供给能力的 20%,到 2017 年全球需求已经超过了自然系统可持续供给能力的 50%。也就是说,我们当前的生产、生活消费水平至少需要 1.5 个地球系统的供给才能满足。^③ 从生态环境系统考察,世界经济发展处于"透支"状态。假如用生态环境指标来评价,那么支撑经济的自然支持系统的衰退,也就意味着全球性经济的衰退。

传统经济增长模式是对历史性文明衰退的见证,破坏自然支持系统的文明从来都不可能长久。^④ 对这个论题,经济学家和生态学家有着不同的观点。经济学家认为,纵观近几十年来的经济发展,市场经济是配置资源最有效的手段,经济增长在很大程度上提高了人们的生活福祉水平。世界经济曾经有无比辉煌的过去,同样其必将有充满信心的未来。承接该经济预测观点,主流经济学家和著名预测机构**都欣慰地认为,将来世界经济增长速度远比目前要快,到 21 世纪中期,世界经济规模大约为现在经济规模的两倍。但这种极为乐观的看法并没有得到生态学家的肯定。生态学家认为,世界上的任何产品都是有成本的,包括投入

---

① 千年生态系统评估委员会.生态系统与人类福祉:综合报告[M].赵士洞,张永民,译.北京:中国环境科学出版社,2007.
② 莱斯特·R布朗.崩溃边缘的世界[M].林自新,等,译.上海:上海科技教育出版社,2011:4.
* "生态足迹"是人类对地球生态影响的一个单一指标。2002 年,由瓦肯纳格尔领导的科学家团队在其进行的一项研究中,把对地球自然资源的使用情况归纳为一个单一的指标,即"生态足迹"。
③ 莱斯特·R布朗.崩溃边缘的世界[M].林自新,等,译.上海:上海科技教育出版社,2011:5.
④ 莱斯特·R布朗.崩溃边缘的世界[M].林自新,等,译.上海:上海科技教育出版社,2011:6.
** 著名预测机构通常是指世界银行、高盛集团和德意志银行等机构。

生产系统的原材料成本和能够为市场所计算的所有直接成本。但遗憾的是,市场却忽视了其自身无法调节的所有间接成本,如支撑经济增长的所有生态消耗成本。这就意味着市场并没有完全准确地反映产品的所有成本。

市场虽然决定了价格,但并没有反映价格的真相,即由市场形成价格的商品经济并没有反映产品的所有成本。以车用汽油为例来分析产品成本,从人们开采原油到精炼原油生成汽油,再到将汽油输送到全国各个加油站,假如这一过程所产生的直接成本大约是 5 元,那么该直接成本并没有包含生产过程中所产生的废气治理成本、行车燃油所排放的废气治理成本、废气污染所产生的呼吸系统疾病治疗成本、消减所造成的气候变化影响成本等,如果技术发展到能把所有这些成本都量化到间接成本里,那么每升汽油的成本要远远高于 5 元。所有能源的价格都应按此方式计算,才是真正的市场价格。因此,只有把所有产品行为所产生的所有成本(即直接成本和间接成本)都计算在内,市场才能真正反映产品的真实价格。

环境的衰退和恶化预示着文明的衰退或崩溃。历史上不同文明的衰退,有时是由单一的环境趋势导致的,有时是由多种趋势共同造成的。①考古记录发现,人类早期,多数文明的崩溃是由生态环境衰退引发食物短缺而最终导致的。例如,苏美尔文明的衰退在于农田灌溉系统存在设计缺陷,致使农田土壤盐分浓度逐渐上升,本该肥沃的农田变得寸草不生,最终导致苏美尔文明的崩溃;玛雅文明的消亡则是由人们过度砍伐森林和土壤被严重侵蚀导致的。现代农业文明的繁荣,使人们长久以来未能充分意识到农田土壤的环境恶化将会危及 21 世纪人类文明的延续。这并非危言耸听,目前全球性的生态环境评估*已表明,人类过度消耗资源和排放大量废物导致环境对人类生存和经济发展产生了大量负面反馈:

---

① 莱斯特·R.布朗.崩溃边缘的世界[M].林自新,等,译.上海:上海科技教育出版社,2011:6.

* 这是一个由联合国有关机构及其他组织资助,为期 4 年的国际合作项目。它是世界上第一个针对全球陆地和水生生态系统开展的多尺度、综合性评估项目,其宗旨是针对生态系统变化与人类福祉间的关系,通过整合现有的生态学和其他学科的数据、资料和知识,为决策者、学者和广大公众提供有关信息,改进生态系统管理水平,以保证社会经济的可持续发展。

全球人口持续快速增长,人们对各种资源的需求与日俱增,造成耕地日渐稀少、森林大面积消失、水井干涸、土壤侵蚀严重、食物价格上涨、失业率上升,这些都是导致政治和经济动荡的不安定因素。尽管如此,经济学家并不认为地球自然支持系统功能的退化会直接影响经济可持续产量的极限。这种意识的根源是由现代经济思想和经济决策所构建的经济模式决定的,这种经济模式与它所依赖的濒临崩溃的环境生态系统并不相生相融。因此,我们必须直面现实:现在我们的经济模式正在肆意破坏着支撑人类经济的自然支持系统,并且正把人类推向几近衰退与崩溃的边缘。

4."经济优先观"解构

法的基本原则是立法价值的浓缩和立法目标的具体化,是立法者为实现立法价值目标在不同规范层次上确定法律规范的分类和方法,而不同法律的制定都是为了达到特定的立法价值目的,因此,立法目的在很大程度上决定了法律调整的方向、立法理念、价值目标和制度选择。[①] 由于不同国家在制定环境法律时所处的历史条件有别,环境问题的严重程度也不尽一致,再加上社会政治与经济发展状况的差异,所以其环境保护法的立法价值目标在不同的历史发展阶段也可能有所不同。

1969年,美国颁布的《国家环境政策法》明确规定:"本法的目的在于宣示国家政策,促进人类与环境之间的充分和谐;努力提倡防止或者减少对环境与自然生命物的伤害,增进人类的健康与福利;充分了解生态系统以及自然资源对国家的重要性;设立环境质量委员会。"[②]由此可见,美国环保政策对环境保护的价值取向是以保护人类的整体生存环境作为逻辑起点的,其环境保护战略思想充分考虑了人类对自然环境的任何干扰活动都会对生态环境产生不确定的影响。因此,维护和保持良好的环境质量对人类的健康生存、普遍幸福具有重要意义。为了实现环境保护目标,该法规定,美国联邦政府的计划、职能、各种行动方案以及各项政策、条例和公法的解释与执行均应与该法规定的政策一致,联邦政府的一切官员

---

① 金瑞林.环境法——大自然的护卫者[M].北京:时事出版社,1985:23.

② 赵国青.外国环境法选编(第一辑)[M].北京:中国政法大学出版社,2000:5.

在做出可能对环境产生影响的规划时,要综合利用自然科学和社会科学方法,优先考虑生态环境保护问题。[①] 从美国环境保护立法目的的确立到为实现该目标制定的各项要求及措施,都明确规定了联邦政府各项行动方案必须把保护生态环境放在优先考虑的位置,充分显示了环境保护优先的立法理念和价值取向。

1967年,日本制定的《公害对策基本法》的立法价值目标是使保障国民健康、维护生活环境与经济健全发展相协调。这被认为是反映经济优先思想的立法,因为当时日本的环境污染状况非常严重,其公民遭受了巨大的公害灾难,社会舆论强烈要求把保护健康与生活环境视为至高无上的立法原则,并把它作为防治公害的法律武器。所以,日本在1970年第64届国会讨论修订该法时删除了所谓环境保护与经济发展相协调的"平衡"条款,确立了环境优先原则,即保护国民健康及维护其生活环境是环境立法的唯一目的。环境优先原则的确立是为了强调环境保护,不给污染者以发展经济而损害环境的借口。[②] 1992年以后,国际社会确立了可持续发展的人类发展观。1993年日本修订的《环境基本法》规定:本法的目的是以环境保全为基本理念,明确国家、地方、公共团体、企业者及国民的责任,规定作为环境保全基本对策的事项,从而综合且有计划地推进环境保全对策,以确保现在及将来的国民健康、文化生活,为人类的福利做贡献。[③] 日本通过制定《环境基本法》把可持续发展理念贯彻到国内环境立法中。其环境基本法由一直侧重的公害治理,即简单的污染防治,向更深层次扩展,增加了对生态保护、环境损害赔偿、加重环境责任的相关规定。[④] 由此,日本的环境法立法价值目标经历了从经济优先到环境优先的转变,最终实现了经济和社会的转型。

1976年,匈牙利颁布的《人类环境保护法》规定:本法的目的是保护人类环境和整个社会的共同利益;每个公民都有权享受适合人的生活的

---

① 马骧聪.综合性环境保护法比较研究[M]//马骧聪.环境法治:参与和见证——环境资源法学论文选集.北京:中国社会科学出版社,2012:41.

② 金瑞林.环境法——大自然的护卫者[M].北京:时事出版社,1985:24-25.

③ 汪劲.环境法律的理念与价值追求——环境立法目的论[M].北京:法律出版社,2000:209.

④ 周珂.生态环境法论[M].北京:法律出版社,2001:48-49.

环境。同时,该法还规定,国家在制定国民经济计划时应优先注意保护环境;在制定经济法规和其他文件、措施时也应优先考虑环境保护的需要;环境保护机关可责成企业等有关单位建立环境保护制度,并有权限制或停止其活动。[①]《人类环境保护法》的立法目的和相关规定,都体现出环境保护优先的理念、规制和措施。

我国的《中华人民共和国环境保护法》(以下简称《环境保护法》)第一条规定:"为保护和改善环境,防治污染和其他公害,保障公众健康,推进生态文明建设,促进经济社会可持续发展,制定本法。"该立法目的摒弃了原来经济发展优先的价值理念,而以"可持续发展"代之,是修法的一大进步,但该立法目的仍存在缺陷。其一,该立法目的未能体现现代环境伦理的基本价值,更没有体现环境立法的根本使命,与世界先进环境立法国家的"实现人与环境之间的充分和谐""环境保全提升人们福利""保护人类环境和整个社会的共同利益"等立法目的仍有很大差距。目前,我国经济在经历了 30 余年的高速增长之后,经济发展所产生的主要问题就是生态环境问题,并且生态环境问题已经发展成为重大的民生问题——大气污染、水污染和土壤污染等已经危及公民的健康生存,而如此严重的环境污染问题正是修订环境法所要解决的最大问题,但修订后的《环境保护法》并未解决。其二,立法目的中的"防治污染"仍然是防治相结合的治理思路,这样的规定仍为末端治理留下了缺口,在缺乏资金、技术的情况下,预防治理经常落空,实际治理也难以投入。随着环境问题的愈演愈烈,末端治理已经难以解决环境污染和生态破坏问题,有的是企业最后倒闭,无钱治理;有的是环境被严重污染和破坏,根本无法治理和恢复。在这种情况下,就必须有一种新的原则和机制加以代替。其三,该法中"使经济社会发展与环境保护相协调"的规定是较"环境保护与经济社会发展相协调"的进步。但事实上,环境保护永远协调不过经济发展,最后仍然走的是"经济优先""先污染,后治理"这样一条发达国家走过的老路。此外,这种协调也应当是国家采取一系列政策和措施后所要达到的目标和效果,

---

① 马骧聪.综合性环境保护法比较研究[M]//马骧聪.环境法治:参与和见证——环境资源法学论文选集.北京:中国社会科学出版社,2012:41.

而不是要根据"协调发展"的要求来解决环境保护与经济社会发展的关系。[①]

四、生态保护期盼生态经济秩序

经济思想应受制于生态思想约束。传统的经济思维模式建立在人们贪得无厌和自私自利且效用最大化的理论假设基础之上[②]，这种思维逻辑不仅造成了自然和经济的双重衰退，而且还对人类生存构成了极大的威胁。为了避免现代工业文明的经济思维将人类导入崩溃的生态深渊，我们必须摒弃掠夺性的、不可持续的粗放型经济增长模式，选择并坚持可持续的经济发展模式，提倡以生物资源和可再生资源为支撑的生态经济模式。这种生态经济模式理论强调经济发展必须以生态可持续支撑为基础，承认经济发展不是唯一主体，而是和生态紧密联系、不可分割的统一整体；认为经济发展要受制于生态环境的自然约束，要求人们发展经济必须首先顺应自然生态规律，其次再遵循经济发展规律，最终实现生态与经济的可持续发展。

经济安全性融合于生态安全性，生态安全在一定程度上优于经济安全。随着全球资源枯竭与生态危机的日益加剧，生态安全已成为世界性的热点和焦点问题。生态安全通常是指人类生存和发展所需要的生态环境应处于少受或不受威胁与破坏的良好状态。有学者认为，其基本含义一般包括两个方面：一是防止生态环境退化对经济基础构成威胁，主要指环境质量下降和自然资源的减少削弱了经济可持续发展的支撑能力；二是防止环境问题引发人民群众的不满，特别是导致环境难民的大量产生，从而影响社会安定。生态安全性是指人们在发展经济的过程中，应当保护生态系统及其中的自然资源，使其能够继续存在和保持再生的能力。[③]从生态安全的含义来看，生态安全可以体现为良好的资源环境态势，具体表现为生态系统自身处于健康运行中，能满足社会经济的持续发展需要；

[①] 王灿发.论生态文明建设法律保障体系的构建[J].中国法学,2014(3)：34-53.

[②] 赫尔曼·E.戴利,乔舒亚·法利.生态经济学：原理和应用[M].金志农,等,译.北京：中国人民大学出版社,2014：7.

[③] 曹明德.生态法的理论基础[J].法学研究,2002(5)：98-107.

第一章　生态保护需要生态理性回归

生态安全也指一种生态环境与经济发展之间的良性关系,这种关系要求经济发展的规模和水平必须限制在生态环境可持续承载的范围之内,强调生态系统的平衡和稳定,否则,经济安全性将会受到来自生态环境的制约与威胁。

经济安全必须兼容于生态安全。生态安全是经济可持续发展的基础,也是经济安全最基本的保障,具体体现为生态系统结构的稳定和生态功能保持正常的服务。任何生态系统都蕴含着自己独特的结构和功能,结构为功能的载体,功能是否正常预示着结构是否健康和稳定。也就是说,只要生态系统结构稳定,其系统功能就可以得到正常保持,生态系统的整体运行也就可以保持平衡,依赖其发展的经济也就具备了功能正常的生态资源基础。与之相反,如果由于某种原因生态系统结构的稳定性遭到破坏,且其系统功能不能正常保持,那么其系统运行就很难再维持平衡,其作为经济发展的基础性支撑作用不仅不能有效地发挥,而且还会威胁到经济安全,严重者甚至会导致生态灾难。因此,实现并维持生态安全,将有利于经济发展和经济安全。

经济利益性统一于生态利益性。生态利益是生态价值的再现,生态价值表现为生态系统的内在价值、工具价值和系统价值。[①] 从生态系统本身看,其内在价值的具体表现形式为生物利益,这是生命物种本身内在的固有价值和满足自身内在需要的体现;从生态系统的功能效用看,其工具价值的外在表现形式为生态利益,主要是指生态系统为满足人类正常健康生存而提供的各种生态资源和自然生态服务,是为全部社会成员提供生态生产资料和消费资料的所有外在价值的体现;从生态系统整体性看,其整体价值的表现形式为整个生命物种的共同利益以及地球生物圈的整体利益。[②] 由此可知,生态利益是包括人类在内所有生物体的利益。事实上,这意味着生态利益不仅包括人类的生存利益,而且在一定程度上又高于人类的生存利益。因此,人类的经济活动应当把生态利益放在优先考

---

① 霍尔姆斯·罗尔斯顿.环境伦理学[M].杨通进,译.北京:中国社会科学出版社,2000:253-257.

② 刘思华.论以生态为本位的科学依据与理论框架[J].中南财经政法大学学报,2002(4):3-9.

21

虑的位置,一切经济发展决策也应当把生态利益置于首位。

经济利益应服从生态利益的要求。从生态系统整体性视角来看,经济利益统一于生态利益,这是生态经济发展的客观现实要求。生态经济的显著特点就是经济发展必须限制在生态可承载范围内。因此,经济发展不仅要求人们充分认识和科学利用自然生产力,而且也要对社会生产力具有充分的认识,并使它们成为生态经济发展的共同推力和综合动力。生态利益和经济利益相统一,也要求我们在生态经济发展过程中正确处理全局利益和局部利益、长远利益和眼前利益之间的矛盾,实现生态经济的可持续发展。

五、生态经济秩序呼唤生态理性回归

不同的价值理论取向会造成不同的社会实践后果,而在实践中所遭遇的困难和问题往往又迫使人们在理论导向上进行追问和反思。地球生态环境问题的不断加剧乃至恶化,促使人们不断反省环境污染、资源破坏和生态退化等生态灾难的原因、后果及相关理论问题,也迫使法学理论界重新审视和评估传统法学理论和法律制度所灌输的主导价值观和利益观对人们思想和行为引导的价值和意义。传统的道德伦理观是以人类自我价值利益为中心去认识世界和自然的,在方法论上它以人类利益优先为逻辑起点。因此,以人类利益为中心的价值判断作为依据构建起来的国家政策和法律规范,在其理论根源上也就充斥着自然和环境在人类绝对控制下处于被指使、被奴役和被利用状态的思想。

1. 人本主义伦理观:生态环境灾难的法律思想根源

人本主义法律思想的主要观念认为,法律的伦理学主体只是人,在这个地球上,人类才是万物的中心,世界上的一切都是围绕人类而存在的。[①]这也是其在面对环境问题时所体现出的以人为中心、轻视自然的局限性的法学理论思想的根源。

人类法律文明轻视自然有其历史根源。美国法学家庞德教授曾经从人类轻视自然环境的思想根源来阐释法律与历史的关系:"为了使法律的

---

① 汪劲.环境法律的理念与价值追求[M].北京:法律出版社,2000:125.

稳定性与变化性相协调或相和谐,为了使法律秩序显得固定不变而又无可置疑,同时又能与永无止境而又变化无穷的人类欲望的强烈要求相适应,人类主要依循三条路线进行了尝试,即权威、哲学和历史。希腊和罗马社会一开始依赖权威,后又依赖哲学。现代社会则先后依赖权威、哲学和历史。"①从庞德教授的理论解释来看,人类社会从12世纪到16世纪依赖权威,在17世纪至18世纪依从哲学,而从19世纪开始才把历史搬上思想的舞台。作为古代文明发源地之一的古希腊,也被认为是西方早期法律哲学思想的发祥地。公元前5世纪,古希腊商业城邦得以迅速发展,开始出现人类是"万物尺度"的思想意识。于是,苏格拉底热衷于研究人类的"善""德"及人伦生存,他的学生柏拉图受其轻视自然的思想影响,以神话造物主"二元论"的自然观来描述、研究世间万物,而他们两位轻视自然的思想观念也直接影响了柏拉图的学生亚里士多德的自然观。亚里士多德轻视自然的思想观念体现在他对生物学的研究上。西方法哲学史认为,人类在哲学自然观历史长河的变迁过程中,大体经历了三次比较大的转变,即亚里士多德的目的论自然观、霍布斯的机械论自然观和黑格尔的有机论自然观。② 其中,亚里士多德的目的论自然观是对后世人类世界观、价值观影响最早、最深远的自然观。目的论自然观着重强调自然界本身就具有其自身内在的、固有的目的性,体现为自然的秩序性与规则性,而人类本身的重要特征是具有选择行为的智慧理性。从目的论自然观就可洞察出:世间万物是有优劣之分的,人类是自然理性的中心。后来,他的《政治学》一书尽管对后世政治哲学思想产生了重大影响,但同时也暴露出他在环境道德伦理上的弱点,"……一切动物从诞生初期迄于成型,原来是由自然预备好了的。这样,自然就为动物生长着丰美的植物,为众人繁育许多动物,以分别供应他们的生计。……如果说'自然所作所为既不残缺,亦无虚度',那么天生一切动物应当都可以供给人类的服用"。③按照亚里士多德的这种自然哲学的目的论自然观推理,人类就是主宰世界的万物之灵。这是典型的以人类利益为中心改造自然和征服自然的思

---

① 罗斯科·庞德.法律史解释[M].曹玉堂,等,译.北京:华夏出版社,1992:2.
② 汪劲.环境法律的理念与价值追求[M].北京:法律出版社,2000:129.
③ 亚里士多德.政治学[M].吴寿彭,译.北京:商务印书馆,1965:23.

想观念。

以人类利益为中心的道德伦理观在西方社会延续了几个世纪,其主要表现就是实行人类对自然界万物的奴役和控制。从古希腊柏拉图时代开始,人们就希望改良农业这种相对单一的经济结构,期待一种更好的社会经济秩序。工业革命终于打破了这种社会结构,也增强了人们的信念和信心:科学和技术不仅能给人们带来大量的物质财富,而且也给人们的生活带来无比的悠闲和享受。然而,科学和技术是一把双刃剑,它既能为人类带来富足的生活,提高人类控制自然的能力,也能毁灭人类的健康和幸福。从20世纪初到20世纪中叶,西方国家掀起了技术进步与自然关系的大争论,1933年,奥尔多·利奥波德教授编写的《猎物管理》一书成为当时进步主义环境伦理的基石。它促使人们思考:在人类与自然的关系上,科技生产力与效率是否是唯一重要的价值标准,并对人们执着、痴迷的人类中心论打上了问号。① 这场争论的核心是西方思想发展史上最为根深蒂固的理念,即人类控制自然的观念。放眼望去,在我们生活的这个地球上,对自然控制的固有理念世代传承,一代影响着另一代,而且几乎人们的所有目的都是以人类自身利益为中心而展开的。因此,在近代社会尤其是工业文明以来,控制和利用自然是一种具有持久影响力的意识形态。

人类利益中心论也一代又一代地影响着法学理论基本理念的传承。中世纪托马斯·阿奎那的自然法思想在神学世界观的影响下,从人类角度论述自然的权利,并从事物本性出发导出了人权与法律的依据,而从根本上忽视了自然界本身的存在和价值。② 到了17世纪,自然法学家洛克是这样论述财产的:"土地和其中的一切,都是给人们用来维持他们的生存和舒适生活的。土地上所有自然生产的果实和它所养活的兽类,都是自然自发地生产的,都归人类所共有,而且没有人对这种处在自然状态中

---

① 唐纳德·沃斯特.自然的经济体系——生态思想史[M].侯文蕙,译.北京:商务印书馆,2007:322.

② E.博登海默.法理学:法律哲学与法律方法[M].邓正来,译.北京:中国政法大学出版社,2004:67.

的东西具有排斥其余人的私人所有权。"①后来,法学家庞德也认为:"世界上没有永恒的法律,但有一个永恒的目标,这就是最大限度地发展人类的力量去改变世界。"②庞德的法学思想同样体现着人类中心主义的价值观。此时,人类利益中心论已深深植入法学理论之中。然而,以亚里士多德的人类利益中心论思想渗入法学的方法论中作为起点,依据这种思想建立起来的法律秩序就有其先天性的理论缺陷,那就是对自然和生态环境的不利影响,但当人类利益中心论的思想已经渗透到判断事物的世界观和方法论中,并且对人类一定时期的进步产生了巨大的社会影响时,人们便不会怀疑这种法学理论思想的谬误性。③

　　随着环境退化和生态危机的不断加剧,法学家们开始重新审视和评判传统法学理论的价值观和利益观。传统法学维护和调整的人与人之间的关系是建立在传统道德伦理"正义"基础之上的,部门法调整的各种传统法律的权利义务关系所表现的"正义"的价值取向和立法目标也都是以人类为中心的。无论私法还是公法,法律保护的仍然是人类的基本权利,但随着生态危机范围的逐渐扩大,当环境问题危害到人类的健康时,环境伦理思想就对人类中心论形成了直接冲击,以保护环境为立法目标的法律应势而生,但保护的法益仍然是人的权利而不是环境。传统法律的主要功能之一在于保护与救济主体的权利,而法益保护的基础是以一定的财产和人身权利作为保护和救济的对象,它的法理学基础就是资源环境在经济上对人类利益的价值体现,其实质仍然是西方的经济理性起主导作用;而生态环境权益则与此不同,它的法理学基础具体体现为生态环境与人类的共同利益,在一定程度上体现了生态理性的价值观。但现行环境法所保护的法益仍然是以人的利益为中心,偏离了其立法宗旨,距当代生态环境伦理的思想要求也相去甚远,其法学理论缺陷的根源在于现行环境法的思想理论基础仍是基于人本主义的道德伦理观念,这些被法律所确认、贯穿的一系列原则、制度也都是人本主义在立法上的具体反映。

---

①　洛克.政府论[M].叶启芳,等,译.北京:商务印书馆,1993:18-19.
②　罗斯科·庞德.法律史解释[M].曹玉堂,等,译.北京:华夏出版社,1992:4.
③　汪劲.环境法律的理念与价值追求[M].北京:法律出版社,2000:138.

随着生态学和生态伦理学理论研究的不断拓展和在社会科学领域的逐渐应用，以及生态环境问题所导致的社会关系的改变和一些社会秩序的重建，人类开始以新的环境伦理观来构建一套面向维护和保持地球生态系统共同体各组分成员之间和谐共存的法学理论体系和法律规范机制。于是，法学先哲们渐渐认识到，"控制自然的人类中心观是导致地球生态危机的最深层次的思想理论根源"。① 基于生态环境问题的教训、经验和生态科学知识的认知，人类认识到，人类与其他地球自然物是共生、共荣和共损的关系，而不是超然、凌驾的关系。这种价值观的改变也将从认识理念上影响环境立法。人类对人与自然关系的重新认识是 20 世纪人类思想价值观念史上的一次巨大飞跃和变革，它促使人类对社会秩序变革的认识发生质的转变，从而影响到整个法律体系的变革。有学者认为："生态学的基本原理应当成为人类处理环境问题所遵循的基本原则，成为制定环境政策和立法的理论基础。"②

2. 生态秩序要求对资源生态价值属性再认知

大多资源都是集多属性、多功能、多价值于一体的属性集合。以海岛资源为例，海岛除了具有整体资源的主权属性以及国防安全、科学价值等地理位置资源价值，人们考虑最多的可能就是海岛作为物产资源属性存在的经济价值，也就是海岛上的动植物资源和矿产资源价值，这也是利益主体之所以开发海岛的主要动因。如果某一海岛具有经济价值、生态价值等多价值属性，那么我们应该首先关注哪种价值并如何取舍呢？如果某一无居民海岛被确定为单一主体功能价值，如养殖、旅游开发等，是不是就意味着此海岛的生态价值就不用被考虑了呢？我们来分析一下海岛的生态价值与经济价值之间的逻辑关系，答案就不言自明了。其一，保护海岛生态是保护海岛所在海域整体生态服务功能的需要。无居民海岛是其所在海域生态系统的有机组分，是所在海域生态系统不可分割的一部分。如同树木、森林与所依存的土地、动物、植物、微生物等组分构成了一个森林生态系统一样，海岛是海域生态系统的一个组分，海岛形态、自然

① 威廉·莱斯.自然的控制[M].岳长龄,等,译.重庆：重庆出版社,1993：166.
② 金瑞林.环境法——大自然的护卫者[M].北京：时事出版社,1985：14.

状况的改变会引起整个海域生态结构与功能的改变,从而导致该海域生产力下降甚至丧失,并且这种结果是不可逆的。在海岛所提供的重大生态服务功能所带来的无法估量的公共生态利益面前,个人所要获得的经济利益就显得微不足道了。其二,维护海岛的生态价值是为了提升海岛可利用的经济价值的需要。海岛的经济价值依赖其生态价值而存在。海岛的岛陆、岛滩和环岛海域构成了独立的小生境,构成了复杂的生物群落,生境中的所有生物和非生物都是系统中的有机组分,生境系统的结构与功能的平衡和稳定也促使其各组分健康发育,而这些生物和非生物资源就是人类所利用的经济资源,其体现的价值为人类所获取的经济价值。因此,海岛经济价值的维系及实现是以海岛稳定、健康的生态系统为前提的。例如,一个生态系统生产力很差的海岛要发展养殖业是不现实的;同样,一个光秃秃的、缺乏良好植被的海岛要发展旅游观光业也是不可能的。即使为了获取海岛的各种经济价值,也理应把维护海岛的生态系统置于优先位置来考虑。其三,维护海岛的生态价值是保护海岛上各种珍稀濒危动植物的需要。无居民海岛孤立于海洋之中,有着独特的生态系统,生存着大陆上早已绝迹的珍稀濒危物种,它们是远古的"活化石"。有的海岛承担着鸟类迁移驿站的功能;有的海岛形成了特殊的地质、地貌和独特的自然、生态遗产,有着重要的科学研究价值。在这些无法估价的各种生态利益面前,经济开发的利益考量显然应服从于海岛生态价值的维护。其四,维护海岛生态价值是由其自然属性决定的。无居民海岛生态系统具有易受损害、不可逆、难恢复的特点,而人们所追求的经济利益无论大到何种程度,都无法与无居民海岛一旦受损不可恢复的损失相提并论。因此,无论是成功的经验还是失败的教训都证明,陆地上"先污染,后治理"的游戏规则对无居民海岛的开发是不适用的。总之,人们应通过对无居民海岛的生态价值再认知,明确优先保护生态是双赢的战略。若人们只盯着利益,从长期来讲,失去生态利益之时便是永远失去经济利益之时。因此,无论是从海岛本身的自然属性方面还是从经济利益方面考虑,我们都没有理由不对无居民海岛的生态价值进行优先保护。这样做不仅是科学的,而且是必需的。

第二节　生态保护根植于生态理性

当生态理性坚持一件事物趋向于保护生物共同体的完整性、稳定性与美感的时候，它就是正确的；反之，就是错误的。[①] 生态理性告诉我们，生态环境是一个整体系统，既包括具有不可分性的公共资源，也包括具有多重功能和价值的经济资源。任何个人对生态环境的开发利用行为所产生的后果都涉及影响者与被影响者、人与自然、当代与未来，因此，个人的行为必须受到整体公平与正义的约束。[②] 生态理性体现的是人与自然关系的整体性认识，以这种价值观为基础的法治体系必然超越个人的、眼前的、局部的经济利益，将人类长远的、整体的利益纳入法律的范畴。

一、生态理性是生态价值的理性升华

生态理性价值观的具体体现就是生态价值，这种价值观不仅彻底摒弃了传统经济理性与单纯经济利益的个人主义价值观，而且实现了生态资源的多重价值。无居民海岛除了具有军事、政治、经济和科研价值，还具有重要的生态价值，而且其他价值尤其是经济价值在一定程度上依存于生态价值。无居民海岛的生态价值是其为人类提供生态服务的基础性价值，而人类最看重的经济价值是依存于生态价值而发挥作用的，这两者是包含与被包含的关系。

无居民海岛的地理区位特点和自然环境属性决定了其生态价值优于经济价值。诚然，对无居民海岛的保护也应该首先考虑其生态价值的保护，这对维护海洋权益、保障国防安全、维持国家生态安全和保持生态经济复合系统的可持续发展具有重要的战略意义。

（一）保护环境资源的生态价值就是维护国家的生态安全

维护国家生态安全是维护一个地区、国家乃至全球的生态环境不受

---

① 简·汉考克.环境人权：权力、伦理与法律[M].李隼，译.重庆：重庆出版社，2007：5.
② 吕忠梅.中国生态法治建设的路线图[J].中国社会科学，2013(5)：17-22.

威胁的重要举措,能为整个经济社会的可持续发展提供保障。[1] 当今,全球变暖、臭氧层空洞、生物多样性减少、全球沙漠化等生态问题日益威胁着国家安全、地区发展甚至人类的健康生存,生态安全已经与国防安全、经济安全处于同等重要的地位,成为国家安全的重要组成部分。[2] 无居民海岛是其所处海域的有机组成部分,是海域生态的自然载体,其生态状况的优劣直接与所处海域的生态环境密切相关,因为两者不是孤立存在的,而是互相联系的一个整体,处于一个不可分割的生态共同体之中。一定海域的生态功能是以一定数量的海岛及其形态、分布,以及岛上自然状况等为条件的,海岛的改变,包括海岛上自然状况的改变以及海岛形态的改变等,都可能造成海域生态功能的改变,而这种改变可能的结果是海域生产能力的降低甚至丧失。在这种重大的生态利益与海岛利用所可能产生的其他利益的对照面前,我们当然应当选择海岛向人类提供的生态利益。[3] 因此,保护无居民海岛的生态价值就是维护国家的生态安全。

(二)保护环境资源的生态价值就是维护经济发展的可持续性

海洋经济的迅猛发展使之成为一国经济甚至世界经济的积极推动力量,而无居民海岛作为一国经济新的区域增长点,它不仅与陆地有同样的自然资源类型,而且还有陆地区域所不具有的区位及生态环境资源优势,在维持人类的生命支持系统和服务区域经济发展等方面具有日益重要的推动作用。尤其是随着陆地人口规模急剧膨胀,自然资源日益耗竭,生态环境危机问题频发,无居民海岛资源的合理使用和经济的可持续发展已被所有资源国高度重视。近年来,人们对无居民海岛的开发大多是盲目的,普遍缺少规划,不仅造成资源的破坏性利用,而且污染了环境,破坏了本已脆弱的生态系统,甚至导致海岛及周围海域的珍稀生物资源量急剧下降,这严重制约了无居民海岛区域生态的可持续性。海岛生态系统的健康运行是以其生物与非生物为基础的,是经济发展的资源性支撑,缺少

---

① 吴晓青.加强生态保护　维护国家生态安全[J].生态与农村环境学报,2006(3):1-4.

② 林河山,廖连招.从海岛的战略地位谈海岛生态环境保护的必要性[J].海洋开发与管理,2010(1):5-8.

③ 徐祥民,等.生态保护优先:制定海岛法应贯彻的基本原则[J].海洋开发与管理,2006(2):66-70.

了健康生态系统的支持,经济发展的基础性资源就不存在了,也就谈不上经济的可持续发展了。因此,生态系统是经济的支持系统,保护生态系统的稳定就是维护经济发展的可持续性。

二、生态理性是整体论、系统论与生态方法论的理性统一

无居民海岛的生态性在于其系统性。生态系统是经济活动的物质基础,是人与自然彼此联系的纽带。生态系统是由植物、动物以及微生物群体与其周围的无机环境相互作用形成的一个动态的、复杂的功能单元。人类是生态系统不可分割的重要组分,生态系统可以给人类提供各种服务功能。[1]

(一)生态系统整体性功能服务是人类福祉的基础

人与自然构成了地球生态系统。地球生态系统各环境要素之间不是彼此割裂的,而是遵循内在的物质循环规律,按照内在的能量流动方式构成的一个和谐、有序的"自组织系统"。[2] 黑格尔认为,"自然界是一个活生生的整体"。[3] 恩格斯提出,"世界表现为一个统一的体系,即一个有联系的体系"。[4] 人类与自然共存于一个地球生物圈,共处在一个地球生态系统共同体中。生态系统是地球生命支持系统的核心组成部分,系统各环境要素之间相互影响、相互制约、相互作用。地球上的所有物种就像具有血缘关系的家庭成员,各家庭成员之间相互依存、紧密联系,地球和依存于它的生态系统的成员血脉相通,同呼吸、共命运。人类生存于地球生态系统之中,人类不是该生态系统生命之网的编织者,而是生命之网中的一个构成元素或一根丝,其一举一动都将作用于生命之网中的其他成员。也就是说,一个生态系统局部功能的退化会影响生态系统整体结构的稳定或导致生态环境质量下降,且生态环境质量的恶化必将危及本生态系

---

① 赵士洞,张永民.生态系统评估的概念、内涵及挑战[J].地球科学进展,2004(4):650-657.

② 余谋昌.生态观与生态方法[J].环境生态科学,1981(3).

③ 黑格尔.自然哲学[M].梁志学,薛华,译.北京:商务印书馆,1980:36.

④ 马克思,恩格斯.马克思恩格斯全集(第20卷)[M].北京:人民出版社,1971:663.

统内人们的生态环境利益和人类的福祉。①

　　生态系统服务是指人类从生态系统中所获得的收益,包括生态系统在提供食物和水等方面的供给服务,在调控洪水和疾病等方面的调节服务,在提供精神、消遣和文化收益等方面的文化服务,以及在养分循环等方面维持地球生命条件的支持服务。② 生态系统不仅为人类提供赖以生存的产品和服务,而且也受到人类活动的干扰,如生态恶化就是生态系统受到超过自身承载能力的异常干扰的恶性反馈。因此,人与自然构成地球统一生态的整体系统,人们掠夺式地向自然索取资源反而会殃及人类自身。

　　人类福祉建立在良好且健康的生态系统服务之上,健康的生态系统服务是人类生存和社会经济发展的基本保障。③ 通常情况下,生态系统服务的变化可以影响人类福祉的所有组成要素,这些要素包括维持高质量生活所需的基本物质条件*,健康、良好的社会关系,以及选择和行动的自由**。生态系统服务和人类福祉之间显然不是一种线性关系。从经济学的边际成本与收益的角度分析,当某项生态系统供应的服务相对于需求比较充裕时,该服务的增加对人类福祉的提高贡献不大;与此相反,当某项生态系统服务相对稀缺时,该服务的少量减少就可能导致人类福祉的大幅降低。因此,从生态系统是人类福祉的一项自然资产角度分析,人类福祉的降低表明生态系统服务退化,而生态系统服务退化就代表了一种资本资产***的减少或丧失,该资本资产的丧失常常给人类福祉带来显著

---

　　① 霍尔姆斯·罗尔斯顿.环境伦理学[M].杨通进,译.北京:中国社会科学出版社,2000:49.

　　② 千年生态系统评估委员会.生态系统与人类福祉:评估框架[M].张永民,赵士洞,译.北京:中国环境科学出版社,2007:49.

　　③ 千年生态系统评估委员会.生态系统与人类福祉:评估框架[M].张永民,赵士洞,译.北京:中国环境科学出版社,2007:2.

　　* 维持高质量生活所需的基本物质条件包括收入与资产,不受时间限制的充足的食物、水和住所,以及取暖和纳凉所需的能源商品。这些物质条件的供应状况在很大程度上受到社会经济环境的影响。

　　** 选择和行动的自由是指个体对发生在自己身上的事件的控制能力,以及实现自身价值和个人愿望的能力。选择的自由不能脱离人类福祉的其他要素而存在,因而所有生态系统服务的变化都可能会对福祉这一要素的实现产生间接影响。

　　*** 这种资本资产既包括可更新资源(如生态系统服务),也包括不可更新资源(如矿产储藏、土壤养分和化石燃料等)。在传统的国家统计中,国家GDP数据中没有对资源消耗或者可更新资源的退化进行计算或度量;对消费者而言,许多生态系统服务可以免费获取,它们的退化在通常的经济度量中自然也没有反映出来。

的损害。

（二）系统论方法运行机理

基于生态学角度，生态学家通常用经济分析的路径从结构和功能两个方面来审视生态系统，认为生态系统的结构和功能是相互依赖的。[①] 生态平衡或生态相对平衡是生态系统调控的目标。

生态系统的结构和功能既是两个复杂的个体，同时又相互作用。结构要素是生态系统中具有完整功能的自然组成部分[②]，具体包括构成生态系统的动植物个体、群落的年龄结构、空间分布结构和非生物资源结构。大多数生态系统都有数千个结构要素，每种结构要素的复杂程度也不一样，且都具有系统整体的特征，并且复杂系统的行为具有高度的非线性特征，在此意义上就不能用小的干扰对系统的影响程度来简单推测大的干扰会形成的影响程度，事情的本质在于结构要素构成的整体属性要大于各部分之和。生态系统功能是指生态系统与生态过程所形成及所维持的人类赖以生存的自然环境条件与效用[③]，具体包括营养循环、能量转换以及调节大气成分、水循环和气候等。生态系统的结构与其功能息息相关，生态系统功能的变化会引起该系统内结构组分的相应变化；同样，生态系统结构的变化也会导致系统功能某些方面的相应改变。因此，人们加强对生态系统结构的认识也有助于对整个生态系统内在功能的理解。

生态系统结构之间的相互作用形成了生态系统功能，系统各结构单元依赖系统的功能属性来维持自身的生存。经济活动需要生态系统结构的投入，生态系统结构先产生生态系统功能，接着提供生态系统服务。所有经济活动对生态系统服务都有一定的影响，这种影响是经济过程固有的，因而难以避免。[④] 这种影响既表现为对生态系统自然资本存量和流量的消耗，也体现为对生态系统输入废弃物，也就是说，经济活动过程既吸

---

① 戴利，弗蕾.生态经济学——原理与应用[M].徐中民，等，译.郑州：黄河水利出版社，2007：70.

② K.A.沃科特，等.生态系统——平衡与管理的科学[M].欧阳华，等，译.北京：科学出版社，2002：49.

③ 欧阳志云，王如松，赵景柱.生态系统服务功能及其生态经济价值评价[J].应用生态学报，1999(5)：635-640.

④ 戴利，弗蕾.生态经济学——原理与应用[M].徐中民，等，译.郑州：黄河水利出版社，2007：79.

纳资源,又排放废物和污染环境。然而,生态系统结构如何进行复杂的相互作用产生生态系统功能?生态系统吸纳废物的能力如何?只有明白了系统结构与功能之间的作用机理,我们才能控制人类的经济活动对生态系统的影响程度或制定相关规范约束人们经济活动。但目前科学对此认识非常有限,只是简单地意识到:根据人类活动的影响导致环境污染和生态退化,可推知经济不可能持续增长,生态系统的结构存在平衡点即自然的承载力[1],那么这个生态系统平衡点或承载力的上限就是生态的临界退偿点*,即资源生产的最大可持续产量**边界。人类活动只有被限制在自然的可承载力范围内以及资源最大可持续产量边界范围内,生态系统的结构和功能才能平衡协调运行,否则将会造成生态结构失衡,严重时甚至会导致生态功能减退乃至丧失,最终危及人类生存。然而,这些生态理论机理仍待科学考证,这使预测和管理人们的经济活动对生态系统的结构与功能的影响程度具有很大的不确定性[2],也就意味着目前还不能用科学的方法准确地估算出完全满足资源管理需要的最大可持续资源使用量。在此条件下,最明智的资源利用原则为:在生态系统物种灭绝不可逆的情况下,系统最大可持续资源使用量不确定性愈高,人们对资源的利用程度应愈低,即愈需要对资源进行优先保护。正是由于人类对生态系统结构与功能影响的不确定性,所以必须对生态系统进行科学管理。

三、生态理性要求对生态实施优先保护

生态系统管理作为整体性资源的一种管理方式,不仅涉及不同的管理关系和法律关系,而且主要是通过主体对生态系统的管理实现生态系统完整和健康的保护目标。

生态系统管理是对海岛及其周围海域生态系统的科学认知管理。从

---

① 戴利,弗蕾.生态经济学——原理与应用[M].徐中民,等,译.郑州:黄河水利出版社,2007:73.

* 临界退偿点位于何处,给定的物种或种群是否一定存在临界退偿点,这些都很不确定,目前的研究也没有清晰的结论。

** 最大可持续产量是在不枯竭资源存量的情况可以开采的最大资源的数量,但目前还不能用科学的方法准确地估算出完全满足资源管理需要的最大可持续产量。

② 康芒,斯塔格尔.生态经济学引论[M].金志农,等,译.北京:高等教育出版社,2012:70-71.

生态系统管理的基本认知出发,不同角度的生态系统管理都折射出其应有的内涵。从整个大的环境尺度考察,生态系统管理是一个将整个环境考虑在内的过程。它要求人们娴熟地运用生态学、社会学和管理学的原理来管理生态系统,使之能够恢复完整性并保持长期的理想状态并为人类提供可持续的生态功益。生态系统管理理论认为,人类及他们的社会和经济需求是生态系统密不可分的一部分。从具体内涵的范畴分析,生态系统管理关注生态系统的状态,目的在于保持土地生产力、保护基因、保护生物多样性、保护景观格局及生态过程的组合。从具体的管理方法考量,生态系统管理作为一种自然资源管理方法,致力于保持和恢复生态系统的可持续性,使经济以一种与生态系统可持续能力相协调的方式发展,从而使当代和后代连续不断地受益。生态系统管理需要考虑以下因素:其一,必须将自然科学的工具和数据与政治和社会科学相融合;其二,要对自然系统以及与自然系统发生作用的人为因素或其他外部影响因素进行积极的管理;其三,考虑系统功能的两个参变量,即初级生产力和生物多样性;其四,识别生态阈值的必要性;其五,系统地、科学地研究人类对生态系统的利用以及对其造成的影响;其六,在生态平衡保护和人类无限利用之间进行取舍。① 尽管上述定义的切入点有别,但其意思表示并无相互矛盾,并且都在明确地表述着一个共同观点:生态系统管理通过调整关系和约束行为维护自然资源系统与社会经济系统之间的一种健康平衡。

生态系统管理要求自然资源系统与人类所处的社会经济系统之间的供需关系或输入与输出的关系达到基本均衡。人和自然作为生态系统的共同组成部分,一方面要维护生态系统本身的平衡,另一方面要把人类干扰自然系统的活动限制在系统生产力可承载的范围之内。这就要求生态系统的理论框架应包括生态系统功能评估、人对系统利用的影响评估及两者之间的关系理论。第一,对于生态系统功能的考察,重点是度量生态系统活力的两个实质性指标:生物多样性和生态系统净初级生产力(英文

---

① K.A.沃科特,等.生态系统——平衡与管理的科学[M].欧阳华,等,译.北京:科学出版社,2002:72-73.

简称 NPP）。生物多样性通常为环境主义者所关注，主要是为了防止基因多样性丧失；同时，相对于系统生产力而言，生物多样性还具有容易测量、监测和评估的特征。研究者所形成的共识为：一旦生物多样性从系统中丧失，系统态势将会非常严峻，因为没有任何一种资源能够使生物多样性重建，而人类过度的经济活动使生物多样性丧失的危机越来越严重。因此，生物多样性是衡量系统功能是否稳定的一个重要指标。生态系统净初级生产力主要是评估生态系统的做功能力（即利用、转化和贮存能量的能力）、结构进化能力以及抵抗干扰能力，是对整体生态系统全部功能的度量。[①] 此外，从生态系统的角度分析，当系统受到外界干扰时，只要干扰程度在系统的阈值[*]之内，系统各组分就会依靠它们在系统内相互作用的关系发挥作用，使得各组分在抗御外界不同威胁时起到了"缓冲器"的作用，并以此来保障系统功能的正常效用。第二，人类活动对生态系统的干扰或影响的评估，主要包括人类的资源消费、资源利用与破坏以及产生废物等情况，而且这种评估或考察必须将科学信息与社会价值判断融为一体，然后再整合到生态系统的管理中去。因为人为的经济活动始终存在行为前的价值抉择，即在生态脆弱的情况下需要在保护生态与经济利用之间做出选择，其选择结果直接决定着是维护脆弱生态还是实施破坏性的经济开发行为。

经济活动决策的选择取决于科学的生态系统管理和评估。生态系统管理可以为经济活动决策者提供涉及生态系统功能、人类利用及它们当前的和潜在的对系统的影响等方面的信息。生态系统管理的目标就是使其所选择的政策或行为后果能够被了解、预见和接受。[②] 选择就意味有一方要做出牺牲，若是暂时地损失眼前的经济利益可以恢复或最大化地实

---

① K.A.沃科特,等.生态系统——平衡与管理的科学[M].欧阳华,等,译.北京：科学出版社,2002：75.

* 识别阈值是生态系统管理非常重要的事情。研究人员通常认为，阈值实际上就是确定一个分界线，也就是找到一个随着人类利用资源程度的提高开始逐渐危及生态系统功能的区间。它代表着在生态系统功能与人类利用之间的一种权衡，具体是指当生态系统退化到界定的区间水平以下时，生态系统主要的性质或功能就必然会丧失，甚至一些组分会崩溃。因此，生态系统研究者的一个重要职能就是发现用以识别阈值的工具，为生态系统确定出不同的阈值水平，并且将获得的数据提供给决策者。

② K.A.沃科特,等.生态系统——平衡与管理的科学[M].欧阳华,等,译.北京：科学出版社,2002：77.

现生态系统的可持续生态服务,则从长远来讲还是最优地实现了人类利益,也是决策利益最大化。同时,这也揭示了生态系统平衡管理的本质要求:提供生态系统可持续生态服务必须优先考量环境资源生态性特质,对脆弱生态实施优先保护与管理。

第二章　生态保护优先原则理论

生态保护优先原则是生态学理念与思想应用于其他学科领域所提出的一种应用性价值原则,是指政府在处理经济发展与环境、生态保护之间的对立关系时,应确立对生态系统优先评估、对生态价值优先保护的原则,并将其作为指导和调整生态社会关系的基本法律准则。[①] 生态保护优先原则是基于生态资源的自然经济系统为人类赖以生存的生命支持系统这一基本理念提出的。它主张社会经济系统的实质是自然生态系统演替功能的衍生品,其良性发展必须依赖自然生态过程的可持续性功能发挥,强调生态环境保护与资源科学利用在社会经济发展过程中的优先地位。它是指引、约束社会经济可持续发展的逻辑起点。

第一节　生态保护优先原则的含义

随着我国生态文明战略的推进,生态文明法律保障体系建设也在不断完善,立法理念和价值追求也在相应地变革。因此,《中华人民共和国环境保护法》(以下简称《环境保护法》)与《中华人民共和国海岛保护法》(以下简称《海岛保护法》)都确立了保护优先原则,但对于保护优先原则的内涵,官方及理论界都没有做出具体诠释。对于生态保护与经济发展之间的关系,理论界都在使用"标签性"的用语(如生态优先、环境优先或生态保护优先等)来界定两者之间的关系,但它们是否是同一含

---

① 曹明德,龙钰.关于修改我国《环境保护法》的若干思考[M]//王树义.可持续发展与中国环境法治:《中华人民共和国环境保护法》修改专题研究.北京:科学出版社,2005:68.

37

义,其内涵有何区别与联系,具体哪个称谓更科学、合理,理论界对此目前鲜有系统而充分的论证,即使有也是很浅显地"智仁各见"。因此,从理论上探讨以上诸用语的基本内涵及它们之间的联系与区别,就显得尤为迫切。本书在分析、梳理了这些基本用语的基础上,选择了"生态保护优先"这一用语,并尝试对其从概念、含义等方面以无居民海岛生态保护为视角进行多学科、系统的探讨。

一、生态保护优先原则用语的甄别与选择

1."保护优先"并不是"生态保护优先"

《环境保护法》立法的基本原则为:"环境保护坚持保护优先、预防为主、综合治理、公众参与、损害担责的原则。"*《海岛保护法》规定:"国家对海岛实行科学规划、保护优先、合理开发、永续利用的原则。"**关于"保护优先"的含义,目前还没有官方解释,有学者给出了如下阐释:一是保护相对于开发利用来说,保护优先于开发利用,这一般是指自然保护区、风景名胜区和其他需要特别保护的区域;二是保护相对于污染治理来说,保护优先于污染治理,即先保护好未污染的区域,有条件再去治理区域;三是保护相对于恢复和改善来说,保护优先于恢复和改善。①从实践运行层面来看,"保护优先"应该是针对第一种情况。

按此解释的逻辑推演,我们可做如下推断:第一,《海岛保护法》中的"保护优先"仅适用于实行特别保护的领海基点所在海岛、国防用途海岛、海洋自然保护区内的海岛等具有特殊用途或者特殊保护价值的海岛。***第二,对于可经营性利用的无居民海岛而言,调整性的原则就是"合理开发"。"合理开发"的核心在于把握"合理开发"的"度",而这个度量标准的确定就涉及利用对象的生态阈值,目前这是个世界性的科学难题,每个可利用生态系统的可承载能力都有其独特性和不确定性,以目前的生态科学理论来界定"合理开发"的"度"是很困难的,其结果仍是陆地单一资源

---

* 见《中华人民共和国环境保护法》(2015年1月1日正式实施)第五条。

** 见《中华人民共和国海岛保护法》第三条。

① 王灿发.论生态文明建设法律保障体系的构建[J].中国法学,2014(3):34-53.

*** 见《中华人民共和国海岛保护法》第三十六条。

要素利用效率模式的再版,其立法理念仍是"经济优先"的延续,其结果仍是经济利益主导下的生态环境退化甚至恶化。第三,导致此生态代价的原因在于,"保护优先"含蓄、抽象的语言可让不同的社会主体有不同角度的合理解释,这就会引发无端的猜测、争议甚至混淆。对于"经济理性"的使用主体而言,在没有强制性规范的约束下,模棱两可的"保护优先"永远制衡或协调不过"合理开发";对于管理者而言,监督管理永远抗拒不过管理背后的利益诱惑。

总之,"保护优先"这一原则根本不是解决生态保护与经济发展关系的完整原则。处理两者之间关系的完整原则应当是:当生态保护与经济发展客观上不能兼顾或矛盾不可调和时,应当置生态保护于优先地位,一切都应让位于生态保护,这才是"生态保护优先",因此,"保护优先"绝不是"生态保护优先"。

《海岛保护法》虽确立了"保护优先"这一原则,但这是个极其抽象、含蓄的原则,并且官方及理论界鲜有人对其进行说明、解读和论证。从本质上看,该原则并不是真正意义上可以用来处理无居民海岛保护与使用关系的原则。因此,从理论上探讨适合于无居民海岛保护的生态保护优先原则的基本内涵就显得尤为迫切。自我国实施生态文明制度建设以来,理论界都在频繁地使用生态保护优先原则,却很少有人对此进行系统且全面的阐述,尤其是针对无居民海岛的使用与保护。因此,本书对生态保护优先原则从概念、内涵及历史发展脉络等方面进行了全新的、系统的探讨。

2. "生态保护优先"用语的甄别与选择

生态保护是生态系统保护的简称,是生态学原理的生态系统理论和管理实践在社会学科领域的应用和推演。对于"生态保护优先",有学者称为"生态系统优先权""生态优先""环境优先""环境保护优先"等[1][2][3],但上述称谓的基本含义都强调,在社会经济发展中,当经济发展与生态利

---

[1] 霍尔姆斯·罗尔斯顿.环境伦理学[M].杨通进,译.北京:中国社会科学出版社,2000:247.

[2] 徐祥民,等.生态保护优先:制定海岛法应贯彻的基本原则[J].海洋开发与管理,2006(2).

[3] 王灿发.让"环境优先"成为立法基本原则[N].法制日报,2006-02-20(008).

益需求之间的矛盾不可调和时,应优先考虑生态利益,并且把生态利益作为指导、调整人与自然关系的基本准则。

"生态保护优先"和"生态优先"是同义词。本书使用"生态保护优先"而不使用"生态优先"是因为无论进行生态保护还是资源开发,其前提都是必须先对行为对象所依赖的生态系统进行科学评估,再依据评估的客观结果进行保护、利用,所以"生态保护优先"是对任何资源所依存系统的客观生态情况的优先考虑或评估,同时在对利用对象系统评估之后,对不适合经济开发的多功能、多价值的资源对象,应优先于经济活动给予保护。因此,"生态优先"与"生态保护优先"并不是前后相承、上下相接的关系,而是同一概念用语。

基于对上述用语共性特点的基本评价,本书选择使用"生态保护优先"术语,除了相近称谓的共性特点,还有"生态保护优先"本身所具有的特质。

第一,"生态保护优先"的基本范畴是生态系统,优先维护生态系统的平衡与稳定是系统产生一切利益的根本。生态系统在于其整体性和系统性,每一个整体都是一个完整的系统。系统内的各组分或要素之间相互依存、相互作用、相互制约,共同构成一个整体,若改变其中的任一组分,必然会对其他部分甚至整体产生直接或间接的影响。生态系统平衡是一种动态平衡,维持生态系统平衡是有条件和限度的,若对系统的干扰超过其生态阈限,将会引起系统生态失调、退化乃至崩溃。

第二,生态系统整体优先于其个体。人与自然同处于地球生态系统中,生态系统是人类生命的支持系统,人类依赖生态系统提供的各种生态功能和生态服务维持其生命的存在,而这种生存在生态系统中体现为:在平衡、稳定的生态系统中,人与自然中的所有个体都在最大限度地扩展自己,不受其他任何力量的限制而推动着生态系统。事实上,生态系统的所有成员都有着足够却又受到限制的生存空间。系统强迫个体相互合作,并使所有个体都密不可分地相互联系在一起。① 人作为生态系统中的个

————————

① 霍尔姆斯·罗尔斯顿.环境伦理学[M].杨通进,译.北京:中国社会科学出版社,2000:220-248.

体或主体是重要的,但如果重要到使其赖以生存的生态系统结构破坏或功能退化乃至停止运行,那么人类还能生存吗？目前,人类已经自食恶果,危及生存了。因此,人类主体的贪婪行为已受到生态系统的充分抑制,也就是说,系统个体必须适应系统整体才能健康地、快乐地生存,即生态系统整体优先于其个体。

第三,生态系统的监测、评估优先于任何资源的保护或使用。自然资源如同人类依赖的生态系统一样,也是构成生态系统整体的个体。人类对自然资源(包括生物资源和非生物资源)的任何利用活动,都会对其依赖的生态系统造成影响,所以人们在对资源利用之前必须依靠相应的技术手段对其依赖的生态系统进行监测、评估,若系统健康,满足利用要求,那么再确定其最大可持续利用量;若系统生态特性脆弱,需要进行生态保护或修复,那就意味着不能对其进行资源利用。因此,对资源的利用或保护,是由资源所依存的生态系统的客观特性决定的。在此意义上,生态系统的监测、评估优先于任何资源的保护或使用。

第四,"生态保护优先"必须摒弃狭隘的惯常从环境预防、治理或救济切入的思维路径。例如,"环境优先"意味着禁止现存环境遭受更恶劣的破坏[1],而"环境保护优先"则更多的是意味着预防,而预防可以完全避免损害的发生。人们对环境本身的损害不可避免地会时有发生,纯环境损害的救济变得必不可少[2],因此,在处理经济增长与生态环境保护之间的关系问题上,应确立生态环境保护优先的法律地位。[3]

上述或预防、或救济、或治理的观点都体现了生态环境保护的共性,其本身的内涵并无实质性差别,无所谓哪个术语更科学,只是称谓不同而已,但这些称谓从侧面反映了环境法学界的一个习惯式思维方法,就是一谈到环境问题,总是泛泛地从经济增长与环境保护之间的矛盾出发,先把两者绝对地对立起来,再确立环境优先的保护地位。实际上,在社会经济发展中,并非所有的经济增长都和生态环境相冲突,也不是两者永远处于

---

① 陈慈阳.环境法总论[M].北京:中国政法大学出版社,2003:26.
② 杨群芳.论环境法的基本原则之环境优先原则[J].中国海洋大学学报(社会科学版),2009(2):62-65.
③ 曹明德.生态法新探[M].北京:人民出版社,2007:33.

水火不容的态势。从我国的国土空间规划来看,对那些生态环境良好、适宜经济开发的地区,仍是要发展经济生产力的;对那些生态环境特别或脆弱的地区,应该禁止或限制开发利用,实施生态补偿或生态修复。同时,我们主张生态保护优先是在人类进行任何活动之前首先要对实施活动的对象进行生态评估,结合行为本身可能会对对象系统产生可预知或不可预知的风险或不确定性,然后根据客观情况,对适合开发利用的地区确定利用行为的最大可利用量,对不适合利用的地区不仅不能开发,还要进行生态保护或修复。主张生态保护优先的目的不是为了生态保护而保护,而是为了可持续地利用。目前已出现的、即将出现的或潜在性的生态环境问题,几乎都和资源的过度使用以及人们的生活方式密切相关,其本质都是超出了生态系统的承载能力而导致生态结构的破坏和生态功能的退化或丧失。要从根本上保持或恢复生态系统的结构和功能的平衡,在宏观上应从社会经济发展规划出发,制定不同行业的长期规划;在微观上必须针对不同的生态资源系统进行科学的监测、评估,并根据系统本身的特性或生态的可持续性进行相应的经济活动或生态保护,在利用或保护中对生态系统进行可持续性的管理,以达到对生态系统的可持续利用。

综上所述,本书研究路径的逻辑起点是生态保护优先原则和生态系统管理框架。作者认为,根据生态系统的原理与特性,使用"生态保护优先"术语更符合生态保护的本意,对生态保护的论证也会更深入、更科学。

二、生态保护优先原则的多维度阐释

优先通常是指当两种或两种以上的事物发生冲突或矛盾时按照特定标准或价值判断做出的取舍或排序过程。生态保护优先是指当经济利益与生态环境利益发生冲突时,其生态价值应优先考虑。

(一)基于生态保护优先的生态学阐释

基于生态学视角,对于生态保护优先的内涵,生态学家从多个角度对此进行了分析、阐释。

1. 生态系统的整体优先于系统内的个体,人类应遵循自然的发展规律

生态优先是指生态系统的整体优先于生存于生态系统中的各具特色

的个体。① 人和自然同处于地球生物共同体中,人是生物共同体中的个体。在一个群落中,生物共同体是相应的生存单元,其完整性和稳定性对单元中个体的生存是首要的。生态系统促成了个体的选择适应,并限制了其个体的不适应。进化的、成熟的生态系统以多种复杂的、合理的且完美的方式,最大限度地促进个体的孕育、发展。第一,随机的偶然性和独特的历史性把每一个独特的有机体都限制在其环境中,这使得各个有机体的特性和命运都或多或少地不尽相同,人类的单一个体也是如此;第二,在漫长的地质年代里,进化的生态系统已稳健地把地球上的物种数量从零增加到了五百万种甚至更多,并使生物圈变得日益多样且复杂;第三,在物种数量增加的基础上,产生了生存于生态金字塔上层食物链的复杂个体,人类开始出现在自然舞台之上,主体性生命成功地在客体性生命之上演替。生态共同体的完整和稳定演绎了对系统个体持续不断的选择,这是生态系统一种奇怪的、雍容大度的"优先性"。在地球生态共同体内,每个生态共同体成员都维护并促进生态共同体的稳定与繁荣;反过来,生态共同体又以其整体与系统的功能和作用促进每个生态共同体成员的发展。人类作为地球生态共同体的成员之一,应该遵循地球生态共同体繁衍昌盛的自然法则。②

2. 自然的经济体系平衡优先于人类攫取自然资本利息

生态优先是指在自然经济体系和社会经济体系关系的范畴内,社会经济体系要从自然的经济体系内获取经济利益,必须满足从自然界获取健康生态系统的可持续性产出,而不损害到整体的恢复力或稳定性这一条。③ 在该理论框架下,以生物资源利用为例:专家或生态学家必须首先确定对象生态系统中稳定状态下的生物种群水平,然后在不干扰或影响对象生态系统整体平衡的情况下,计算出每年大概的捕鱼量、森林的砍伐

---

① 霍尔姆斯·罗尔斯顿.环境伦理学[M].杨通进,译.北京:中国社会科学出版社,2000:247.

② 霍尔姆斯·罗尔斯顿.环境伦理学[M].杨通进,译.北京:中国社会科学出版社,2000:253.

③ 唐纳德·沃斯特.自然的经济体系:生态思想史[M].侯文蕙,译.北京:商务印书馆,2007:479.

量或者系统每年吸纳废弃物的能力。因为生物的最大可持续利用量具有很大的不确定性,所以当我们用新型方式以反常离奇的节奏操纵大自然的时候,一定要谨慎小心。① 总之,该理论模式要人类必须学会在不破坏或可持续利用生态固定资本的情况下,从自然的经济体系中提取生态资本"利息"。

(二)基于生态保护优先的法学释义及评析

释义一,生态保护优先是在经济发展和生态建设对资源和环境的需求与竞争过程中,针对目前环境污染和生态破坏日益严重的局面提出的一种以扩大的人文关怀和"天人合一"为核心思想的发展原则或模式,其目标和价值取向与可持续发展思想相一致,主张经济过程与自然过程相协调,强调生态环境建设与资源合理利用在经济社会发展中的优先地位。② 生态保护优先是指当经济利益和生态利益在经济社会发展过程中产生冲突时,应优先保护生态利益。

释义二,有的法学者直接把生态保护优先称为生态保护优先原则,并把其作为环境法的基本原则。生态保护优先原则是生态学应用于各个学科领域后提出的一种应用原则,是指在处理经济增长与生态环境保护之间的关系问题上,确立生态保护优先的法律地位,并把其作为指导调整生态社会关系的法律准则。③ 生态保护优先原则是生态经济学强调的生态合理性原则,即人类经济活动的生态合理性优先于经济与技术的合理性,具体内容包括生态规律优先、生态资本优先和生态效益优先三大基本原则,其核心是建立生态优先型经济,即以生态资本保值增值为基础的绿色经济,追求包括生态、经济和社会三大效益在内的绿色效益最大化,也就是绿色经济效益最大化。④

---

① Evans G C. A sack of uncut diamonds: the study of ecosystems and the future resources of mankind[J]. Journal of Ecology, 1976(3): 1-38.

② 徐琳瑜,杨志峰,李巍.论生态优先与城区环境保护[J].中国人口·资源与环境,2004(3): 57-62.

③ 曹明德,龙钰.关于修改我国《环境保护法》的若干思考[M]//王树义.可持续发展与中国环境法治:《中华人民共和国环境保护法》修改专题研究.北京:科学出版社,2005:65.

④ 崔树民.生态优先与科学发展[C]//中国现代化研究论坛论文集.北京:中科院中国现代化研究中心,2007.

释义三,也有法学者把生态保护优先称为保持和保存原则。保持的目的在于使自然环境要素处于可供人类持续利用的状态,而保存的目的则在于使生态系统、自然界其他历史或人文古迹处于原始状态。在保持的原则下,人类可以对自然界以及生态进行非开发性或非生产性利用;在保存的原则下,除了科学研究,人类不能对自然界以及自然生态进行一般性利用。[①]

释义四,还有法学者把生态保护优先表述为环境保护优先原则,即在环境管理活动中,应当把保护环境放在优先的位置加以考虑,在社会的生态利益和其他利益发生冲突的情况下,应当优先考虑社会的生态利益。具体内容包括:第一,优先保护人的生命和健康,保障居民生活、劳动和休息的良好的生态环境;第二,当经济利益和生态利益发生冲突时,优先考虑生态利益的需要;第三,当利用一种或几种自然客体时,不应对其他自然客体和总体环境造成损害。[②]

综上分析,这些对生态保护优先的理解反映了目前学界和政界的普遍认知,在一定程度上体现了人们对生态文明认识能力的提升,对生态环境保护有一定的推动作用。但这种对生态文明的认识仅仅是停留在问题的表面,肤浅而空洞,根本没有触及生态问题的实质和精髓。这种始终从人类自身的利益出发,希望保护业已受到威胁的人类生存环境并解决人与自然矛盾的思路值得怀疑——难道必须在经济与生态发生冲突时才优先考虑环境吗?此时生态已经或潜在被污染、破坏,这叫生态保护优先吗?按照这种生态保护优先逻辑,环境法律规范理念始终是末端治理,那么我们的生存环境还有未来吗?生态保护优先的本质或实质如何?对我们的制度或决策有何意义或价值?

(三)生态保护优先观

我们通过分析国内外环境立法规范发现,国外先进立法价值取向基本上都摒弃了经济优先并转而采用环境保护优先的理念,而我国现行的《环境保护法》尽管在内容表述上使用了保护优先的说法,但从本质上仍

---

① 汪劲.环境法学[M].北京:北京大学出版社,2006:424.
② 王树义.俄罗斯生态法[M].武汉:武汉大学出版社,2001:213-217.

遵循了经济优先的传统价值理念。那么,我国的《环境保护法》究竟应该以抽象的"保护优先"还是以"生态保护优先"作为立法价值目标呢?回答这个问题之前,我们先来分析一下《环境保护法》的法益属性,然后其立法价值目标也就清晰了。

《环境保护法》与其他传统法律家族的成员不同,其立法目标在于确认和保护法域辐射范围内公民的环境利益。这种环境利益与传统法律所庇护的人身与财产权益不同,它所调整的关系不是传统法意义上的社会关系中人与人之间的关系,而是人与自然的关系。人们健康生存所需要的基本环境要素,如清洁的空气、水源、土壤等,这些客观内容不是传统法律所赋予人们的基本私权所能涵盖的,也不是设定公民环境权就能解决的问题,这些需求是人们健康生存所实际需要的客观环境利益状态。这些环境利益自从人类诞生之日起就始终伴随人类而客观存在,只是在这些环境利益介质没有被人类破坏之前,人们并没有意识到环境利益的客观存在,尽管环境利益是人类赖以生存的,但人们也不会主张基于环境利益所产生的权利,更不会把此利益上升为法益。随着时间流逝,人口剧增,人们的贪欲无限扩张,人们赖以生存的环境要素被破坏,生态危机频发并危及人们的健康生存,良好的环境利益逐渐变得稀缺。此时,人们的生态环境保护意识才会警醒,人们客观上的环境利益才会上升为主观上的利益保护,从而推动真正的以保护环境利益为立法价值目标的现代法意义上的《环境保护法》问世。《环境保护法》从本质上是保护环境的秩序法,其法益是保护全人类赖以生存的自然秩序和生态系统的平衡与稳定,要求人类对自然生态的干扰行为要遵守自然秩序规律。因此,《环境保护法》也应该符合自然运行价值规律的要求。保护人类生存环境的有序、和谐是立法的基本原则,一切导致生存环境无序、不和谐、不公平、不合理的行为都将是非法的。环境保护法的立法价值主要是保护良好自然环境秩序的实现。①

生态环境利益的稀缺从经济学意义上可以导出优先分配原则,但在

---

① 江山.法律革命:从传统到超现代——兼谈环境资源法的法理问题[J].比较法研究,2000(1):1-35.

第二章 生态保护优先原则理论

此考量的是竞争优先抑或环境利益优先的问题。按照西方传统经济学理论，稀缺将会产生竞争，竞争通过市场激励、优胜劣汰会导致资源的最优配置，从而达到弥补市场资源稀缺的结果。然而遗憾的是，环境利益稀缺就是市场有效性竞争的结果，因为由市场形成的价格并不包含环境损害成本，环境利益属于公共利益而不是市场私权利要素的构成要件，其价值本身是非市场价值，这就形成了市场资本属性与环境保护背道而驰的效应：资本的逐利本性追逐的市场利润越高，对生态环境的损害越大，而市场配置的效率优先又进一步加剧了环境利益的稀缺。由此可知，环境利益稀缺是由人类自身制造出来的，是环境资源的有限性与人类不加节制的掠夺性利用之间的矛盾长期冲突的恶果。面对这种恶果，人们为了保护赖以生存的生态环境，当然会舍弃竞争优先而求之于环境利益优先的政府配置。政府通过宏观调控或法律等措施规范或限制市场主体的行为，对有利于公共利益的环境要素进行保护。

此外，人们将生态利益与其开发利用的经济效益相比较，发现生态利益的损失远远超出其被利用的经济效益，因为生态利益的损失主要是由于其本身的易受损性所决定的。地球生态系统是由包括人类在内的生物与非生物构成的共同体，人类生存完全依赖于地球的生态系统及其提供的服务，包括食物、洁净水、调控疾病、调节气候、精神满足和美学享受。生态系统和人类福祉之间的关系是通过人类对人造资本、人力资本及社会资本的获取进行调节的。人类福祉和生态系统服务之间是一种线性关系，当一项服务稀缺时，其少量减少就可能导致人类福祉的大幅度降低[1]，而损害生态系统服务可能牺牲更大的经济成本和公众健康成本。20 世纪90 年代，纽芬兰渔场由于过度捕捞导致鳕鱼资源枯竭，数万人因此失业，政府为此至少花费了 20 亿美元弥补损失；1998 年，印度洋因海水温度和酸度的升高出现了大规模的"珊瑚白化"事件，这在此后的 20 年至少造成了 80 亿美元的总损失；1997 年，南非开普植物保护区因为外来物种入侵每年净损失 9 350 万美元，这还不包括生物多样性、水、土壤和美景等潜在

① 千年生态系统评估委员会.生态系统与人类福祉：综合报告[M].赵士洞，张永民，译.北京：中国环境科学出版社，2007：49.

利益的损失。① 生态利益易受损性的最大化与经济利益损失的少量化相比,决定了生态利益价值保护应处于优先地位。

从生态学方面考察,生态系统结构之间相互作用形成了生态系统功能,系统各结构单元依赖系统功能属性而维持自身的生存,系统内资源可利用的环境承载能力和生态系统的环境容量都存在生态阈值。

因此,人类在进行开发建设活动、利用自然资源时,必须首先考虑环境承载力和环境容量限度,并秉承生态保护优先的理念。为人民营造一个清洁适宜的环境,保护人民健康,是环境保护法的根本任务,也是环境立法的出发点和归宿;环境保护法除受社会经济规律制约以外,根本上受自然法则、生态学规律的制约。② 此观点也阐释了环境保护法的真谛是生态保护优先。

基于实践活动视角,坚持经济优先还是生态保护优先或是两者并重,直接取决于不同的社会经济发展阶段。若社会发展尚处于满足温饱阶段,那么此时经济优先必然占主导地位;如果温饱问题已基本解决,国家有一定的经济能力去解决生态环境问题,此时国内的价值导向通常是经济优先与生态保护并重;如果公民生活达到一定水平,衣食无忧,已进入小康社会,此时人们关注的焦点已经不是经济增长而是舒适的环境和健康的生活方式,那么现实中的生态破坏和环境污染便会促使人们产生对生态保护优先的主观诉求和客观上实现其生态利益的愿望。借鉴国际经验,发达国家在人均 GDP 达到 5 000 美元以上时开始进行经济发展转型,在环境保护方面会采取更严格的法律措施,在法律方面也开始实行环境优先或者生态优先原则。目前,我国的人均 GDP 已经超过 5 000 美元,北京、上海等一线城市人均 GDP 已经超过 10 000 美元,如果还不实行生态优先原则,将错过挽救生态危机的最佳时机。③

---

① 千年生态系统评估委员会.生态系统与人类福祉:综合报告[M].赵士洞,张永民,译.北京:中国环境科学出版社,2007:57.

② 金瑞林.环境法——大自然的护卫者[M].北京:时事出版社,1985:25-26.

③ 王灿发.论生态文明建设法律保障体系的构建[J].中国法学,2014(3):34-53.

第二章 生态保护优先原则理论

第二节 生态保护优先原则的历史追溯

生态保护优先的科学性和规范性随着时间的推移在越来越大的空间尺度上被人们所认知并实践。

一、《联合国人类环境会议宣言》的生态启蒙

1972 年，罗马俱乐部发表了题为《增长的极限》的研究报告。该报告所提出的"均衡发展""指数增长"等概念不仅给唯增长论的工业化发展逻辑敲响了警钟，而且在全球范围内引起了巨大的反响，并产生了广泛的争议，这也促使人们不得不对"增长"这一时代最经典的主题进行深刻的反思和检讨。其中，最可贵的思想就是：人类作为自然界的一部分和生物圈的一个组分而存在，并依赖自然生态系统而生存；人类不是大自然的主宰，不可能完全凌驾于自然演替的生态系统之上。因此，人类对自然资源的开发利用必须以不损害自然生态利益为前提条件。

1972 年 6 月，联合国在瑞典首都斯德哥尔摩召开了第一次全球人类环境会议。这是联合国历史上召开的第一次研讨保护人类环境的专门会议，亦是人类第一次将环境问题纳入各国政府和国际政治事务的议程，此次会议被称为斯德哥尔摩会议，共有 113 个国家的 1 300 名代表参加了该会议。除了各国政府代表团及政府首脑、联合国机构和国际组织代表，还有民间的科学家、学者和劳动者参加本次会议。这次会议第一次把环境问题提高到全球议事日程，开启了关于环境问题的国际性对话、合作和讨论，环境问题自此正式成为国际性事务。会议广泛研讨、总结了有关保护人类环境的理论、历史和现实问题，制定了相应的对策和措施，并通过了《联合国人类环境会议宣言》和《人类环境行动计划》等全球性环境保护的文件。《联合国人类环境会议宣言》从发展与维护环境的关系出发，警示人们如果不立即着手环境治理，环境污染和生态系统损害将带来全球毁灭的后果；宣告人类只有一个地球，人类与自然环境共同组成了地球生物圈、是密不可分的统一共同体；呼吁为了生存人们都必须明确自己保护环

49

生态保护优先原则及其法律制度因应

境的责任。这次会议开创了人类社会环境保护事业的新纪元,是人类环境保护史上的生态启蒙大会。同年,第27届联合国大会把每年的6月5日定为"世界环境日"。

二、可持续发展的生态宣示

联合国大会于1982年通过的《世界自然宪章》规定:应当避免那些有可能对大自然造成不可挽回的损害的活动;在进行可能对大自然构成重大危险的活动之前应先彻底调查,活动的倡议者必须证明预期的益处超过大自然可能受到的损害;如果不能完全了解可能造成的不利影响,活动不得进行。这种尊重自然的国际法规范与传统思维的人类中心主义形成了两种不同哲学路径的世界观和价值观,是对人类肆意攫取大自然而丝毫不考虑生态环境后果的掠夺性行为的约束和限制。

1992年6月,联合国在里约热内卢召开环境与发展大会,亦称全球环境首脑会议。会议的宗旨是回顾第一次人类环境会议召开后20年来全球的环保历程,敦促各国政府与民众采取积极措施,共同保护人类的生存环境,普及可持续发展的观念。大会通过了以可持续发展为核心的《里约环境与发展宣言》(以下简称《宣言》)、《21世纪议程》和《关于所有类型森林的管理、保存和可持续开发的无法律约束力的全球协商一致意见权威性原则声明》(以下简称《关于森林问题的原则声明》)等文件。《宣言》确立了可持续发展的观点,围绕可持续发展主题设计了可持续发展的总体构想以及国际社会和各国在保护环境方面应采取的措施,表达了加强世界各国合作、共同解决环境问题的愿望。《宣言》提出了关于环境与发展问题的27项原则,这27项原则中有多项原则直接提到了可持续发展。例如,原则1宣称,可持续发展关注的焦点是保护人类,人们有权享有健康、富足的与自然和谐共存的生活;原则3指出,可持续发展的实施应满足当代与后代的环境与发展的公平;原则4提出,为了实现可持续发展,环境保护工作应是发展进程的一个整体组成部分;原则5号召所有国家和人民合作完成可持续发展的一个重要任务——消除贫困,以满足世界上大多数人口的生存需求;原则8提出,为了实现可持续发展,使所有人都享有较高的生活质量,各国应当减少和消除不可持续的生产和消费方式,并且推行适当的人口政策。除了以上几项原则直接提到可持续发展,《宣言》所确立的其他原则也都是可持续发展理念的体现。

《21世纪议程》是对《宣言》的进一步细化。其内容涵盖了社会经济、促进发展的资源保护和管理以及加强主要团体的作用和实施手段等各方面,是一个应用性的法律文件。《21世纪议程》要求各国制定并组织实施相应的可持续发展战略和政策,迎接人类社会面临的共同挑战,这一战略思想被世界各国所接受,并成为世界各国促进全球可持续发展的一个共同的行动准则。

《关于森林问题的原则声明》围绕林业的可持续发展展开,其主要内容包括:第一,林业这一主题涉及整个环境与发展范围内的问题和机会,包括社会经济可持续发展的权利在内;第二,这些原则的指导目标是要促进森林的管理、保护和可持续开发,并使它们具有多种多样和互相配合的功能和用途;第三,关于林业问题及其机会的审议应在环境与发展的整个范围内总体且均衡地加以进行,要考虑到包括森林传统用途在内的多种功能和用途,当这些用途受到约束或限制时可能对经济和社会产生的压力,以及可持续的森林管理提供的发展潜力;第四,这些原则反映了有关森林问题的第一个全球性一致意见,各国在对迅速实施这些原则做出承诺时也决定,不断评价这些原则对推进有关森林问题的国际合作是否允当;第五,这些原则应适用于所有地理区域和气候带内的森林,即亚寒带、寒带、亚温带、温带、亚热带和热带的所有类型森林,包括天然森林和人工森林;第六,所有类型的森林都包含各种既复杂又独特的生态进程,而这些进程是促使它们目前有能力和可能有能力提供资源来满足人类需要以及环境价值的基础,因此,良好的森林管理和保护是拥有这些森林的国家政府所关切的问题,并且对当地的经济和环境也十分重要;第七,森林是发展经济和维持所有生物生存必不可少的自然资源;第八,森林的管理、保存和可持续开发是各联邦国家、州、省和地方一级政府的责任,而且每个国家应根据其宪法或国家立法在适当的政府级别上实行这一原则。

除了《宣言》《21世纪议程》《关于森林问题的原则声明》,里约热内卢会议另外签署的两部重要公约同样秉持了可持续发展的基本理念。例如,《气候变化框架公约》第二条规定:将大气中温室气体的浓度稳定在气候系统可承受的范围内。为了实现上述目标,公约第二条还规定了五项贯彻和落实可持续发展原则的具体原则,分别为:第一项原则要求为人类当代和后代的利益保护气候系统,并要求发达国家缔约方率先采取行动应对气候变化及其不利影响;第二项原则要求充分考虑发展中国家的愿望和要求;第三项原则为风险预防原则与成本效益原则,规定当气候系统存在严重和不可逆转的损害的威胁时,不应当以科学上没有完全的确定性为理由推迟采取预防措施;第四项原则指出各缔约方有权而且应当促进可持续发展;第五项原则是关于国际合作原则的体现,强调这种合作的目的是促进建立有利于各国特别是发展中国家经济可持续增长的国民经济体系。《生物多样性公约》是一项保护地球生物资源的国际性公约,于1992年由联合国环境规划署发起的政府间谈判委员会第七次会议通过,由各签约国在巴西里约热内卢举行的联合国环境与发展大会上签署,为生物资源和生物多样性的全面保护及可持续利用建立了法律框架。该公约的目的有三:其一是保护生物多样性;其二是生物多样性组成成分的可持续利用;其三是以公平合理的方式共享遗传资源的商业利益和其他形式的利益。为了实现可持续发展,该公约第二条专门指出了"持久使用"的定义,即使用生物多样性组成部分的方式和速度不会导致生物多样性的长期衰落,从而保持其满足今世后代的需要和期望的潜力。

总之,1992年在里约热内卢召开的环境与发展大会确认了环境保护的全球性质及环境保护与发展的不可分割性,标志着人类对环境与发展的认识提高到了一个崭新的层次,是可持续发展理论走向实践的一个转折点。此后,一系列保护自然生态系统的国际性公约相继出台,如联合国环境与发展大会于1992年通过了《21世纪议程》,同年又通过了《气候变化框架公约》《生物多样性公约》等文件。这些国际法规范促进了世界性的非持续经济增长模式向生态与经济可持续的复合系统发展模式转变,要求各成员国对全球范围内已经很脆弱的生态系统实施优先保护和修复。这些国际性原则规范的实质内涵,都是国际法先行,然后世界各国吸收其精神,根据本国的政治经济发展状况、社会文化历史条件等具体情况在国内法中得以体现。

三、绿色发展的生态系统整体性保护

作为不同时期所坚持的发展观,科学发展观、绿色发展观与可持续发展观之间存在着一脉相承又层层递进的关系。科学发展观是可持续发展观在发展战略上的延伸和深化,而可持续发展观是科学发展观中最为主要的内容,是树立和落实科学发展观的关键和基础。绿色发展观不但坚持了科学发展观中关于可持续发展的观点,而且将绿色发展直接上升到总体性的发展战略层面,是对科学发展观中"绿色发展"的升华。

2003 年 10 月,中国共产党第十六届三中全会通过了《中共中央关于完善社会主义市场经济体制若干问题的决定》,提出了坚持以人为本,树立全面、协调、可持续的发展观和统筹城乡发展、统筹区域发展、统筹经济社会发展、统筹人与自然和谐发展、统筹国内发展和对外开放的思想,明确了完善社会主义市场经济体制的目标和主要任务,深刻阐述了科学发展观。这是党的正式决议中第一次提出科学发展观。2007 年 10 月,中国共产党第十七次全国代表大会对科学发展观的时代背景、科学内涵和精神实质进行了深刻阐述,对深入贯彻落实科学发展观提出了明确要求。科学发展观的第一要义是发展,核心是以人为本,基本要求是全面协调可持续,根本方法是统筹兼顾。科学发展观必须坚持把发展作为党执政兴国的第一要务,必须坚持以人为本,必须坚持全面协调可持续发展,必须坚持统筹兼顾。深入贯彻落实科学发展观要始终坚持"一个中心,两个基本点"的基本路线,积极构建社会主义和谐社会,继续深化改革开放,切实加强和改进党的建设。2010 年 10 月,中国共产党第十七届五中全会通过的《中共中央关于制定国民经济和社会发展第十二个五年规划的建议》提出"在当代中国,坚持发展是硬道理的本质要求就是坚持科学发展"的重大论断;并且明确指出,制定"十二五"规划必须以科学发展为主题,以加快转变经济发展方式为主线。这是我国第一次在五年规划中明确提出把科学发展观作为主题,是对科学发展观认识的提升,标志着对中国发展规律认识的进一步升华。2012 年 11 月,中国共产党第十八次全国代表大会要求全党同志更加深入地学习科学发展观,进一步增强贯彻落实科学发展观的自觉性和坚定性,不断完善贯彻落实科学发展观的体制机制,把

科学发展观贯彻到我国现代化建设的全过程,体现到党的建设的各方面。至此,科学发展观形成了一个相对完整的理论体系。

中国共产党第十八届五中全会通过的《中共中央关于制定国民经济和社会发展第十三个五年规划的建议》在绿色发展观与科学发展观之间搭建了一座桥梁,在坚持科学发展观不变的前提下进一步细化了绿色发展理念。2015年11月,习近平总书记在中央全面深化改革领导小组第十八次会议上强调,党的十八届五中全会通过的《中共中央关于制定国民经济和社会发展第十三个五年规划的建议》是指导我国改革发展的纲领性文件。实现"十三五"时期发展目标,破解发展难题,厚植发展优势,必须牢固树立创新、协调、绿色、开放、共享的发展理念。这五大发展理念丰富和发展了我们党关于发展的思想理论,是对科学发展观的新突破、新发展,是对以习近平总书记为核心的党中央治国理政新理念、新思想、新战略的概括和总结。绿色发展是推动低碳循环发展,全面节约和高效利用能源,加大环境治理力度,筑牢生态安全屏障,是坚持绿色富国,绿色惠民,为人民提供更多优质生态产品,推动形成绿色发展方式和生活方式,协同推进人民富裕、国家富强、中国美丽。①

作为五大发展理念之一,绿色发展同已有的可持续发展和生态文明建设相比,其主要特点表现在时间的对应性上,即直接瞄准"十三五"时期的发展目标和任务;在内容上侧重突出"绿色发展",直接针对现存的问题和短板。绿色发展在思想上是一种战略理念,在实践中是一个系统工程,包含着自身的逻辑,而且只有遵循这种自身的逻辑才能取得预期的成功。②

发展是全人类永恒的话题,亦是全世界共同关注的问题。从蒙昧时期到文明时代,从农耕经济时代到新经济时代,从工业革命到信息革命,从黑色发展到绿色发展,人类经历了数次发展变革。在寻求发展方向、创新发展方式的同时,人类也跟随时代变迁不断探索、更新发展观念。我国

---

① 中共中央.中共中央关于制定国民经济和社会发展第十三个五年规划的建议[M].北京:人民出版社,2015:23-27.

② 郑又贤.五大发展理念创造性地坚持了科学发展观[J].福建农林大学学报(哲学社会科学版),2016,19(2):1-5.

对发展的认识经历了由现象到本质、由片面到全面、由表及里的推进,即从最初单纯追求经济发展、追求 GDP 而置环境损害、能源耗费于不顾,到逐步认识到环境保护、能源节约关乎生死存亡,经济发展不得以牺牲环境为代价。在充分认知的基础上,对发展理念进行了与时俱进的修正、充实、完善,从可持续发展、科学发展到绿色发展理念的演进无疑是对发展认知逐步深化最好的例证。绿色发展理念充分尊重发展的基本规律,是把马克思主义生态理论与当今时代发展特征相结合,又融汇了东方文明而形成的新的发展理念。绿色发展理念以生态系统整体保护为目标,以市场为导向,以生态产业经济为基础,以科技创新为动力,以建构人与环境和谐为目的,是将生态文明建设融入经济、政治、文化、社会建设各方面和全过程的全新发展理念。它通过加快国民绿色价值观念的转变,促进绿色生产方式的转变,加快绿色生活方式的养成,大力普及绿色文化与科技,完善绿色发展的制度建设等路径,全面贯彻、实践绿色发展理念,引领我国走向永续发展、生态文明发展的新道路。

四、生态文明彰显生态保护优先的理论精髓

绿色发展是生态文明建设的应有之意。中共十八大首次将绿色发展作为推进生态文明的主要方式。2015 年 4 月,党中央、国务院在《加快推进生态文明建设的意见》中提出,坚持把绿色发展、循环发展、低碳发展作为生态文明建设的基本途径。在此基础上,绿色发展被列入"十三五"规划的核心理念,提出坚持绿色发展,加快建设资源节约型、环境友好型社会,形成人与自然和谐发展的现代化建设新格局,推进美丽中国建设,为全球生态安全做出新贡献。2015 年 9 月,自党中央、国务院制定并发布《生态文明体制改革总体方案》以来,生态文明与绿色发展制度建设得到了迅速发展。

生态文明与绿色发展在我国已经深度融合,生态文明作为一个历史发展新形态有其发展的历史轨迹。

我国资源环境问题的类型、程度及其影响状况与工业化和城市化进程及经济发展方式息息相关。我国在 20 世纪 90 年代中后期进入重工业和快速城镇化阶段,资源环境与经济发展之间的矛盾也开始加剧。生态

环境形势开始从"局部恶化,总体基本稳定"进入"局部改善,总体恶化尚未遏制,压力持续增大"的状态。中共十五大指出,人口增长、经济发展给资源环境带来巨大的压力;中共十六大强调,生态环境、自然资源和经济社会发展的矛盾日益突出;中共十七大认为,经济增长的资源环境代价过大,首次提出"建设生态文明,基本形成节约能源资源和保护生态环境的产业结构、增长方式、消费模式,循环经济形成较大规模,可再生能源比重显著上升,主要污染物排放得到有效控制,生态环境质量明显改善,生态文明观念在全社会牢固树立"的新理念;中共十八大以来,在习近平生态文明思想的指引下,人民群众对优美生态环境的需要在新时代社会主要矛盾中得以充分体现,社会主义生态文明建设成为中国特色社会主义道路、理论体系、制度和文化的重要组成部分。

生态文明建设理论是我国的理论创造,社会主义生态文明思想具有深厚的历史渊源,其主要源自三个方面的理论与实践。一是源自对马克思主义关于人与自然关系思想的继承和发展,是对人类社会发展历史中处理人与自然关系问题的经验教训的总结和理论提升,即坚持人与自然和谐共生。这是生态文明建设的基本理念和方略。二是源自全面深化改革和全面依法治国思想及其实践,即用最严格的制度和最严密的法治保护生态环境。这是生态文明建设的制度和路径保障,必须通过完善生态环境治理体系和提升治理能力来实现。三是源自自然科学和社会科学理论基础。生态文明的逻辑起点是工业文明所带来的资源环境问题及其与经济、政治、文化、社会发展的关系问题。"两山论""生态环境民生福祉""生命共同体""全球共赢"等思想是对环境与经济、环境与社会、环境与全球环境治理、环境与政治之间的关系及其规律和生态环境科学理论的深刻把握,是生态文明建设的方法和依据。

从中共十七大提出生态文明建设开始,特别是中共十八大以后,以"五位一体"总体布局、"四个全面"战略布局和绿色发展理念为标志,我国对环境与经济规律及其相互融合发展战略安排与实践的认识发生了系统性的飞跃。当经济进入新常态,从高速增长阶段转向高质量发展阶段,我国环境与经济关系状况就发生了全局性和根本性的变化。环境成为资源,具有自然资本的价值,是高质量发展的生产要素,与土地、技术等要素一样,是影响高质量发展的内生变量。同时,优美生态环境也是高质量发展的结果,是衡量高质量发展的标准。优美的生态环境与高质量的经济是发展的两个基本内涵,它们相辅相成,互为一体。这就是"绿水青山就是金山银山"的环境经济学理论内涵。由此,生态文明建设进入"五位一体"总体布局和新发展理念之中,成为新时代新征程中的重要战略目标和战略任务。社会主义生态文明出现在中国特色社会主义事业的总体布局中,推动生态环境保护发生了历史性、转折性、全局性变化。

关于生态环境与经济发展的辩证关系问题,习近平总书记指出,正确处理好生态环境保护和发展的关系,也就是绿水青山和金山银山的关系,是实现可持续发展的内在要求,也是推进现代化建设的重大原则。生态环境保护的成败,归根结底取决于经济结构和经济发展方式。经济发展不应是对资源和生态环境的竭泽而渔,生态环境保护也不应该是舍弃经济发展的缘木求鱼,要坚决摒弃损害甚至破坏生态环境的发展模式,坚决摒弃以牺牲生态环境换取一时一地经济增长的做法,让良好的生态环境成为人民生活的增长点,成为经济社会持续健康发展的支撑点,成为展现我国良好形象的发力点。贯彻创新、协调、绿色、开放、共享的发展理念,加快形成节约资源和保护环境的空间格局、产业结构、生产方式、生活方式,给自然生态留下休养生息的时间和空间,建立以产业生态化和生态产业化为主体的生态经济体系,全面推动绿色发展。

关于生态文明与全球环境治理的关系,共谋全球生态文明建设就是人类命运共同体思想的具体体现。国际环境保护发展进程起步于1972年联合国人类环境会议,以1992年、2002年和2012年三次首脑峰会为标志,不断推进和发展,并逐步形成了旨在推动国际社会环境合作为主要内容的全球环境治理体系。我国是国际环境保护发展进程的重要推动者、全球环境治理体系的积极参与者,做出了重要贡献,也获得了很大收益。随着我国经济实力和综合国力进入世界前列,我国国际政治经济地位实现了前所未有的提升,我国在国际环境保护发展进程和全球环境治理体系中的地位和作用也出现了历史性、转折性的变化。这一变化意味着在国际环境保护发展进程和全球治理体系中,我国从积极参与进程走向主动引领进程,从与国际接轨走向开创新机制,从遵守规则走向维护和制定规则,从"引进来"走向"走出去"。在这一重大转折的历史节点,习近平总书记提出了坚持推动构建人类命运共同体的思想,而共谋全球生态文明建设就是构建人类命运共同体思想的具体体现。早在2013年习近平总书记就指出,保护生态环境、应对气候变化、维护能源资源安全是全球面临的共同挑战,中国将继续承担应尽的国际义务,同世界各国深入开展生态文明领域的交流合作,推动成果分享,携手共建生态良好的地球美好家园。在2015年第70届联合国大会上,习近平总书记提出,建设生态文明关乎人类未来,国际社会应该携手同行,共谋全球生态文明建设之路。人口规模、现代化进程及其资源环境问题的特殊性决定了我国生态文明建设一方面需要依靠国际社会的合作,另一方面对全球的可持续发展进程发挥着重要的示范带动作用,具有提供中国智慧和中国方案的意义。正如习近平总书记在2018年全国生态环境保护大会上所强调的:共谋全球生态文明建设,深度参与全球环境治理,形成世界环境保护和可持续发展的解决方案,引导应对气候变化国际合作。

第三节　生态保护优先原则的内涵

通过以上陈述、比较和分析,生态保护优先原则要求摒弃始终以人类自身的经济利益作为出发点来保护我们已受到威胁的生存环境的思想,因为这种解决人与自然矛盾的思路不会带来预期的结果。我们必须从生态系统本身的结构逻辑出发,发现其内在的运行机理和规律,并在遵循和满足其平衡运行的前提下,发掘自然资源的价值和生态服务功能。为此,本书认为,生态保护优先应该以生态学理论为基础,以生态系统原理为逻辑起点,以生态系统管理为实践路径,以认识生态系统自身的生态运行规律为前提性、基础性的手段或工具,探寻人类活动对生态系统的影响以及干扰程度,以期获得生态系统的最大可承载力的科学信息,并约束、规范人类的行为,使其遵循生态系统的平衡管理机理,使人类获得最大可持续量的生态利益*,使人与自然和谐相处。

对于生态保护优先的基本内涵,本书认为:生态系统整体优先于个体,生态系统自身结构的不确定性优先考虑"非干扰性因素",自然经济系统优先于社会经济系统,社会生态标准优先于经济理性标准,自然秩序模式优先于建构人类经济行为秩序,生态利益优先于经济利益。

一、生态系统整体优先于个体

生态系统整体性理念是建立在生态系各个部分的不可分割性和各环境要素的整体演化规律基础之上的对自然的认知。地球生态系统共同体是包括人类在内的所有生命物种和非生命物质的整体,其内部个体按照自然法则有机地构成一个生态系统,人类同其他生物、非生物一样作为系统内的个体而存在。也就是说,任何一个完整的生态系统都是由无生命物质、生产者、消费者和分解者四部分组成的,缺一不可。系统内任何一种生物资源或非生物资源总是与其依存的生态系统或系统环境一起存在,整体是个体赖以生存的基础。① 人类是生态环境中的一员,离不开其所依赖的生态系统,因此,人类同系统内其他的生物个体和非生物个体一样,都应该优先尊重个体生存所依赖的生态系统。

生态系统整体性优先于个体。对此,我们可以从以下四方面来认识。第一,生态整体性认识不仅要承认存在于自然客体之间的相互依赖关系,而且要把物种的整体和生态系统的共同体作为关注点。第二,要保持生态系统整体的结构平衡必须尊重并保护整个生态系统的完整和各个组成部分、要素之间的平衡,因为整体性意味着生态系统的任何一个组成要素或部分都具有不可替代的地位和功能,应当受到尊重和保护,即尊重生态系统整体性是保证生态系统完整性、多样性的文明形态的前提和基础。第三,对生态系统的保护需要人类对其进行整体性、全球性的保护,这也意味着生态保护不是一个国家、一个地区的事情,而是一种全球性事务,

---

* 生态利益是超越人类一切利益的最高层次利益,是地球生物圈内生态系统功能的具体价值体现,包括内在价值利益、工具价值利益和整体价值利益。

① 霍尔姆斯·罗尔斯顿.环境伦理学[M].杨通进,译.北京:中国社会科学出版社,2000:236.

需要整个人类的共同努力。第四,生态系统自身结构的演进性与不确定性要求优先考虑"非干扰性因素"。生态系统结构分析中存在很大的变化性、未知性和不确定性,这种状况在生态系统功能分析中更为突出。[①] 生态系统结构和功能分析的不确定性直接影响着生态决策,从而导致资源利用行为生态决策的不确定性。不确定性资源一旦被利用就意味着高生态风险,最明智的办法就是优先考虑非干扰因素,即保留不确定性资源区域,使其免受任何外界因素的干扰。[②]

二、自然经济系统优先于社会经济系统

自然经济系统优先于社会经济系统的价值重构是人类遭遇了自然生态系统危机之后得到的一种认知。

在生态系统中,自然环境中的某些要素具有双重性,它们既是环境要素,又是自然资源,如水、土地、生物、各种矿物资源等。因此,保护生态环境和合理利用资源具有内在联系。生态环境与资源相互联系、相互制约,共同构成一个生态系统。因此,保护生态系统的平衡与稳定就是在保护每个资源要素组分的功能效用最大化。在此意义上,各自然资源单行法就是自然资源所依赖生态系统的生态优先保护法。

法律的立法目的和立法原则是体现立法价值理念和本质的精髓。《中华人民共和国森林法》(以下简称《森林法》)的立法目的是:保护、培育和合理利用森林资源,加快国土绿化,发挥森林蓄水保土、调节气候、改善环境和提供林产品的作用,适应社会主义建设和人民生活的需要。其中,第五条规定:林业建设实行以营林为基础,普遍护林,大力造林,采育结合,永续利用的方针。《中华人民共和国草原法》(以下简称《草原法》)的立法目的是:保护、建设和合理利用草原,改善生态环境,维护生物多样性,发展现代畜牧业,促进经济和社会的可持续发展。其立法原则为:国家对草原实行科学规划、全面保护、重点建设、合理利用的方针,促进草

---

① 戴利,弗蕾.生态经济学——原理与应用[M].徐中民,等,译.郑州:黄河水利出版社,2007:71.

② 唐纳德·沃斯特.自然的经济体系:生态思想史[M].侯文蕙,译.北京:商务印书馆,2007:498.

原的可持续利用和生态、经济、社会的协调发展。《中华人民共和国水法》(以下简称《水法》)的立法目的是：合理开发、利用、节约和保护水资源，防治水害，实现水资源的可持续利用，适应国民经济和社会发展的需要。其立法原则为：开发、利用、节约、保护水资源和防治水害，全面规划、统筹兼顾、标本兼治、综合利用、讲求效益，发挥水资源的多种功能，协调好生活、生产经营和生态环境用水。《中华人民共和国土地管理法》(以下简称《土地管理法》)的立法目的是：加强土地管理，维护土地的社会主义公有制，保护、开发土地资源，合理利用土地，切实保护耕地，促进社会经济的可持续发展。其立法原则为：国家实行土地用途管制制度；国家编制土地利用总体规划，规定土地用途，将土地分为农用地、建设用地和未利用地；严格限制农用地转为建设用地，控制建设用地总量，对耕地实行特殊保护。

传统自然资源法律理念都是把经济利益优先作为立法目标和价值取向，以单一资源效用最大化为管理手段，不仅普遍缺少自然资源整体性与系统性的认知，而且更缺少生态系统管理的路径和方法，严重忽略了自然资源所承载的生态价值服务功能，而这些因素正是导致陆地环境资源被破坏、生态危机的根源所在。从自然资源价值认知的角度考察，自然资源本身具有的多功能、多用途属性决定了其也具有多价值属性，而人们对自然资源的多功能价值属性存在认识上的误区或片面性，传统上只重视其作为商品进行市场交换所体现的经济价值，而完全忽视了其非市场价值，即生态价值和社会价值。自然资源的双重属性价值就如同一枚硬币的正、反两面，即一面具有经济价值功能，而另一面又具有体现其生态价值和社会价值的公共物品属性。但其公共物品属性是一般的市场价格和价值理论所不能涵盖和度量的，比如，森林作为重要的自然资源要素，既具有提供木材、能源、多种林副产品等满足市场需要的经济价值，也具有涵养水源、防风固沙、调节气候、减少污染、净化空气等多方面的非市场价值。① 这也解释了长期以来一些自然资源作为环境公共物品被免费使用的真正原因。

---

① 王庆礼,等.略论自然资源价值[J].中国人口·资源与环境,2001(2)：36-41.

生态保护优先原则及其法律制度因应

值得深思的是,尽管自然资源的非市场价值(即生态价值和社会价值)不能通过市场交换来具体呈现,但其实际发挥的重要生态和社会功能却不容忽视。例如,森林除了具有经济价值,还具有珍稀物种、自然景观、名胜古迹等能够满足人们审美、欣赏、陶冶情操等精神文化需求的价值。但这些非市场价值所产生的生态服务价值不仅难以用货币来度量,而且也无法在我们的经济价值评价指标体系(如GDP)中体现。正是由于国民经济评价体系的非科学性,市场经济体制下的"理性人"尽管也乞求良好的生存环境,但出于经济利益的驱使,仍无规划、无节制、过度地掘取自然资源的经济价值,轻视甚至无视生态系统的服务价值和社会功能,这种掠夺性的使用正是导致资源枯竭的根源。然而,自然资源的生态服务价值和社会功能价值要比其经济价值高得多。有学者测算出,我国长江流域的森林资源可直接利用的经济价值为每年0.197万亿元,而其生态服务价值则高达2.1万亿元,两者之比约为1:11。① 1997年,Robert Costanza等人在《自然》杂志上发表了《世界生态系统服务价值和自然资本》一文,首次系统地对全球生态系统服务与自然资本的价值进行了研究,测算出全球生态系统服务功能每年的总价值为16万亿~54万亿美元,平均为33万亿美元,是1997年全球GNP的1.8倍。②

目前,我国自然资源立法价值取向反映了人们重视自然资源利用的经济价值而严重忽视自然资源所赋存的生态价值,人为地分裂了自然资源利用与其生态保护之间的辩证统一关系,人为地割裂了自然资源经济价值与其生态价值本身所固有功能的共存性价值,而正是由于主观认知上存在对自然生态价值规律认识的缺陷才导致实践中产生生态危机的后果。严峻的环境污染和生态破坏现实客观上要求人们必须改变重自然资源的经济价值而轻视甚至忽视其生态价值的传统理念,在自然资源多价值属性的不同历史发展阶段的"谁轻谁重、谁先谁后"的评价过程中,人们应该以生存健康和生态利益的稀缺作为评价的标准。目前,经济发展在满足了人们小康生活的条件下,与生态利益的稀缺和人们对良

---

① 曹明德.生态法新探[M].北京:人民出版社,2007:157.

② Robert C, et al. The value of the world's ecosystem services and nature capital[J]. Nature, 1977(387):253-260.

好生存环境的渴望产生了矛盾。在这种情况下,我们应该把生态利益和社会利益置于优先考量的位置,使经济利益服从生态利益和社会利益的发展要求,并运用法律制度、生态经济机制来引导人们有规划地科学利用自然资源。

自然经济体系和社会经济体系是相互作用的。人类经济体系是自然经济系统的子系统,经济系统依赖于自然系统,经济事件反过来又影响自然环境系统,而自然环境变化又会影响经济系统。[①] 自然经济系统对人类的重要性既表现在自然界对于人及其意识的先在性上,也表现在人的生存对自然界本质的依赖性上,更突出地表现在人对自然界及其物质的固有规律性的遵循上[②],而人类目的的每一次实现恰恰都是人遵从了自然及其规律的结果。[③]

三、社会生态标准优先于经济理性标准

从自然资源单行法的立法目的和立法基本原则可以洞察出我国自然资源法律架构的共同特点。

从环境资源法调整的法律关系来看,它仍然体现的是人与人之间的社会关系,并没有充分反映环境资源法律的实质性特点。环境资源法律与传统法律规范虽有共性,但也有其本身的特质。前者虽也具有传统法律所调整的人与人之间的人身和财产关系的共性,但主要是调整传统法律无法调整的人与人之间关系背后的人与自然和谐共存的关系。以水资源的利用为例,随着人口的急剧膨胀,水资源的有限性和人口增长的无限性之间存在着矛盾。《中华人民共和国水法》是从法律形式上调整有限的水资源在人们之间有效分配、合理使用的问题,当水资源的使用发生经济纠纷或水污染造成人身或财产的损害时,受害人都可以依照《中华人民共和国侵权责任法》等传统法律规范对违法行为人予以规制;但如果仅仅是水源本身发生了损害,而且没有直接的受害者或者没有潜在的受害者出

---

① 康芒,斯塔格尔.生态经济学引论[M].金志农,等,译.北京:高等教育出版社,2012:69-70.

② 刘思华.以生态为本位的科学依据与理论框架[J].中南财经政法大学学报,2002(4):3-9.

③ 林娅.环境哲学导论[M].北京:中国政法大学出版社,2000:23.

现明显的受害症状,那么此时真正的受损害者是环境要素——水源,真正被损害的利益是环境公共利益,致害原因是人们对环境资源要素不合理的使用,折射出的法益是环境公益,法益诉讼所调整的关系是人与自然的关系。由此可知,环境资源法除了调整传统的人身和财产关系,还要调整、规范人与自然的关系,但现行环境资源法却没有规范人与自然的关系。

从环境资源法调整的对象看,现行环境资源法普遍重视单一资源的利用,而轻视污染防治,更忽视整体性生态保护。其基本出发点大多是强调部门利益,使部门法的设置重在体现部门权利本位。人们仅关注环境资源作为经济资源的最大化价值利用,既无视环境资源本身的多价值功能属性,也割裂了生态保护与资源利用之间的共生关系,更忽视了不同资源利益和部门法之间的整合与协调。人们对资源的利用方式是重经济开发和粗放型增长,缺乏生态保护的预防与有效治理,从而导致资源被破坏、环境被污染和生态被破坏。

从环境资源法的立法目标和立法价值导向可以考察出生态保护优先的缺位。传统环境资源立法的指导思想和理论基础彰显的是经济优先逻辑,此思想在客观上从纯粹的经济增长和效率优先的角度来开发利用自然资源,在主观上以人类自我中心主义为主导价值观,而这种工业文明的生产和生活方式不仅是资源掠夺性利用和生态环境被污染破坏的根源,而且在其理论指导下的资源利用与经济增长都呈现出不可持续的特征。自然资源要素最基本的自然属性是整体性和系统性,维护自然资源所依存生态系统的平衡与稳定就是保护生态利益与经济利益的最大化。但遗憾的是,目前我国的陆地自然资源法律立法价值理念大多是经济利益优先。自然资源的自然属性(即整体与系统的特质)要求只有维护资源环境生态系统的结构与功能的稳健运行,才能保障资源经济功能的效用最大化。

从环境资源法律的管理机制可以推测出生态系统管理缺乏。资源的自然属性表明,对资源的利用和保护不能脱离整个生态系统去利用和研究某个有机体或某个生态系统组分。生态系统中存在较强的相互依赖和反馈机制,忽略其系统中的任何组分,都会造成不可预测的生态负

第二章 生态保护优先原则理论

效应。① 这就要求人们为了可持续地利用资源,必须维护生态系统的可承载能力、自然恢复能力和动态平衡能力,彻底改变维持资源利用最大化的观点。

　　自然资源的生态规律告诉我们,人们对自然资源的保护和使用客观上依赖于其所依存的生态系统,资源要素的生态价值功能和可持续利用本质上取决于其所依存生态系统的平衡与稳定。实践证明,生态系统管理是目前维护陆地自然资源生态和可持续性的最有效的管理方法。生态系统管理的基础肇始于生态学研究,而生态学发起对常规管理的挑战始于时空尺度的物种丧失和生存环境退化。下面从生态系统管理的角度,以美国林业为例来回顾、分析其管理政策制定、制度实施的历史变迁和生态管理理念的生成乃至成熟。美国林业的生态管理模式是付出环境代价换来的。19世纪中后期,美国为了满足国家的经济需求,开始强调资源利用并鼓励开发资源,1841年的《优先购买权法》和1862年的《宅地法》是美国土地资源开发利用政策的真实写照。随着这种以掠夺性开发和利用为核心的管理机制所造成的破坏性后果日益显露,公众要求保护现存森林的认知观念逐渐形成,这促成了1891年《森林保护法》的出台,该法律废除了允许滥用土地的法案。20世纪初,在科学原理基础上管理林地的思想萌动,公众支持西奥多·罗斯福总统保留更多林地的政策,森林保护区面积日益扩大,美国成立了专门的林务局对林业实施管理。第二次世界大战前后,森林管理中火灾的威胁,促使生态学一经萌芽就与森林管理紧密联系起来。第二次世界大战后,经济复苏对木材的大量需求,催生了林地管理的多元利用和持续生产概念的出现,也催化了1960年《多元利用法》的出台,促使管理者对林地采取明智且积极的管理措施。此时,生态研究已在系统的构架下进行并在更大尺度下监测森林。由于木材需求旺盛,森林皆伐盛行,保护森林的呼声高涨,1969年出台的《国家环境政策法》规定,开发者必须提供联邦所属土地的长期管理计划和环境影响报告。然而,实践的迅猛发展通常会导致理论的惯性

———————————
　　① K.A.沃科特,等.生态系统——平衡与管理的科学[M].欧阳华,等,译.北京:科学出版社,2002:8.

65

滞后,如1976年的《联邦土地政策及管理法》和1978年的《美国濒危荒野区法》只是规定了采用对单一物种资源保护或利用的联邦土地管理模式。① 到20世纪80年代,生态系统理论也取得了迅速的发展,不仅引入了可持续性概念,而且使管理步入生态整体论轨道。例如,《国家森林管理法》特别指定了木材砍伐的生态适宜性标准,要求林务局保持植物和动物群落的多样性②,并且林业管理单位也提出了跨学科10年森林发展计划。这推动了经济学、生态学、野生动物生物学、土壤学、水文学和林学等多学科知识的综合发展。20世纪90年代,管理者强调生态系统方法,并认为该方法是有效管理自然资源的方法。1992年,美国林务局采用多元利用的生态系统管理新政策,为新的生态管理理念拉开了序幕。这种在现有林地上保持长期木材供应的要求从根本上改变了美国的自然资源管理方式,并推动了一种新方法——生态系统管理的应用。③

四、自然秩序模式优先于建构人类经济行为秩序

自然本身就包含着秩序和建构,一种事物和关系的自然秩序就摆在那里,与人一起生存的共同体中处处都有法(法在此即秩序、规则)。④ 在地球生态系统共同体内,历经进化的环境历史在完美地利用自然方面为人类社会成功地提供了现成的模式。⑤ 如果我们想放飞自己,我们完全能够从历经数千万年日臻完善的鸟类翅膀中寻找灵感,如同南美大草原的大食蚁兽,世代传承着一个可持续的吮食规则:一只大食蚁兽每次吸食一个蚁冢的时间不能超过3分钟,这样既能保持每个蚁冢的持续生存,又能为大食蚁兽家族的世代繁衍提供充足、可持续的食物来源。大自然给人类最重要的启示就是:只有适应地球秩序,才能分享地球上的一切;只有

---

① 霍尔姆斯·罗尔斯顿.环境伦理学[M].杨通进,译.北京:中国社会科学出版社,2000:340-341.

② K.A.沃科特,等.生态系统——平衡与管理的科学[M].欧阳华,等,译.北京:科学出版社,2002:223.

③ K.A.沃科特,等.生态系统——平衡与管理的科学[M].欧阳华,等,译.北京:科学出版社,2002:65-68.

④ 阿图尔·考夫曼,温弗里德·哈斯默尔.当代法哲学和法律理论导论[M].郑永流,译.北京:法律出版社,2002:15-93.

⑤ 唐纳德·沃斯特.自然的经济体系:生态思想史[M].侯文蕙,译.北京:商务印书馆,2007:496.

最适应地球秩序的人,才能其乐融融地生存于其环境中。① 环境历史使人们意识到:人类共同体只能在自然规律许可的限度内去认识和利用自然,为人类造福,永远不能违背自然规律,超越自然秩序;那种无知、短视和贪婪的生态愚昧时代,必须让位于生态上合理、经济上可行、文化上繁荣和社会上公正的生态文明时代。②

在人类生存发展的利益范畴中,利益不外乎涵盖生态利益、社会利益和经济利益。这些利益所处的层次不同,各利益的地位与作用也有所不同。其中,生态利益是超越人类一切利益的最高层次利益。从广义上来看,生态利益是地球生物圈内生态系统功能具体价值的体现,由内在价值利益、工具价值利益和整体价值利益构成。③ 其中,内在价值利益是生态系统内物种本身固有价值的体现,其外在表现形式为生物利益;工具价值利益是生态系统为满足人类生存需要而提供的自然资源价值、废物库服务功能价值、舒适性服务功能价值和生命支持功能价值④,其外在表现形式是生态利益;整体价值利益是地球生物圈内所有生物和非生物的共同利益以及地球生态系统共同体的整体利益。在此意义上,广义的生态利益是包含人类生存利益的所有生物和非生物的整体利益,理应是人类的最高利益,人类的一切社会经济决策和经济活动也应当且必须把生态利益放在首位来考虑。

在对上述生态优先基本内涵理解的基础上,对于生态保护优先的内涵和外延,本书认为应再强调以下几点:第一,树立生态保护优先的价值观。生态保护优先是以地球生物圈内生态系统的整体性功能为价值本位,追求并保持系统整体内的结构合理性,是一种人类活动与自然秩序和谐共生的整体价值观。第二,实现生态保护优先的发展观。以生态优先为本位的发展,是以保持地球生态系统的结构和功能平衡且良性运行的基础本位为前提,追求并保持生态系统的生命支持系统的完整性功能发

---

① 霍尔姆斯·罗尔斯顿.环境伦理学[M].杨通进,译.北京:中国社会科学出版社,2000:484.
② 董全.生态功益:自然生态过程对人类的贡献[J].应用生态学报,1999(2):233-240.
③ 刘思华.论以生态为本位的科学依据与理论框架[J].中南财经政法大学学报,2002(4):3-9.
④ 康芒,斯塔格尔.生态经济学引论[J].金志农,等,译.北京:高等教育出版社,2012:70.

挥和健康发展。这是人类活动和自然秩序之间良性运行与协调发展的客观基础。第三,践行生态保护优先的实践观。自然生态系统的内在生态平衡机理旨在确定自然弹性阈值,若超过这个阈值,人类的活动就要受到自然生态权力的制约,因此,自然弹性阈值是触发生态权力的关键点,呈现出本质上的不可侵犯性。这种不可侵犯性一旦被人为破坏,失调的自然生态几乎是不可复原的。[①] 在此意义上,人类的一切经济决策和经济活动必须以自然生态阈值为经济行为的限度,就如同"公平、公正"是法律的天平一样,若环境承载力超越自然生态的阈值,生态系统中所有生态共同体成员的利益都会受损。这既是保护自然生态系统良性运行的生态价值所在,也是生态保护优先正当性的科学实践。

---

① 叶平.生态权力观和生态利益观探讨[J].哲学动态,1995(3):25-27.

第三章 生态保护优先的 正当性理论基础

生态保护优先的实质不仅是对人类和自然之间关系的反省,更是对人在生态秩序世界中的地位以及对人的经济行为合理性的自省。因此,生态保护优先是人对其与自然关系认知能力的提升,是一种进步的、科学的世界观和价值观。此价值观的本质是以生态整体性为根本理念,以生态本位为哲理支撑,与经济本位、自我本位的价值观相对照,建构其理论价值正当性,并以价值正当性建构和论证的逻辑原理为依据,系统地阐释了生态保护优先理论正当性的基本理论架构。

第一节 生态学的科学基础是生态优先观

生态学原理从自然科学研究方面发现了地球生态系统平衡与稳定的基本规律,并把该规律作为自然法则,为现代生态环境伦理的出现奠定了思想基础,也为社会科学的不同领域提供了科学的行为准则。人们对地球生物和非生物资源的过度利用以及污染物的超极限排放都会增加社会生态风险,危及地球生态系统的平衡与稳定。因此,对地球生态系统的优先维持和保护就是在保护人类自身,构建生态社会就是在维护地球的生态家园。

一、社会风险加速了生态启蒙

历史曾经使人类产生这样的"误会":我们赖以生存的地球是和平、诚实和安全的,能给我们提供安全可靠的庇护和生计,一如既往地滋养着万物,养育着我们。正是大自然这种稳态的确定性,使人类得以成为完整的、自由的人,并有尊严地、高傲地统治着宇宙万物。然而,也正是人类对地球上其他物种和资源傲慢的、轻率的掠夺和不加节制的挥霍,使人类自身的生存面临威胁。大气、地下水和土壤被污染了,生态系统被破坏了,全球变暖,土地荒漠化,臭氧层空洞出现,生物多样性减少,物种变异,等等,这些生态危机使自然界变得越来越脆弱。1962 年,蕾切尔·卡逊所著的《寂静的春天》一书的问世犹如平地一声惊雷,唤起了世人的生态意识。作者严重警告人类正面临新的威胁:一种全新的有毒物质、由氯化烃制成的有机农药正在污染着整个地球,整个人类生存环境正面临着一些无法想象的剧毒物质的污染问题——这些有毒物质积聚在动植物的细胞组织中,甚至渗透到生殖细胞中。这会导致未来遗传基因发生变化或变异。[①]由于对大自然的贪婪和掠夺以及对自然认知能力的有限,人类的过度索取行为破坏了自然生态系统的平衡和稳定,在一定程度上改变了自然的力量,使自然及其生态系统增加了许多不确定性和额外的社会风险。尽管我们对任何事物的判断都会存在不确定性,但自然风险的不确定性是令人恐惧的:被污染的空气会损害我们的呼吸系统到什么程度?被污染的食物会导致什么疾病?等等。然而,地球人的摄取行为仍在继续,资源破坏和污染增长仍然在地球上继续着。由于信息反馈的时滞,全球经济体系有可能已超越和破坏其可持续的资源环境的利用和吸纳极限。[②] 人类对自然资源的不当利用所产生的社会风险在加剧,不确定性在增加,生态环境危机和社会风险的不断加剧使环保人士和社会精英们震惊地发现自然是如此脆弱,于是他们开始强烈呼吁在价值观、世界观和经济组织方面进行一场真正的革命,因为人们面临的环境危机的根源在于追求经济与技术发展时忽视了生态知识。[③]

---

① 蕾切尔·卡逊.寂静的春天[M].吕瑞兰,李长生,译.长春:吉林人民出版社,1997:68-88.

② 唐奈勒·H.梅多斯,等.超越极限——正视全球性崩溃,展望可持续的未来[M].赵旭,等,译.上海:上海译文出版社,2001:196-197.

③ 唐纳德·沃斯特.自然的经济体系:生态思想史[M].侯文蕙,译.北京:商务印书馆,2007:411.

与此同时,有良知的社会学家也提出了风险社会理论。* 贝克认为,工业社会的风险主要来自经济增长过程中产生的制造风险、高科技带来的普遍性风险和抽象科学研究所产生的不充分性的附加风险,而这一切对社会机体的危害构成了社会风险,风险的根源是工业社会经济增长对自然的毁灭性破坏。我们生活的世界是充满社会风险的世界,而社会风险比社会物质的匮乏更令人不安和担忧。避免社会风险已成为我们生活的这个时代的最强音和政治议题。生态危机呼唤生态启蒙,人们开始对风险提高警惕。生态启蒙包括:①我们生活在文明的"火山"上,风险威胁的潜在阶段已接近尾声,变得清晰可见,工业文明对自然的破坏和危害越来越侵蚀着人们的机体;②生态的脆弱性已超乎人们的想象,自然的吸纳能力和自我恢复能力越来越微弱;③社会已经开始关注生态环境危机带来的全球性危害,政府之外的全球性环境保护组织正在形成;④我们要加强对风险社会的反思,把其纳入生态科学研究的框架。①

生态启蒙加速了生态觉醒,并呼吁生态政治,于是,整个西方社会呼唤一场新的生态革命,要求建立以生态科学为基础的新的社会秩序。由此,在整个西方社会开始了一场生态革命和生态管理的新时代,正如保罗·西尔斯曾要求美国人认真对待生态学时指出:"在大不列颠,在合理规划开发这个帝国尚未开发的地区时,每一步都要请教生态学家,从而……但是没什么迹象能够表明我们自己国家的政府已意识到生态学必须在长久规划中发挥作用。"②也就是说,生态学家的主要责任是引导人们尽可能地将自然界恢复到原初的健康与稳定状态。在这种生态革命的推动下,美国的《国家环境政策法》率先出炉,生态学者开始撰写环境影响报告,检查人们对生态环境的破坏情况,在环境听证会上作证,等等,生态学管理逐渐渗透美国社会的各个角落。随后,美国的一系列环境保护立法

---

* 风险社会理论是由德国的乌尔希里·贝克提出来的,他在 1986 年出版的《风险社会》中提出了风险社会的概念,随后发表了《风险时代的生态政治学》《全球风险社会》等著作,形成了关于风险社会理论的基本框架。他的风险社会理论以反思现代化为视角,沿着风险分配的逻辑、个体化法则、科学和政治的衰微这三条路线展开。

① 沈守愚,孙佑海.生态法学与生态德学[M].北京:中国林业出版社,2010:71.

② 唐纳德·沃斯特.自然的经济体系:生态思想史[M].侯文蕙,译.北京:商务印书馆,2007:417.

如雨后春笋般地相继出台,为美国的生态环境保护起到了很好的法律保障作用。

二、生态优先权与生态社会建设

生态学原理为人们揭示了地球作为一个大的生态系统,其各个组分是如何共同构成一个整体的,这个整体是如何维持其系统结构的平衡和稳定的,以及是哪些组分决定着这个整体是否健康的。总之,生态学原理是确证和建构生态保护基础性理论的逻辑前提。人类赖以生存的地球生物圈是由包括人在内的生命有机体和非生命物质构成的统一整体。这个整体经过数万年的自然进化被凝练成结构完整、运行稳定的自组织系统。其中,整体支配并决定个体,使系统中的个体朝向有益于生存的方向进化,这是系统自然选择的内在机理。人类个体及其文明都寓于自然机制之中,对于这种自然机制我们必须报以尊重,因为是自然机制选择我们,而不是我们选择自然机制。这种自然机制不仅为人类生存提供了良好的生态环境服务,而且还提供了满足人类生存的自然生态资源的服务保障功能。正是生态价值功能赋予了生物与非生物本身的价值和生存利益,也就是说,人、动植物和微生物都有其固有的价值和利益,这些价值和利益是受生态系统制约和控制的,服从系统生态平衡的价值和利益。[①] 这种生态平衡的价值和利益的保持是人类生产力系统能否继续正常存在的决定性因素,因此,只有维护和保持生态系统的生态结构平衡和生态功能正常,人类才有获得生态利益、生态资本的前提和可能。在此背景下,这种优先于人类外在利用行为的稳健运行的生态系统是一种自然内在的、本质的客观过程和必然趋势,也就是自然享有的一种优先权。这种生态系统之所以拥有优先权,是因为生态结构具有不可再造性,自然界的各个要素之间按照自然的法则进行着物质和能量的转换,这种自然法则是迄今为止的任何科学技术无法创造的;而且生态功能具有不可替代性,这种"能量流"熵动力系统是其他任何力量都不能替代的,是独一无二的。这种生态运行规律是不以人们意志为转移的客观生态规律。这种生态优先

---

① 叶平.生态权力观和生态利益观探讨[J].哲学动态,1995(3):25-27.

权规律不仅是自然生态系统运行的基本规律,而且也是人类处理与自然关系的最高法则。[1]

第二节　生态伦理学的核心是生态义务

法律的规范作用首先体现在社会规范意义上,具体是将社会共同成员所基本认同的主导价值观通过法律的形式展现出来。任何一部环境资源保护法作为社会规范的一种形式,其立法理念和价值目标除了受传统法的价值观念影响,现代生态环境伦理思想对其立法理念的确立具有愈来愈重要的决定性意义。对于环境资源保护立法,生态环境伦理价值观将成为环境资源保护立法理念的思想基础和逻辑起点,也是当代生态道德伦理观对社会正义所展示的最科学、最完美的价值形式,更是当代环境资源立法理念的思想基石。

一、生态中心论伦理思想:生态保护义务

生态环境道德伦理的最基本议题是:保护生态环境的伦理根据到底是什么? 也就是说,为什么维持和保护生态系统的平衡、完整和稳定是我们的义务? 为什么我们有义务保护生态系统中的植物和动物? 如果说人类有保护义务的话,那么人类对自然存在物的保护义务是一种直接义务还是一种间接义务? 对这些问题的不同回答就形成了不同门派的环境伦理——人类中心主义、权利主义、生物中心主义和生态中心主义。人类中心主义认为,人类只对人类自身负有道德伦理上的义务,人类对自身之外的其他自然物不负有相关的义务;相反,是自然存在物对人类具有工具价值义务。权利主义认为,人类不仅对人类自身负有直接义务,而且对自然界生存的所有动物也负有直接的道德伦理义务,其原因是自然界的动物在客观上已具备成为人类道德成员的主体资格。生物中心主义则主张,人类道德伦理的义务范围并不仅仅局限于人类和动物,人类对自然界所有的生命存在

---

[1]　刘长明.生态是生产力之父——兼论生态优先规律[J].文史哲,2003(3):107-114.

物都负有直接的道德伦理义务,因为自然界所有的生命存在物都具备成为人类道德成员的主体资格。由此可见,生物中心主义把人类道德义务的涵盖范围进一步扩展到了整个地球生态系统。生态中心主义抽取了大地伦理学、深层伦理学和自然价值论的理论精华,认为维护与促进具有内在价值生态系统的完整与稳定是人类所负有的一种客观义务,从而把人类的道德义务范围扩展至整个生态系统。① 总之,在这几种环境伦理中,由于人类中心主义是导致环境污染、生态恶化的主要思想理论根源,已被现代环境伦理所唾弃。尽管权利主义和生物中心主义有存在的合理之处,但其理论观点备受质疑,所以它们最终也被生态中心主义所取代。

生态主义伦理观的核心是人类对自然存在物负有道德上的尊重和保护义务。在当代西方,人类对地球生态系统共同体的义务主要表现为以下三个方面:第一,人类与自然共存于地球生态系统共同体,并且人类只是地球生态系统共同体中的一个成员,人类对其所属的地球生态系统共同体负有直接的道德伦理义务,人类与地球生态系统共同体其他成员之间长期的共同生活情感纽带是产生这种义务的渊源。这种观点通常被认为是大地伦理学。第二,人类是自然环境的一部分,人的生存离不开整个自然环境,如果人类是“小我”的话,那么地球生态系统就是人类“大我”的一部分,自然生态是由“小我”和“大我”共同组成的整体。假若“小我”具有内在价值的话,那么“大我”也理所当然地具有内在价值;关心“小我”是人类的义务,关心“大我”同样是人类的义务,保护生态系统的平衡与稳定是人类自我实现的重要组成部分。这是深层生态学的理论观点。第三,生态主义伦理观主张地球生态系统具有内在价值是由事物的内在属性决定的,尽管评价形式是主观的,但其内在价值的内容是客观的,并不能还原为评价者的主观偏好,因此,维持和保护拥有内在价值的生态系统的平衡、完整和稳定是人类应当肩负的一种客观义务。生态主义伦理观认为,无论从微观还是宏观角度,生态系统的美丽、完整和稳定都是判断人的行为是否正确的重要因素。② 人们在追求那些现存于大自然中的价值时,应

---

① 霍尔姆斯·罗尔斯顿.环境伦理学[M].杨通进,译.北京:中国社会科学出版社,2000:2.

② 霍尔姆斯·罗尔斯顿.环境伦理学[M].杨通进,译.北京:中国社会科学出版社,2000:225.

当具有一种责任感和整体意识,这种责任就是人类应尽量保护生物共同体的丰富性,这既是人类的实际义务,也是人类的终极义务。如果人类为了维护自身的利益,而不惜牺牲整体的福利,那是不道德的;同样,企业为了维护人类的利益而牺牲整个生态系统,毫不顾及其他利益者,那一样是不道德的。我们应该把生态系统当作一个可靠而有效的经济系统来尊重,对愈敏感的生物愈应该尊重,对物种多样性的尊重应优先于对个体的尊重。

生态伦理观认为,人类能够培养出真正的利他主义精神,即当人们认可了他人的某些权利时,不管这种权利与自我利益是否一致,利他主义精神就开始出现了。但是,只有当人类也认可动物、植物、物种、生态系统、大地等的权利时,这种利他主义精神才能得到完成。[①] 人类保护生态环境,关心人类赖以生存的其他存在物,这不仅是人类真正优越于其他存在物的高尚之处,也是人类客观上在关爱和保护自身的生存环境,更是人类在确证和展示其不同于生态系统其他存在物的价值和尊严的一种体现方式。因此,人类理应有一种博大的胸怀:对生命进行呵护,对其他生物表达关爱,对大自然的无私奉献充满感恩之情。这种伟大而崇高的情怀有助于冲淡和稀释人类对个体自身利益的过度关注,有助于人们从永无休止的人际利益关系的相互猜测、算计中真正解脱出来。只有使人们的思想和视野与自然界某种永恒的自然价值相"碰撞",把人类生活的意义和价值与自然界某种比人类更博爱、宏大的自然过程相"融合",人类可能才会真正明白,为权势、利益、财富而进行的居心叵测、尔虞我诈、永无宁日的争斗是多么的卑鄙龌龊。这也是环境伦理观通过自然价值过程的阐释所给予人类的最大的启示:关爱自然、保护生态既是对自然的义务,更是对人类自身的义务。

二、人类中心论:生态伦理要求自我扬弃

人类中心主义是西方文明的产物。西方主流价值观认为,自然界为人类的利益而存在。因此,人类中心主义认为,人类是生物圈的中心,具

---

① 霍尔姆斯·罗尔斯顿.环境伦理学[M].杨通进,译.北京:中国社会科学出版社,2000:338-341.

有内在价值,是唯一的伦理主体和道德代理人,其道德地位优越于其他物种,其他存在物都无内在价值,仅具有工具价值。[1] 这种以人类自我为中心的伦理观强调一切以人为中心,极力倡导人主宰自然,把人类社会的繁荣建立在对生态资源掠夺性利用的基础之上,这种价值观显然具有反自然的属性,把人与自然视为绝对对立的关系。整个西方的近现代文明都是以人的自我中心主义为基本价值取向而展开的,无论是驾驭和支配自然,还是征服和同化异族文化,都体现出这一主旋律。因此,人类中心主义构成了西方传统文化核心的本质。

人类中心主义的价值观不仅反自然,而且也是当代生态危机的思想根源。它认为,人类是自然界的主宰,或者说人类可以解决一切问题。[2] 近现代科技的飞速发展和工业的繁荣产生的前所未有的社会物质财富,极大地强化了人类贪婪的本性,使人类愚昧地陷入盲目的自信和无知的乐观。然而,全球气候变暖、土地沙漠化、生物多样性减少、臭氧层空洞出现等生态危机不期而至。哈贝马斯在《合法化危机》中指出,现代人类所面临的生态危机包括外部自然生态的危机和内部自然生态的危机两个方面,前者导致自然生态平衡的破坏,后者导致人类学和人格系统的破坏。[3] 此时,人类面临着越来越多的无法逾越的自然限制和自然反馈,这使人们的生态意识开始觉醒——许多问题并没有技术上的解决办法。[4] 人类关于自然极限和生态意识的觉醒,进一步说明了人类基于人类中心主义而建立起来的唯人独尊思想是虚幻。

人类中心主义的扬弃是人类对利己主义、人本主义道德伦理观的辩证超越,是对生态伦理价值观认知能力提升的深层折射。地球生态系统是人类的家园,人类从生态环境中获取生态养分,从自然资源中摄取能量,同时又把废弃物排放回自然并由其分解还原成养分和能量再循环输送给人类,但地球生态系统这一功能的正常发挥要求人类对自然的索取和排放必须限制在生态承载力的范围之内。因此,自然生态是人类生存

---

① 曹明德.生态法的理论基础[J].法学研究,2002(5):98-107.

② 戴维·埃伦费尔德.人道主义的僭妄[M].李云龙,译.北京:国际文化出版公司,1988:13-14.

③ 樊浩.当代伦理精神的生态合理性[J].中国社会科学,2001(1):24-35.

④ 丹尼斯·米多斯,等.增长的极限[M].李宝恒,译.长春:吉林人民出版社,1997:172.

的载体,人类应当理解和适应自然生态规律,即生态优先伦理观。从认识论的角度,生态优先体现为人类的生态觉悟,生态觉悟所体现的不只是对人与自然的关系和对人类生存的外部自然环境的觉悟,而且也是对整个人类文化的生态结构和人文精神的觉悟。从价值论角度来看,生态优先不仅要求重新建构自然生态的平衡,而且更重要的是要重新建构人的精神生态、人格生态以及整个文明的价值生态的平衡。同时,任何伦理精神的建构和确立都有其现实的指向,其合理性也必有历史和现实的双重维度,只有在传统与现代的生态转换及其伦理—经济—社会形成现实关系的有机生态中才能得到建构和确证。[1] 生态优先的伦理学基础正是在生态觉悟和生态价值、自然系统和社会系统的结合和交织过程中有机地建构和确证的。

第三节　生态经济学倡导生态秩序优于经济秩序

经济制度已经内化为人类文化的一个元素,就像我们的文化一样,它处在不断演化的过程之中。[2] 事实正是如此,人类通过各种社会文化的不断演替逐渐适应日益变化的环境压力。社会的技术进步及经济、政治制度的不断变迁都是文化适应的实证。也就是说,适应性文化孕育了适应性文明,这种适应性文化和文明是由客观的生态环境所决定的,正所谓生态文明就是"适应性文明"[3],生态经济学也是适应客观生态环境压力的产物。

一、生态经济学的理论本质

美国著名的历史学家麦克尼尔说过:"资本家、民族主义者甚至几乎每个世人都在同一祭坛对经济增长顶礼膜拜,因为它掩饰了众多罪恶。"

---

[1]　樊浩.当代伦理精神的生态合理性[J].中国社会科学,2001(1):24-35.

[2]　Polanyi K. The Great Transformation: The Political and Economic Origins of Our Time [M]. Boston: Beacon Press, 2001.

[3]　徐祥民.被决定的法理——法学理论在生态文明中的革命[J].法学论坛,2007(1):30-33.

1984年，一位美国经济学家兴奋地预测经济增长可以持续70亿年，只有当太阳消亡、云遮天际之时，经济才不会增长。甚至一些诺贝尔经济学奖获得者们也曾声称：实际上即使没有自然资源，世界也相安无事。虽然人们盲目追求经济增长的行为造成了许多社会、道德和生态问题，但经济增长绝对优先的思想很轻易地就成为20世纪最重要的思想。[①]英美经济学家通过货币政策工具调节和管理国家经济，促成了美国在第二次世界大战中政治、经济和军事的多赢局面。于是第二次世界大战后，美国在经济领域的国际支配地位确保了美国思想被西方社会全盘接受。同时，经济增长优先理念也颠覆了传统普适的道德观念。著名的哲学家、作家艾茵·兰德认为："利他主义是罪恶，而自私是一种美德。"[②]著名芝加哥学派经济学家米尔顿·弗里德曼也主张："对社会负有责任的企业老板们要尽可能地为其股东们获得经济利润，除此之外，便没有什么事情会彻底破坏我们自由社会的经济基础。"[③]在经济增长崇拜的意识形态下，工业化、城市化和现代化飞速发展，社会资本和财富快速积聚，而自然只是作为一个资源仓库被利用、榨取，人类的贪欲把自然掠夺得遍体疮痍，经济增长与自然的冲突愈演愈烈。渔业资源崩溃，森林面积缩小，土壤沙化，地下水位严重下降，全球变暖，灾害性天气加剧，物种消失，珊瑚礁死亡，大气、水和土壤被污染，生态系统被破坏，等等，这一切都标志着资源的衰退、生态环境的破坏必将导致经济的衰落。于是，经济永远增长的神话破灭了。面对如此严重的生态危机，20世纪70年代，西方社会各界结成联盟，试图阻止正在发生或即将发生的大规模环境变化。

为了正确处理和缓解经济增长与环境保护之间的紧张关系，在经济学领域出现了不同于传统经济学的新的经济学观点和流派，包括新古典经济学、环境经济学和生态经济学。新古典经济学提出，假设市场能够达到人们期望的环境资源目标，并且稀缺资源能够以市场产品的形式出现，

---

① Peter H. Main Currents in Western Environmental Thought[M]. Bloomington：Indiana University Press，2000：136.

② Ayn R. The Virtue of Selfishness：A New Concept of Egoism[M]. New York：Signet Classics，1964：98.

③ Milton F. The Politics of Growth un Postwar America[M]. Chicago：University of Chicago Press，1962：135.

在此情况下,市场也就拥有了调整环境资源的功能和效率。在此,我们必须看到,"效率"一词具有多价值意蕴,如经济效率、行政效率、工作效率等。事实上,"效率"是对做一件事情所付出的成本与获得收益的对比分析,是一种真实的、客观的评价。这种评价会引发人们思考:如果所做事项的目标是邪恶的,那么无论做事的效率有多高,都只能使事情变得更糟,就如同希特勒发动的战争一样,他蹂躏的领土愈多,给人们带来的灾难就愈加深重。对自然环境资源的开发利用也是一样,如果人们坚持对环境资源采取保护性的、可持续性的开发利用方式,那么人们既获取了环境资源的经济价值,也不会破坏环境资源的生态功能。这种对环境资源的开发利用方式,不仅提升了人们赖以生存的环境质量,而且更有利于社会的可持续发展;反之,如果人们对环境资源采取过度的、破坏性的开发利用方式,那么不仅会使经济发展遭遇瓶颈,也会降低人们生存的环境质量和幸福指数。因此,环境经济学认为,社会福利的高低在很大程度上取决于生态服务的优劣、生态环境受损害程度的大小,并且生态服务并不必然排斥市场效率。但由于污染和生态服务的情况在市场产品中难以体现,所以环境经济学研究对生态环境保护意义不大。

生态经济学不同于传统经济学和新古典经济学。它认为,建立在人类贪婪无度、经济理性和自私自利的效用最大化基础之上的传统经济增长模式是导致生态危机的根源。生态经济学的宗旨是将经济思想置于生物环境与道德环境的双重现实和约束背景之下①,其核心思想认为地球生态系统是社会经济体系的生命支持系统。也就是说,社会经济体系是地球生态系统的子系统,目前最急迫的问题是使人类经济系统和自然生态系统这两个高度复杂的系统之间的关系融洽、和谐。要解决这一根本问题,一方面,要求生态经济学要融合生态学、环境科学和经济学的精华;另一方面,由于人类对生态系统干扰所带来的破坏在时间和空间尺度上存在很大的不确定性,这就要求经济体系或经济制度要随着不确定性的变化做相应的调整。这种调整是一种具体规划的经济系统转型,同时,这种

---

① 赫尔曼·E.戴利,乔舒亚·法利.生态经济学:原理和应用[M].金志农,等,译.北京:中国人民大学出版社,2014:4.

经济转型也必须被局限在地球生态系统所能承受的物质限制以及人类的生态伦理道德价值观所体现的思想限制的范围之内。由于人类对生态系统干扰所产生的不确定性风险，生态经济学要求人们在制定生态经济政策时，坚持三个最基本的目标，即经济的可持续规模、公平分配和有效配置。[①] 尽管全球仍然在推行市场经济，但市场只能揭示或调节满足市场偏好的商品，而许多能增进和提高人类福利的自然商品和服务都是非市场商品，市场既无法揭示也无法配置这些资源，因为市场无法解决经济规模和社会分配问题，市场不能告诉人类应该拥有多少清洁水、清洁空气、健康的森林或湿地才能满足其正常生存的需求，因此，对于这三个基本目标，市场都不能供给。经济的可持续规模目标要求社会对经济总量进行限制，使其维持在生态系统的再生能力和吸收能力的范围之内；公平分配目标要求社会把分配不公限制在一定范围内；前两项目标的实现将有助于有效配置目标的实现，因为公平分配和有效配置就如同生态系统服务，属于稀缺的公共物品，必须由社会来保障。

二、自然经济体系优先于社会经济体系

在自然的经济体系观点与社会的经济体系观点的交锋与对决中，前者处于优先地位。对于"经济是生态环境的组成部分还是生态环境是经济的组成部分"这一命题，经济学和生态经济学[*]有着不同的看法：生态经济学认为，社会经济系统是生态环境的子系统，即社会经济系统依赖生态环境系统而存在，而经济学的答案与此正好相反。从这两种不同的价值观来看，经济学家认为，自然系统是为人类经济系统服务的，人是主体，

---

① 赫尔曼·E.戴利，乔舒亚·法利.生态经济学：原理和应用[M].金志农，等，译.北京：中国人民大学出版社，2014：380-383.

* 生态经济学是由20世纪60年代后期美国经济学家肯尼斯·鲍尔丁在其学术论文《一门科学——生态经济学》中正式提出的。它是经济学与生态学相互交叉、互相渗透，并有机结合而形成的新兴边缘学科，是一门横跨自然科学和社会科学的交叉边缘学科。生态经济学认为，当今时代世界经济的发展模式是不可持续的，生态与经济的矛盾已成为当代社会发展中的一对基本矛盾。为此，人类必须重新审视现行的经济增长模式，重新定位人与自然之间的关系，与自然界重新缔结契约，寻找一种人类社会经济能够持续发展的经济增长方式——生态经济。其基本特征是采用新的具有更高生产力水平的"绿色技术"，这种技术注重协调人与自然之间的关系，它是当代新的生产力的代表，具有广阔的发展前景，并推动着人类社会从20世纪的工业社会逐渐转向21世纪的生态社会。

自然是客体,人在自然系统中处于绝对的主宰地位,即自然系统是社会经济系统的子系统。在这种逻辑的鼓励下,人们目睹了工业革命以来呈现的前所未有的经济飞跃,但是,人们也经历了经济过度发展与自然生态及资源支持系统的冲突日益加剧:经济迅猛发展使自然系统濒临崩溃,全球经济驶入了一条破坏生态环境的航道,并导致了经济的衰退。残酷的经济现实意味着人们必须对社会经济系统进行全面调整,使之与自然系统的承载能力相匹配。然而,与此相对应,生态学家则强调自然经济系统的整体性,认为包括人在内的任何生物和非生物都是自然经济系统的一个因子,任何因子离开自然系统的环境滋养和能源的供给都是不能存续的。在有机的生态体系中,任何因子脱离整体后将不再具有价值存在性和权威性,即使系统因子有价值关联性,也必须依赖自然系统的其他因子并在整体生态系统中才能确证自己。也就是说,只有维持自然系统的平衡和稳定社会经济才能持续发展。这种价值观不仅消解了人在自然系统中的优先地位,而且强调了系统整体的优先地位,同时也确证了自然系统内各因子之间的相互依赖并在价值上的平等性,从根本上动摇和否定了任何自然系统因子在系统中的价值霸权逻辑。

人类社会经济应该是建立在自然系统基础之上的生态经济。① 生态经济的基本要求包括:第一,发展经济须在遵循自然生态平衡规律的前提下进行,同时还要遵循社会发展的客观经济规律;第二,经济发展所依赖的自然生态规律与社会发展的客观经济规律不是互相孤立的,社会经济规律要遵从自然生态规律,受自然生态规律的制约,它们之间必须协调共存、和谐共生;第三,经济发展必须要遵循"生态与经济和谐发展"这一生态经济规律,这也是指导人们保护生态环境和发展经济的一个基本规律;第四,经济发展过程的可持续性关注的焦点是经济发展所依赖的生态支持系统的可持续性。②

一国的经济是否可持续是由其经济政策决定的,一个能维系环境永续不衰的经济系统要求其经济政策要以生态原理为基础。生态学家应为

---

① 莱斯特·R.布朗.生态经济——有利于地球的经济构想[M].林自新,等,译.北京:东方出版社,2002:85.

② 曹明德.生态法的理论基础[J].法学研究,2002(5):98-107.

经济发展提供蓝图,因为他们懂得一切经济活动和所有生物对地球生态系统的依赖关系——不同物种共同生存,它们彼此之间相互影响。这些数以百万计的物种生存于复杂的相互平衡之中,通过食物链、养分循环、水文循环以及气候系统相互交织在一起。[①] 在此基础上,经济目标才能变成经济政策,才能实现一种可持续发展的经济。

第四节　生态政治学要求政治制度生态化

清洁的空气、清洁的水源、清洁而肥沃的土壤、健康的湿地生态系统等生态服务产品,在存在生态危机的当下都已经成为稀缺而奢侈的公共物品。市场因其自利的本性不会提供这些公共物品,人们只有寄希望于国家环境政策的变革来提供人类健康生存所依赖的生态服务。因此,生态政治既是生态危机时代提出的挑战,也是人类对生态环境保护重要性的认识不断深化的结果。为化解生态与经济之间的矛盾、控制生态灾难,寻求"政治良方"已成为历史的必然选择。

一、生态政治学的历史演进

希腊哲学家、思想家亚里士多德在其名著《政治学》中提出:人的本性是政治动物,男女结合首先组成家庭,然后家庭聚地而居发展成为城邦,最终形成国家政治组织,并且每个历史演替阶段都有其内在的特质、创新和发展。[②] 从原始社会的狩猎文明过渡到封建社会的农耕文明,是生产力变革生产关系的结果。资本主义的工业文明取代自给自足的农耕文明,给社会创造了大量的物质财富,极大地推动了社会生产力的发展,给人们带来了富足和享乐。然而,相比农耕文明,工业文明具有高投入、高能耗、高消费、高排放与高污染的典型特征,这种特征意味着对资源的无限需求,但资源的有限性决定了资源的有限供给不可能满足社会经济的无限

---

①　莱斯特·R.布朗.生态经济——有利于地球的经济构想[M].林自新,等,译.北京:东方出版社,2002:2.

②　沈守愚,孙佑海.生态法学与生态德学[M].北京:中国林业出版社,2010:90.

增长;人们对良好环境质量的追求也不可能一味忍受工业高排放所带来的环境污染和生态破坏,这表明人与自然之间的冲突、矛盾在追求物质财富最大化的工业社会中是不可调和的,工业文明社会注定要被人与自然和谐共存的生态文明社会所取代。纵观人类社会文明的历史变革轨迹,在很大程度上,每一种时代文明都是对前一种文明的扬弃、丰富、完善和发展,都是国家政治文明力量积极推动的结果。这也正是亚里士多德在其《政治学》中所倡导的——国家对一国公民的保护和管理是一个"中立体",该"中立体"体现了公民所普遍认可和向往的公平、公正以及最高的"善"。因此,一旦由于社会弊病危及国家机体,国家政治文明的各种制度就会顺势而为成为保护一国公民的利器。

20世纪60年代,随着工业文明所带来的生态危机日益加剧,一种新的社会运动在全球兴起,这种运动的特点包括:①生态取向性。关注人类与地球生态系统共存与和谐发展。②政治取向性。全球关注的生态环境问题的解决力挺政治环境政策的变迁。③全球取向性。环境问题没有国界,此项环保运动也超越了国界,寻求共同行动和共同承担。随着环保运动在全球的不断蔓延,国际性的环保理论和法制规范不断涌现,成为引导运动的精神佳肴。1962年,《寂静的春天》一书改变了人类控制自然这一思想和道德理念;1971年,罗马俱乐部发表的研究报告——《增长的极限》指出,人们对资源的利用和产生的污染物已经超过了自然可承受的极限;1972年,联合国《人类环境宣言》将环境与可持续发展正式列入国际政治议事日程,标志着生态政治学从此诞生。于是,20世纪80年代,各种绿色政治思想开始萌发勃勃生机,生态自由主义、生态社会主义、生态马克思主义等各种思潮和流派也冲击了生态政治学的系统理论,而后,各种思潮和流派的运动主题逐渐转向生态、民主、公平、公正等生态政治议题。生态政治学在国内的研究尚处于萌芽阶段,其理论研究既不系统也不成体系,呈碎片状态①,其主要理论观点主张运用生态学原理及思维方法建构全新的政治学理论体系,具体表现为用生态方法、生态系统原理及自然生

---

① 夏美武,金太军.政治生态学:理论原则、价值与现实意义[J].学习与探索,2012(2):59-63.

态智慧重构政治理念、政治民主、政治制度等理论范式。①

生态政治学是政治学研究采用的新视角，它启蒙于西方的生态保护运动，产生于生态学的迅速发展和人们对生态学的广泛认知，是当代社会科学发展的必然趋势。在生态政治学的发展过程中，主要产生了人本主义的生态政治学和生态中心论的生态政治学。② 尽管生态政治学涉及诸如民主、公平、正义等传统政治学议题，但其思考和探究的着力点是政治制度与自然环境保护的关系，所探求的是政治理念、政治体制、社会发展应如何更有利于生态环境保护，从而寻求一种确保人与自然和谐共存的可持续发展之路。它涵盖了生态学、政治学、哲学、经济学、社会学等相关知识，既包含了生态政治哲学，又继承了生态伦理学的发展路径。

生态政治学要求国家各种政治制度的设立满足生态原理和生态伦理的限制性规则，体现生态文明的基本要求。亚里士多德在《政治学》中研究了城邦政体，分析了不同民族各政体或同一民族各政体之间的细微差别以及形成其差别的自然状况和人文条件。孟德斯鸠在《论法的精神》中通过大量的实地考察，认为政体、法律及道德伦理的形成取决于一国人民的生存环境，这种环境包括气候、土壤等自然条件，技艺等生产技术条件，民族习性，等等。孟德斯鸠认为，各政体的差异主要是适应不同的地理、人文环境的结果，因此，不同类型的政体并不是主观的判断或选择，而是被迫适应不同客观环境的结果。当代美国著名政治学家伊斯顿也认为，一国政治系统尽管履行着一部分社会功能，但这一部分功能被自然的、社会的、生物的、心理的环境所包围，政治系统既受这些环境因素的影响，又作用于这些环境因素。因此，生态政治学所涵盖的规范不是主观选择的结果，而是客观适应的结晶。

二、马克思主义生态政治学

19 世纪中叶，马克思深刻地揭示了资本主义制度剥削的本质，提出了旷世而伟大的剩余价值学说，同时也鞭辟入里地揭露了资本主义生产方

---

① 刘京希.政治生态论——政治发展的生态学考察[M].济南：山东大学出版社，2007：20.

② 李刚.生态政治学：历史、范式与学科定位[J].马克思主义与现实，2005(2)：63-69.

式所造成的严重生态环境问题,并阐述了深刻的生态政治学思想。

马克思主义生态政治学从人类历史永续的政治高度提出了人与自然和谐统一的内在必然性,这也是其世界观和方法论的政治哲学基础。人们应当如何看待历史?不同的人可能有不同的视角和不同的切入点,通常情况下,人们都是以人类主体对客体的认识所产生的价值判断作为认识基础的。但这些认识未必都是科学的,其评价标准在符合社会发展规律的同时,更重要的是必须满足自然客观规律的发展要求。在这方面,马克思主义生态政治学为我们提供了确证。马克思和恩格斯反对把社会历史与大自然割裂开来的观点,他们以整体论的视角和思维方法来看待自然界,具体分析人与自然之间的关系,从而提出了人与自然应该和谐相处的重要思想。他们认为,人类是大自然中的一个组分,人类的任何社会活动都是依赖自然进行的,人类生活须臾也不可能脱离自然。马克思和恩格斯对工业革命为社会发展取得的巨大成就给予了高度评价,但同时指出,资产阶级虽然取得了这些成就,但却破坏了自然环境,损害了工人利益。资本主义生产方式一方面在城市聚集着社会的历史动力,另一方面又破坏着人和土地之间的物质变换,人破坏了土地肥力的自然条件,土地不再拥有土地功能。所以,资本主义生产方式虽然提高了社会生产的技术水平,但同时也破坏了一切财富的源泉——土地和工人。① 恩格斯对工业文明造成的环境破坏也予以深刻的揭露:"文明是一个对抗的过程,这个过程使土地贫瘠,使森林荒芜,使土壤不能产生其最初的产品,并使气候恶化。"②他在《乌培河谷来信》和《英国工人阶级状况》等著作中进一步揭露了英国工业城市的大气污染、水污染状况:"黑水、臭水流过城市,河流变成了污水沟,臭气熏天;有毒有害的肮脏空气已令人窒息,生态环境污染的严重状况已令人触目惊心。"③他看到美索不达米亚等肥沃土地被掠夺得满目疮痍时,警告道:"我们不要过分陶醉于我们人类对自然界的胜利。对于每一次这样的胜利,自然界都对我们进行报复。"④面对人类对

---

① 马克思,恩格斯.马克思恩格斯全集(第23卷)[M].北京:人民出版社,1972:552-553.

② 马克思,恩格斯.马克思恩格斯选集(第4卷)[M].北京:人民出版社,1995:311.

③ 余谋昌.马克思和恩格斯的环境哲学思想[J].山东大学学报,2005(6):83-91.

④ 马克思,恩格斯.马克思恩格斯选集(第1卷)[M].北京:人民出版社,1995:289.

生态保护优先原则及其法律制度因应

自然界的控制、掠夺和破坏，马克思一再强调自然界是人类生存和社会历史演替的前提和环境条件，并提出"自然界优先"的思想：第一，自然界的存在优先于人类历史。人类除了繁衍延续人类自身，并没有创造其他任何物质。人类尽管发展了社会生产力，但无论是自然的物质生产、社会的物质生产、人类的繁殖生产，还是不同种类的人工生态系统建设，都是在自然物质客观存在的前提条件下进行的。第二，人类依赖自然界而生产、生活。自然界为人类提供衣、食、住、行等各种原材料，如果没有人类劳动和加工所需的原材料对象，劳动也就不可能存在。第三，自然界为人类提供生存与发展的一切资料，包括支撑人类生命存在的原材料、劳动对象和工具，它在一定程度上属于人的"无机身体"。① 总之，马克思和恩格斯对工业革命造成的环境污染、生态破坏以及对人们健康造成的损害进行了猛烈的抨击和批判，他们提出的"自然界优先"思想也是警示人类要尊重自然和保护自然，只有这样人类才能健康生存。人与自然和谐统一的世界观和方法论是马克思主义生态政治学的最核心本质。

马克思的政治法律思想也体现了其鲜明的生态政治观。资本主义制度的劳动异化观把人与自然的关系绝对地对立起来。一方面，资本家为了赚取更多的利润，肆意地掠夺、破坏自然资源；另一方面，大自然对人类的破坏行为以各种环境灾难的形式无情地报复着人类。这样，在资本主义制度下，工人的劳动不再是一种自觉自愿的行为，而完全变为受外在的异己力量支配的行为，劳动被异化了。② 通过对异化劳动的深入剖析，马克思指出，人与自然截然对立的根源在于资本主义制度本身。资本主义制度的目的就是获得利润，利润驱使资本家以不惜一切的残酷手段对工人进行压榨与剥削，而且还破坏自然环境。从形式上看，异化劳动是人与自然的对立，但其本质上是人与人的对立。劳动的价值就在于人进行自由自觉的劳动，而异化劳动却使劳动者丧失了劳动本身的价值，成为被外力强制的工具。③ 因此，马克思指出，资本主义制度和体制把人的一切需

---

① 余谋昌.马克思和恩格斯的环境哲学思想[J].山东大学学报,2005(6)：83-91.
② 徐罗卿.马克思的生态政治思想及其当代启示[J].前沿,2012(17)：53-58.
③ 禹国峰.马克思主义环境哲学的生成理路及现代境遇[J].南京林业大学学报,2007(2)：17-22.

要变为对物质的贪求,这种贪求又不断地刺激资本扩大生产、大量消费、大肆废弃。资本主义体制和制度的发展模式既造成了资源枯竭,又导致了环境污染,而劳动异化正是资本主义生态环境危机的真正根源。马克思不仅从物质生活关系方面揭示了资本主义制度的本质,而且也从中探寻出法律以及历史发展的客观规律。他通过对相关法律立法草案的研究指出:"立法者应该把自己看作一个自然科学家。他不是在制造法律,不是在发明法律,而仅仅是在表述法律,把关系的内存规律表现在意识的现行法律之中。如果一个立法者用自己的臆想来代替事物的本质,那么我们应该责备他极端任性。"①因此,政治、法律、经济等一切社会活动,必须认识自然,尊重客观规律,否则,最终都将受到惩罚。

三、生态政治学的核心是生态文明

生态政治学是站在政治的高度来研究生态环境问题,认为生态危机产生于不科学的政治制度环境,人们应通过调整各项政治制度解决生态环境问题。因此,生态政治学研究和思考的重点是政治制度与自然环境之间的关系以及政治制度体系对自然环境的有效保护等内容,所寻求的目标是在有利于生态环境保护的基础上实现政治制度体系的科学发展,从而更好地调整人与自然、人与人、人与社会之间的和谐共生关系。这种追求和谐共生关系的终极目的正是生态政治学的核心所在,而其核心的本质内涵正是生态文明社会所调整的各种伦理、利益、政治、经济等关系。

文明是人类社会政治文化发展的成果,是人类利用和改造自然界所取得的物质和精神成果的结晶,也是人类社会历史进步的标志。生态文明是指人类遵循人、自然、社会和谐发展这一客观规律而取得的物质与精神成果的总和,是一种人与自然、人与人、人与社会和谐共生的文化伦理形态。② 生态文明观产生于现代环境保护运动和人类对可持续发展的理性认知,并与现代西方马克思社会主义学说密不可分,是西方生态保护运

---

① 沈守愚,孙佑海.生态法学与生态德学[M].北京:中国林业出版社,2010:97.
② 潘岳.生态文明的前夜[J].瞭望,2007(43):38-39.

动与社会主义思想相结合的产物。生态文明观认为,导致全球生态环境危机的根源在于资本主义制度,生态环境危机已成为资本主义世界转移经济危机的新手段;生态环境危机的实质在于社会公平问题,要想解除当前生态环境危机,就必须摆脱工业文明掠夺自然的逻辑,用生态智慧理性取代经济利益理性;生态文明社会理应是人类文明发展史上的一个重要阶段,理应是经济效率融于生态效率、社会公正统一于社会生态安全的和谐共生的一种新型社会。

生态文明不同于历史上的狩猎文明、农耕文明和工业文明,有着其独特的社会文明构成要素。首先,生态文明从伦理价值观上认为人与自然是和谐统一的,人类与其他自然生物共处于一个地球生态系统,人类要尊重自然界万物,彼此之间是共生共荣的关系。这与马克思主义学说的人与自然和谐统一的环境伦理观、中国传统文化的"天人合一"观、西方社会的可持续发展观的本质内涵是一致的,说明生态文明社会是一个人类与自然和谐共生全面发展的社会形态。这种人与自然和谐共生的社会形态是对资本主义社会的超越,用当年恩格斯的话说:"人们会重新感觉到,而且也认识到人类自身和自然界的一致性,而那种把物质和精神、人和自然、肉体和灵魂绝对对立起来的荒谬的反自然的观点,也就更不可能存在了。但是要实行这种变革,单依靠认识是不够的,这还需要对我们现有的生产方式以及与这种生产方式连在一起的我们今天的整个社会制度实行完全的变革。"①其次,生态文明要求简约的生产、生活方式。现代西方工业文明的生产增长方式是建立在对自然资源与能源高投入、高消耗的基础上,从原料投入到产品生成再到废弃物抛弃,是一个资源浪费、环境污染、线性非循环的生产发展模式。其生活方式将奢侈性消费作为人生享乐的最高境界,更多更快的高消费已成为社会对个人地位的认可和个体对社会经济贡献的普适性观念,正是这种消费观念成为愈演愈烈的生态危机的助推器。生态文明社会致力于构建一种以生态环境承载力为基础、以自然生态规律为准则、以可持续发展的社会制度为手段的环境友好型、集约型社会。

---

① 马克思,恩格斯.马克思恩格斯全集(第25卷)[M].北京:人民出版社,1974:926-927.

中华传统文明与生态文明有着一脉相承的内涵。纵观全世界，唯有中华文明是同根、同种、同文且传承延续了几千年的古老文明，其原因在于中华传统文明里蕴含着深刻而富有哲理性的生态智慧。我们传统文明的伦理与制度体现着先人的生产生活方式，实践着中华优秀历史传统，延续且发展着这种深刻而富有哲理性的生态智慧。中华传统文明的文化主流是儒、道、佛三家，其文化的本质内涵都是追求人与自然的共生共荣与和谐统一，其文化的伦理价值观在现实制度和日常生活规则中都体现为一个"度"字。"度"就是章法，就是分寸，就是礼数，就是节制，就是平衡，就是简约，就是和谐。"度"不仅仅是中国人的政治思想智慧，而且也是中国人的理性生活智慧，更是中国人延续了几千年的生态智慧的凝练表达。这种文化智慧不仅来源于中华圣贤典籍，而且还通过普通家族的各种礼仪文化深深地扎根于基层社会。这种宽简适中、从容有度的文化理念和生活方式通过节制人的无限贪欲，鼓励人们追求充实而饱满的精神生活，能够有效地遏制西方工业文明的消费主义与虚无主义对我们生活造成的冲击。① 因此，中华文明是超越工业文明解决生态环境危机和建设生态文明的文化基础。生态文明应成为当今社会主义文明体系的基石，社会主义的物质文明、精神文明和政治文明须臾也离不开生态文明，如果没有良好的生态环境，那么人们就不可能有健康的物质享受和惬意的精神享受。一旦生态文明和生态安全缺失，人类就会陷入不可逆转的生存危机。

时代正在召唤一种新型社会形态——生态文明，目的是实现人与自然、人与人、人与社会的全面和谐。这就要求人们对西方工业文明推崇的生产方式所形成的人与自然的关系、人与社会的关系以及人与人的关系进行重新反思，要求人与自然之间形成和谐生态关系，人与人之间形成和谐相融的人格关系，人与社会之间形成和谐的社会关系，国与国之间形成和谐的大同世界关系。② 这些就是生态文明社会的真正内涵。

当然，文明的转型也要求社会的各种政治经济制度实行变革。在生

---

① 潘岳.中华传统文明充满生态智慧[J].高层视点,2009(2)：5.
② 潘岳.中华传统与生态文明[J].新华文摘,2009(5)：48-51.

态文明下,法律必须接受生态规律的约束,只能在自然法则许可的范围内编制。立法者应当学会让自己的意志服从自然规律,应当自觉地把生态规律当成制定法律的准则,用自然法则来检查通过立法程序产生的规范和制度的正确性。另外,从生态保护的现实需要出发,我们还应在立法中设定更多的禁限,如对填海造地的禁限、对一次性消费品生产的禁限等。[①]

第五节 维护生态秩序是生态文明建设的本质要求

生态文明观是由"可持续理念"演绎而来,其理论的提出既有特定的现实原因,更有重要的理论前提。这既是基于人们对过去社会历史发展过程的总结,也是对社会经济发展历史教训的深刻反省,更是系统地、辩证地评价社会经济发展理论的产物。20世纪以来,工业革命和技术革新的迅猛推进使人类社会发展的速度和规模超越过去任何历史阶段,但同时也产生了一系列严重的全球性问题:人口激增、能源危机、粮食短缺、环境恶化、生态失衡、水资源匮乏、贫富悬殊……这一系列生态和经济困境使人类社会的发展遇到了前所未有的严峻挑战。人类要摆脱诸如此类的困境,尤其是生态环境问题,已经不是某个地区或某个国家的事情,而是注定要通过国际社会的共同努力和通力合作才有可能找到出路。为此,人们必须转变传统的经济发展观念,寻求新的可持续发展战略。

一、生态文明的多维度阐释

对于生态文明的理解,我们可以从不同的维度和不同的视野来考察。从学科角度看,新古典经济学认为,生态文明主要指在时间尺度上人类福利发生了怎样的变化,着眼点在于不可再生资源在时间尺度下枯竭的相关问题;生态学强调生态系统的恢复能力;生态经济学则从可持续发展的

---

① 徐祥民.被决定的法理——法学理论在生态文明中的革命[J].法学论坛,2007(1):30-33.

观点出发,考虑如何把生态可持续性和经济可持续性有机结合起来,使生态、经济和社会处于一种可持续的和谐状态。[1] 从学者的视野看,不同学者分别提出了生态可持续性、经济可持续性和社会可持续性等观点。[2] 下面,我们借鉴生态经济学的思维路径展开分析。

(一)生态可持续性:遵从生态承载力

生态承载力是系统可持续性的核心机制。生态经济学认为,生态系统内各环境要素及各组分之间相互影响、相互作用,共同构成一个均衡且稳定的整体系统。其中,生态承载力* 是生态系统固有的特殊财富,该财富的变化直接影响人类的自然福利。人类经济活动对生态承载力的影响将会导致其自身的变化,这直接关系人类从自然中获得福利的程度。从理论上讲,人类对生态系统的影响只要在生态的可承载范围之内,即在生态最大可持续收获量** 的范围内,生态的可持续性就能保持,但如果人类对自然掠夺性的摄取行为超出了生态的可承载范围,也就是超过了最大可持续收获量,并且干扰行为持续进行的话,那么经过一定的时间周期,生态系统的平衡必然被破坏,生态功能终将崩溃,生态承载力将被彻底摧毁。当然,目前仅靠生态物理极限的测度来评估生态承载力,并由此把生态承载力作为重要指标来检测生态系统结构与功能的稳定,这在理论上是可行的,但在实践中可能对生态承载力范围的科学评估还存在技术方面的障碍。因此,生态学家们把目光投向了生态系统的恢复力方面。

生态恢复力是甄别可持续性的公理性概念。生态学家把生态恢复力称为自我平衡稳定状态[3],这意味着在稳定状态下,生态系统就能维持其生态均衡。通常认为,如果生态系统在遭到一定干扰时仍能保持其本身整体性功能的稳定,那么这个生态系统就具有恢复能力。具体来说,生态

---

① 康芒,斯塔格尔.生态经济引论[M].金志农,等,译.北京:高等教育出版社,2012.318-322.

② 何中华."可持续发展"观及其哲学意蕴[J].哲学研究,1996(9):10-17.

* 生态承载力在生态学看来,通常指自然界中可再生资源的动植物存量不可能永远增长下去,相反,当种群充满其有效生态位时,平均死亡率刚好等于平均出生率。此时,种群"稳定"在一种均衡状态,这就是生态承载力。

** 最大可持续收获量是指在现有条件下,在没有时间限制的情况下,不消耗生物存量时的最大平均收获量。

③ 彼德·巴特姆斯.数量生态经济学:如何实现经济的可持续发展[M].齐建国,等,译.北京:社会科学文献出版社,2010:39.

系统的恢复能力是指生态系统在遭到某种外力冲击时,系统结构能够继续存在并且按照系统结构的基本方式发挥其生态功能的能力。这并不意味着系统所有种群都完好存在,只是强调系统的关键种群存在,因为系统的恢复能力是系统的特性,而不是系统某个组分的特性。因此,当外力干扰威胁到生态系统整体功能的完整性时,在某种程度上是摧毁了系统中关键物种的正常生存,彻底破坏了系统的生态恢复能力。[①] 于是,生态系统恢复能力被生态学家看作一个公理性的概念,其另外一种表现形式就是系统初级生产力的丧失。

无论从生态承载力的角度,还是从生态恢复力的视野来看,人类活动都应限制在生态系统可承载和可恢复的能力范围之内。

(二)经济可持续性:自然资源的最优使用

资本维护是经济可持续性的代表性概念。理解资本维护可以从不同的视角来思考:从基本原理角度看,资本维护就是维持经济绩效和增长;从战略方位看,资本维护就是使经济效率和效用最大化的同时保持人造资本和自然资本的完整性;从宏观政策出发,在经济增长过程中必须约束经济行为对环境的影响,规范制度,确保环境成本内部化;但从可持续性角度考察,这种资本维护是弱可持续性的,因为其忽视了生产过程中的自然资本具有不可替代性这一特质。当人们把自然资源投入生产并获得了经济产出,就可以说是自然资本的投入取得了经济价值回报。如果人们采取一定的途径或方式,把自然资产长期地、稳定地投入生产,而且也能够可持续地获得相应的产出,那么此时的资本维护已经拓展到自然资产范围,并在一定程度上实施了环境外部成本内部化的强制规范,也就是说,资本维护的经济可持续性得到了体现。

污染者付费既是矫正市场失灵的有效工具,也是自然资源优化利用的有效途径。付费是要增加成本的,这是人人皆知的道理。从主流经济学的惯性思维出发,如果自然能够免费提供生态服务,那么一向关注稀缺胜过任何事物的经济人是不会考虑增加成本的;如果生态服务稀缺但市场却能够确保稀缺的自然服务可以被有效率地分配,那么环境经济学大

---

① 康芒,斯塔格尔.生态经济引论[M].金志农,等,译.北京:高等教育出版社,2012:42.

可不必完全从主流经济学中分离出来。事实上,自然的生态服务已经变成了稀缺品,市场不仅忽视了自然的生态服务相对于日益增长的需求是有限的,而且漠视了任何市场都不可能保证生态服务在市场中被有效率地利用。所以,环境经济学主张尽可能地在自然生态服务的提供和利用过程中通过"污染者付费"矫正市场失灵。具体来讲,就是试图把具有生态服务功能的自然资产以价值的方式纳入市场交换体系,使一度被免费使用的生态服务体现出其货币化的价值,使市场经济主体必须为其给环境带来的不利影响和增加的社会成本承担责任,使市场经济主体最优化地利用自然资产。

(三)生态与经济可持续性:生态保护优先的战略性指针

我们通过对生态与经济的可持续性分析发现,两者的共性是都在积极探索保持和维护生态功能的途径和条件,避免人类福祉的持续下降;两者的区别在于生态可持续性强调通过经济系统的减资源化降低或消除自然系统承载的压力;而经济可持续性着重通过资本的维护改进受自然制约的经济绩效,也就是要求经济绩效的增长不能影响和降低自然的生态功能,包括自然生态的生命支持功能和其他自然服务功能。综合上述可持续性的性质和特点,可持续性理应是指保持生态与经济复合系统长期地且持续地满足人的合理欲望和简约需求的能力。[①] 如果生态与经济的复合系统满足可持续性要求,那么该复合系统就处于良性的可持续模式;若与之相反,则是非可持续模式。

生态保护优先是保持系统可持续性的战略指针。可持续性的实质就是保持和维护生态与经济复合系统共生共荣的能力。生态与经济复合系统是生态系统与经济系统相互影响、相互作用的系统,其中,生态系统是经济系统的基础支持系统,经济系统的各种经济活动需要从生态系统中获取自然资源和生态服务,并把经济活动产生的废弃物排放回自然系统,经济系统对生态系统的过度影响反过来会降低生态系统对经济系统提供服务的能力。因此,经济系统依赖生态系统而存在,是生态系统的子系统,生态系统的可持续性直接决定着经济系统的可持续性。生态系统可

---

① 康芒,斯塔格尔.生态经济学引论[M].金志农,等,译.北京:高等教育出版社,2012:6.

生态保护优先原则及其法律制度因应

持续性的标志是系统的承载力和恢复力能够保持正常的运行,而各种生态系统特征各异、结构复杂且脆弱,对生态恢复能力的准确测度仍有技术上的难度,其焦点集中在生态的有限供给上,即生态系统的承载能力,也称生态物理极限。生态物理极限要求经济活动只能限制在极限内,否则就会损害甚至摧毁生态系统的服务功能。但遗憾的是,目前经济系统的扩张已经达到甚至超越了全球生态系统的承载能力极限。[①] 这种经济策略正在危及生态系统的可持续性,进而就会危及经济系统本身。因此,人们在做出经济活动决策前应优先评估生态系统的平衡稳定水平,确定系统的风险性和不确定性信息指数,以此为约束规范来制定经济活动决策,力求最大化地保持系统的承载力并维护系统的恢复力。只有保持和维护生态系统的生产力才有可能实现经济的可持续发展,并且在不损害生态系统的前提下保持经济系统的持续增长。这些观点正是践行了生态优先的战略指针。

二、生态文明理论

一方面,工业化和现代化的成功给人们带来了物质的极度繁荣和精神的奢靡贪欲;另一方面,人类对自然的过度攫取和废物排放已严重威胁到人类的健康生存和经济的可持续增长。面对工业化所追求的繁荣和自然力的耗竭,我们如果继续选择经济增长导向的战略,无疑将使人类和经济最终走向崩溃。因此,我们只能选择对自然资源的约束性利用,也就是可持续发展。

(一) 不可持续发展是损害生态与经济的双重困境

可持续发展是指维持和保护生态与经济复合系统的可持续健康运行,从而实现人类长期和可持续的发展。但传统的经济生产、生活方式却威胁着人类的可持续发展。[②]

人们对资源的过度消耗是威胁生态与经济的根本性因素,包括不可

---

① 彼德·巴特姆斯.数量生态经济学:如何实现经济的可持续发展[M].齐建国,等,译.北京:社会科学文献出版社,2010:40.

② 康芒,斯塔格尔.生态经济学引论[M].金志农,等,译.北京:高等教育出版社,2012:313.

再生资源与可再生资源,尤为严重的是对不可再生资源的消耗。不可再生资源作为生产资料在经济生产过程中发挥着不可替代的重要作用,现在使用的越多就意味着未来可使用的资源就越少。对于可再生资源,它的可持续开采量理论上应与其自然生长量相等,如果开采量始终大于其生长量,那就意味着利用水平太高,已经威胁到可再生资源的生存,有可能导致生物物种的崩溃,加剧生物多样性的减少。

废物积聚度是威胁可持续发展的重要且直接因素。人类对资源攫取的不可避免性因素就是利用资源的同时也向环境排放了废弃物,且包括大量有毒有害物质。这些有毒有害物质不仅直接或间接地威胁到经济劳动力的生命健康,而且直接危害生态系统结构的平衡和功能的发挥。生态系统再生能力的减退乃至消失将直接危及其可持续性,生态可持续功能的衰退将直接动摇经济可持续的物质基础,并终将导致生态提供的生命支持服务功能以及舒适性服务功能的衰退。

生态恢复能力的丧失是威胁可持续发展的重要因素。生态系统是经济系统的支持系统,即经济系统依赖生态系统而生存和发展。生态系统恢复能力的大小直接取决于资源的消耗程度和人类废弃物的排放积聚度,如果其超过了生态系统自身的承载能力和吸纳能力,并且导致生物多样性的减少,那就意味着生态系统的恢复能力将减退乃至丧失。目前,在人们对生态系统信息认知不充分和不完备的情况下,生态多样性指标的变化被视为威胁生态恢复力的直接变量标准。因此,促进或维持生态恢复力就是增进经济资源的可持续利用;反之,威胁生态恢复力就是危害经济资源的可持续利用。

全球性环境因素是对可持续发展的主要威胁。例如,全球变暖与二氧化碳的排放有直接关系,地球上任何一个地方排放二氧化碳,对大气中二氧化碳浓度上升的影响都是一样的。又如,生态系统的可持续性要求在不破坏地球生态系统承载力的前提下解决经济发展问题。然而,环境与经济发展问题不仅有直接关系,而且具有全球性的普遍关系,因为对于全球性的环境问题,贫困国家既没有意愿更没有能力采取行动去解决。因此,全球性环境因素对生态系统的可持续发展是主要的、直接的威胁。

(二) 生态文明理论的生成和生态系统方式管理

生态文明理论的生成是在生态环境威胁人类健康生存和经济可持续增长的背景下拉开序幕的。生态文明理论从萌芽、发展到成熟,由经济活动产生的生态环境问题是其理论生成的动因,生态系统的整体性、系统性是生态优先认知的理论基础,生态与经济的可持续发展是生态文明理论的结晶。

生态文明认为,山、水、林、田、湖、草是一个生命共同体,因为生态系统是由生物群落与无机环境构成的统一整体。生态系统之所以是个统一整体,是因为构成生态系统的各个要素之间存在空间结构关系、物质交换关系、能量流动关系,并且它们最终又形成特定的整体性功能。所以,对生态环境的保护要采用生态系统方法,才能从根本上取得整体性效果。生态系统方法认为,水、气、土、生物等各环境要素之间是一个普遍联系的整体,管理生态系统需要运用综合、系统的方法,生态系统具有产品供给、环境调节和文化美学等多重服务价值,对其必须进行多目标的综合管理。所以,生态系统方法是一种运用生态系统整体性规律解决生态环境问题的综合管理策略。

(三) 生态保护优先的实效评估

在全球视野下,我们不仅要保持和维护生态与经济复合系统的容量,而且还要增加其复合系统的容量。[①] 生态与经济复合系统的可持续性正是生态优先的本质要求。

1992 年的里约热内卢地球峰会和 2002 年的约翰内斯堡地球峰会都把可持续发展作为峰会主题,同时,欧盟各成员国外交部长于 1997 年在荷兰签署的《阿姆斯特丹条约》也把"可持续发展"作为欧盟政策的首要目标。[②] 于是,可持续发展在当时被认为是所有与会国在任何发展阶段都需要履行的生态义务。对此,环保主义者认为,经济增长和财富的过度繁荣并未使人们快乐,人们应当崇尚简约的"美好生活",追求经济增长和奢侈消费是为了获得优越的社会地位,并非真实的幸福。生态学家们对这些

---

① 康芒,斯塔格尔.生态经济学引论[M].金志农,等,译.北京:高等教育出版社,2012:318.

② 彼德·巴特姆斯.数量生态经济学:如何实现经济的可持续发展[M].齐建国,等,译.北京:社会科学文献出版社,2010:55.

观点进行了呼应,而且还充分论证了"适度消费"能够提供简单、满意的"美好生活"。与此同时,美国相关组织也开展了周期性的"美好生活"幸福指数调查,如伯克利大学实施的"普遍社会调查"。① 然而,这种"美好生活"在现实中的幸福指数是不太可能被科学度量的,因此理论界认为,在现实世界中人们体会最深的是经济的非可持续性,"美好生活"是人们追求的一种生活状态,与其这样采用不可操作也不现实的评估指标,还不如真实地评估经济的非可持续性与人们的不幸福指数。这就需要把可持续发展转化为更具操作性的非可持续发展的具体指标,即根据主体可接受的最大损失与需求的最低满足为人们设定适当标准,使发展内容与经济绩效相结合,尤为重要的是优先考虑确定可持续发展的生态限度:生态系统抗外力冲击的弹性阈值、物质产能与自然系统的吸收能力等。这样,市场评价被社会评价所替代,个人偏好由社会、专家所设定的标准所承接。对此转化,生态经济学家帕瑞宁(Perrings)认为,生态上和经济上的最低安全标准将抑制人类的经济活动,以此保证维持和保护自然生态系统的承载能力和弹性阈值。② 这样就把那些与可操作经济概念、指标相一致的可度量的生态指标(即非市场因素)纳入了科学分析和评估的范畴,从而实现了可度量、可实际操作的可持续发展。

三、生态保护优先的规范要求

(一) 生态保护优先的本质演绎

生态优先是可持续发展的基石。人类的任何活动都会对生态系统造成影响,只是经济活动对生态系统的危害程度更严重。因此,要实现可持续发展理应满足可持续发展的实现条件。针对此命题,国内外学者们从不同的角度提出了有建设性的观点,但其实质都是生态优先观的拓展、延伸或其精髓的具体化。有学者认为,实现可持续发展必须具备四个条件:一是人类能够对自己的行为后果及其延迟效应做出充分的预见性估计,

———————————

① 彼德·巴特姆斯.数量生态经济学:如何实现经济的可持续发展[M].齐建国,等,译.北京:社会科学文献出版社,2010:64-65.

② Perrings C. Ecology, economics and ecological economics[J]. Ambio, 1995. 24(1): 60-63.

否则人们将无法判断发展代价的大小、范围,也无法在具体发展方式上做出恰当的选择;二是人类面对危机时能够在发生不可逆转的灾难之前达成全球性共识;三是人类能够切实地将宽泛而复杂的各种利益和矛盾搁置起来,求同存异,采取真正有利于人类整体利益的共同行动;四是这种共同的行动客观上能够将发展的代价控制在生态系统可容纳的范围内,即以不危害自然生态的自我修复能力为条件,同时还必须以不危及当代公平和代际公平为原则。[1] 1992 年,日本学者在里约热内卢全球环境峰会上做的《向全球环境首脑会议的建议》报告,旨在实现可持续开发或环境保全型生产体制的"可持续社会",提出了"生态优先""决策过程民主化"和"人类环境容量有限"三个实现条件。[2] 有学者认为,要想实现可持续发展必须约束贪得无厌的"经济暴行",保持可持续规模,而可持续规模与环境政策有内在的必然联系,因此,实现可持续规模就应该实施科学合理的环境政策,即"直接社会管制""庇古税""庇古补贴"或"交易许可证制度"。[3] 也有学者直接从生态系统的管理出发,认为在生态系统的承载能力和生态环境的抗风险能力不确定的情况下,要做出经济决策并以此实现可持续发展,从理论上可行,但在实践中具有相当的难度。因此,经济政策必须审慎实施,应该考虑制定"预防性原则"和"最低安全标准",以最大可能地实现生态的可持续性作为前提条件。[4]

尽管不同学者从不同的角度都提出了实现可持续发展的规范性条件,并且都有其科学且合理的内涵,但本书直接从生态保护优先的理念出发,其重要的前提目标是尽可能地保持和保护生态系统的完整性,从而减少或避免经济活动可能造成的生态损害,因为只有这样生态与经济复合系统的可持续发展目标才有可能实现。为此,经济决策应按以下三个步骤进行:第一,制定生态规划。生态规划是各种经济活动计划的前提,也就是各种经济活动计划必须遵循且满足生态规划的具体条件和

———————————

① 李钢.实现可持续发展的基本条件[J].北京化工大学学报(社会科学版),2001(1):13-16.

② 岩佐茂.环境的思想[M].韩立新,等,译.北京:中央编译出版社,2006:55.

③ 赫尔曼·E.戴利,乔舒亚·法利.生态经济学:原理和应用[M].金志农,等,译.北京:中国人民大学出版社,2014:264.

④ 康芒,斯塔格尔.生态经济学引论[M].金志农,等,译.北京:高等教育出版社,2012:331.

要求。第二,进行生态容量的科学评估。生态容量就是生态的最大可持续量,经济活动必须限制在生态承载力的范围之内进行,否则将导致生态的不可持续。第三,科学实施生态影响评价制度。科学的生态影响评价制度必须坚持科学决策和民主实质参与的原则,严格执行技术规范和各项标准,评价的程序和内容必须符合项目本身的实际要求,切忌走形式。

(二)原则规范认知逻辑:生态系统管理规范

生态系统管理原则已被科学的实证所检验,以可持续发展为目标的生态系统管理是管理者追求的科学管理目标。如果管理层要想达到或实现科学的可持续管理,那么该遵循何种原则以实现可持续发展的管理目标呢?成功管理者的理念是由原来的追求资源最大可持续产量和多用途价值管理目标的原则转向更加科学合理的管理方式,即保持资源生态系统的非市场价值的健康性、完整性,从而取得生态和产业复合系统的可持续发展。[①]

美国米德公司是集林业、木材、造纸等为一体的综合性公司,公司一直以最大可持续林业产量和多用途管理为经营原则,但在20世纪70年代至80年代,美国太平洋西北部斑点猫头鹰濒临灭绝的问题引发了公众的抗议。从此,米德公司开始采用一种积极的、综合的管理方法来处理森林生态环境问题,并制定基本的管理原则指导公司的经营决策和日常管理。其基本管理原则为:保护未来生产力;确定和管理独特和稀有的生态系统;管理土地以维持生物多样性;为决策获取尽可能多的信息。管理者认为,要维持其产品生产,必须在生态范畴内考虑这一目标,考虑其他生物属性的健康和功能,这样才能保证未来的生产力。可持续管理是一种更为整体性的科学管理方式,这种管理注重各种资源(包括商品资源和非商品资源)间的相互关系和相互作用,要求在更大时间和空间尺度上进行规划。[②] 由此,科学的可持续管理为生态与经济复合系统的可持续发展提

---

① K.A.沃科特,等.生态系统——平衡与管理的科学[M].欧阳华,等,译.北京:科学出版社,2002:232.

② K.A.沃科特,等.生态系统——平衡与管理的科学[M].欧阳华,等,译.北京:科学出版社,2002:235-238.

供了实践典范。

生态系统管理是公众生态保护观念与价值取向的内核。社会主体的生态系统管理策略转变的直接动因是公众生态意识的觉醒。公众是生态灾难的直接受害者,也正是生态危机促使公众的生态观念和价值取向发生了实质性的改变。例如,由于公众对林产公司提起濒危物种受到威胁的诉讼,美国于1973年通过了《濒危物种法》。该法案规定,禁止猎采列入濒危物种名单的物种,保护濒危物种重要的栖息地。也正是由于红冠啄木鸟被列入了濒危物种,政府才禁止乔治亚-太平洋有限公司管理该鸟所栖息的大片森林。[1] 因此,强制性法律规范的颁布以及公众对非市场商品资源价值态度的变化营造了一种新的社会价值认知理念,迫使企业管理层必须认真考虑运用科学的生态系统可持续管理方法改变其单纯追求最大可持续产量和多种管理目标的管理机制。同时,政府也把"绿色证书"纳入其管理体制[2],如果林产公司不理会公众的生态价值诉求,那么公众就拒绝购买其公司的产品。这就直接影响到公司的商业利润,因此,公司必须实施可持续的生态系统管理模式,使其维持经营的产品同公众希望从其经营的林地上获得的非市场商品和生态环境之间形成一种平衡、和谐。利奥波德(Leopold)在《沙乡年鉴》中关于生态系统管理提出了许多基本原则,其中不乏土地伦理的观点。例如,为什么人们总是砍伐桦树却大量种植松树呢? 因为有些树种长得过慢或者价格过低,它们对伐木者没有经济利益,所以就被有经济头脑的伐木者清理出树木队伍了。但是,仅仅以自身经济利益为评价标准的资源保护理念是片面的、不可持续的,这种忽略甚至最终消灭土地共同体中许多没有经济价值但与共同体的健康运转息息相关元素的做法对土地共同体的健康是十分有害的,因为土地共同体的复杂性决定了土地对植物以及植物对动物的价值。

(三) 科学的生态伦理规范:生产、生活简约化

在市场经济条件下,基于市场原理的产业精神,大量生产成为市场的激励机制。大量生产是以大量消费为前提的,大量消费是资本逐利的结

---

① Simberloff D. How forest fragmentation hurts species and what to do about it[J]. Sustainable Ecological Systems,1993(1):85-90.

② 利奥波德.沙乡年鉴[M].朱敏,译.上海:上海科学普及出版社,2014:194.

果,而大量废弃物则是生产过程衍生的对环境的有害影响。大量生产是与资本逻辑相适应的掠夺型生产体制,资本为追求更多的利润,借助过度的商业行为生产大量生活资料来刺激和满足人的消费欲望。资本逻辑所推崇的社会就是驱使人们永无止境地追求片面且扭曲贪欲的方便型社会,因此,资本把包含人格在内的一切东西都贬低为追求利润的手段①,却在生产过程中把废气、废水和固体废物排向周围环境,造成环境污染和生态破坏。从生态意义上看,资本逻辑与生活逻辑是对立的、矛盾的且非相融的。

在市场经济条件下,消费成为一种时尚,为消费而消费被当作一种美德,节俭的美德反而被视为吝啬和不懂得享受生活。人们由于过度追求时尚、新型、时髦的产品,产品老化和淘汰的速度开始加快,消费的目的变为保持并改善自己的社会地位,或者说,消费被视为对失去的人际关系的一种平衡,或者是自我的一种替代形式。② 于是,提升自身的消费层次和水平成为个人永久的愿景,并成为推动经济产品在数量上快速增长的动因。但是随着生态危机的出现,人们开始反省和检讨引起环境问题的原因。当人口增殖以及经济掠夺性的增长足以毁灭支持我们生存的生态系统时,那种贪婪、奢侈及浪费的生活习惯必须让位于节俭和物品循环使用的美德。我们强调节俭和简单生活的美德,并不意味着节制快乐和放弃幸福生活,而是意味着它所珍视的快乐不是来自大量生产和大量消费,而是来自与环境和谐共处的舒适生活以及摒弃破坏生态系统的生产和生活方式。因此,我们应寻求一种有利于生态和经济双重系统可持续的简约化的生产和生活方式。正如孟德斯鸠所说,"爱节俭,占有欲受到了抑制,于是,富足与豪华源自节俭本身""在一个把平等和节俭写进法律的社会里,平等和节俭本身就能激发人们对它们的爱"。③

---

① 岩佐茂.环境的思想[M].韩立新,等,译.北京:中央编译出版社,2006:142.
② 亨特布尔格,路克斯,史蒂文.生态经济政策:在生态专制和环境灾难之间[M].葛竞天,等,译.大连:东北财经大学出版社,2005:21.
③ 孟德斯鸠.论法的精神[M].许明龙,译.北京:商务印书馆,2012:57.

第四章　生态保护优先原则的制度建构

人类的生存与发展离不开自然资源,然而,相对于日益增长的人类需求,自然资源总是处于承载能力超载或极限的状态,这就形成了对稀缺的自然资源之"热"的利益冲动与对其生态保护之"急"的理性被动的鲜明冲撞。基于市场主体的唯利本性和自然资源过度利用导致生态环境脆弱或退化的特质,利益主体很难做到既满足既得利益,又真正维护生态服务的可持续性。在这种经济利益与生态保护的矛盾对抗中,生态保护优先原则无疑是最佳的选择。然而,现有资源的破坏和生态损害的事实证明,仅靠市场主体的自律和道德支撑是很难两全其美的,必须依赖科学而规范的制度来约束利益主体的行为,使利益主体在符合保护规划的前提下,始终遵循"能作为时才作为,不能作为时不作为"的行为准则,这也正是针对自然资源利用构建生态保护优先制度的意义所在。

制度是规则、理性。德沃金曾说过,"原则是规则的规则"。对环境资源而言,生态保护优先原则的理论规范最终只有转化为制度规则,才能实现对脆弱生态环境的真正保护。生态保护优先的原则性制度是贯穿生态环境保护与管理全过程的制度,是居于普遍性、指导性和约束性地位的制度规范。

在生态保护优先原则下,系统地构建生态资源合理利用的原则性制度和可操作性规范具有重大的现实意义。生态保护优先的原则性制度包括整体性保护制度、生态风险管控制度、生态规划制度和生态环境质量不得退化制度,生态保护优先原则下的可操作性制度主要包括生态影响评价制度、生态保护红线制度、生态保证金制度和生态保护目标责任制度。

第四章 生态保护优先原则的制度建构

第一节 整体性保护制度

生态保护优先原则要求对生态系统的利用,尤其是对比较脆弱生态系统的利用,要整体使用、整体保护。从哲学思想出发,客观世界是由处于不同等级序列的一系列整体构成的,每一个整体无论大小都是一个系统,每一个系统都处于相对稳定的状态之中,这种整体论假设为研究某个系统或整体提供了理论基础。生物学家贝塔朗菲认为,系统是整体的进一步发展,是由若干不同要素组成并具有一定独特功能的有机整体。系统的性质和规律存在于全部要素的相互联系和相互作用之中,各组成成分孤立的特征和活动的简单加和不能反映系统整体的面貌。[①] 他主张从要考察对象的整体进行认识和研究。同时,系统是动态发展的,始终和外界进行着物质、能量和信息交换,彼此之间相互联系、相互作用,并在一定条件下相互转化。整体论和系统论要求从整体、系统的视角出发,具体分析问题的性质和目标,根据研究对象的特点选择解决问题的最佳方案。

任何尺度的生态环境都构成一个相对完整的生态系统,整体论和系统论对生态系统的研究和保护具有重要的指导作用。生态系统脆弱性的特质要求人们从整体角度把握和研究自然资源利用过程中面临的生态问题。生态系统本身是一个纵横交织的立体网络系统,同时,又是一个开放的、动态的系统,这就要求从动态的视角来研究系统的结构、功能、信息反馈、生态平衡等,才能较好地分析系统问题和保护脆弱生态,也才能对特定生态环境的使用进行整体的、系统的保护。

整体性保护制度主要是针对比较脆弱的生态系统进行保护而设计的。例如,我国众多的海岛,尤其是无居民海岛,其脆弱的生态系统需要进行整体性开发利用与保护。无居民海岛生态系统与陆地生态系统有着质的区别。陆地生态系统类型众多,单个陆地环境要素都可以构成一个生态系统,如森林生态系统、草原生态系统、湿地生态系统、河流生态系

---

① 沈守愚,孙佑海.生态法学与生态德学[M].北京:中国林业出版社,2010:57.

103

统、湖泊生态系统等。因此，陆地生态系统的生物多样性丰富且结构复杂，系统稳定性好，抗干扰能力强，自我恢复能力也强，只要没有过度的人为干扰，它始终处于比较平衡的状态。无居民海岛远离大陆、面积小、植被单一且生长环境严酷，生物资源单一，生态系统简单且脆弱，其中任何一组分被干扰、破坏，对整个生态系统都将是毁灭性的打击。因此，无居民海岛的独特生态特征就决定了其各组分或环境要素都是构成平衡、稳定生态系统不可或缺的重要部分。人们不能将其各种环境要素像陆地或有居民海岛那样进行分解使用和保护，只能将其作为一个完整的生态系统进行整体保护。因此，在符合国家无居民海岛保护与利用规划的前提下，对单一特定海岛及其周围海域的使用要进行整体保护，也就是"一岛一人"的使用和保护规定。具体包括两个方面的内容：第一，单个特定无居民海岛只允许单一主体对其使用。此规定主要是针对使用主体的原则性规定，即任何主体只要符合条件都可以申请，但只能是条件最优者使用，因为无居民海岛开发难度大、成本高，一旦其生态环境被破坏，恢复成本非常高，因此，生态环境因素往往比经济利益因素更重要，这就要求对无居民海岛的保护重于利用。在此，排除了由两个或两个以上使用者对单一海岛共同使用的情况，此时的共同使用既指单一海岛的同业竞争使用，也指不同用途的使用者对单一海岛的不同使用。此规定就是为了避免多主体使用对海岛生态带来不利的影响，因为多主体使用会增加海岛的生态负荷，使海岛生态退化。目前，人们对海岛生态系统的认识很有限，大多仍处于未知或不确定状态，有很多指标无法量化确定，因此，最稳妥的办法是预防胜于冒险。另外，此规定使责任主体更加明晰，即权利与义务为同一主体，同时也清晰了责任主体的保护范围，加强了责任主体的自律意识和责任感，更有利于对海岛进行生态保护。同时，此规定还要求单一海岛在规划时，只能将有利于海岛生态保护的用途确定为主导用途。"一岛一人"在权、责、利明晰的情况下，更有利于责任主体对海岛的整体保护。第二，单一使用主体必须对单一特定无居民海岛整体使用、整体保护。该规定明确了使用人的保护对象是单一特定的无居民海岛整体。单一特定是指使用对象单一并且是满足全国海岛保护规划和省、市级无居民海岛保护与利用规划确定

第四章　生态保护优先原则的制度建构

的、特指的某个无居民海岛。整岛保护是指因为无居民海岛及其周围海域的岛基、岛陆、岛滩共同构成相对独立的生态系统,是一个不可分割的整体,所以无论是局部使用还是作为整体使用,使用人都要对无居民海岛进行整体保护。此外,《全国海岛保护规划》规定,若被确定利用的无居民海岛的主体功能不止一个,那么必须选择对其生态干扰最小的使用类型,这样更有利于对无居民海岛进行保护。

第二节　生态风险管控制度

生态风险管控制度是生态保护优先原则的本质体现。生态风险管控是维护生态系统服务功能稳定发挥、持续提供各类生态产品的重要前提,是确保区域生态安全的核心措施之一。以区域生态风险最小化为出发点,综合评估区域生态功能定位、资源环境承载和社会经济活动影响,划分生态风险控制区域,采取差异化、针对性管控措施,对于维护区域生态安全具有重要作用。

2018年8月31日,中华人民共和国第十三届全国人民代表大会常务委员会第五次会议通过了《中华人民共和国土壤污染防治法》(以下简称《土壤污染防治法》)。该法第三条确立了"风险管控"理念 *,第十二条规定:"国务院生态环境主管部门根据土壤污染状况、公众健康风险、生态风险和科学技术水平,并按照土地用途,制定国家土壤污染风险管控标准,加强土壤污染防治标准体系建设。"此外,《土壤污染防治法》第四章专门对土壤污染的"风险管控和修复"做了规定。这些法律规定充分体现了生态保护优先原则,也意味着我国已经初步建立了生态风险管控制度。

生态风险管控制度的确立表明,以救济为中心的既有环境治理模式是不科学的,生态环境问题的防范与治理必须从源头抓起,生态环境风险规制应当成为环境法的主体制度。尽管《土壤污染防治法》等单行法确立

---

　*《土壤污染防治法》第三条规定:"土壤污染防治应当坚持预防为主、保护优先、分类管理、风险管控、污染担责、公众参与的原则。"

了生态风险管控制度，但该制度的规定仍比较抽象，可操作性仍待规范。比如，在立法的法律理念上，还没有将保障公众健康确立为环境立法的最高价值；有关生态环境立法与保障公众健康的体制机制还不健全，生态环境部门与卫生健康部门以及其他相关部门的职责分工不明确，合作不顺畅、不紧密，也还没有建立以风险管控为核心的环境决策机制，健康风险评估制度还不健全，环境管理手段不能适应风险管理的需求；在环境立法的信息化建设方面，信息公开、信息沟通、信息共享等方面的机制都还不健全；风险责任追究制度尚未建立，虽然环境公益诉讼制度、生态环境损害赔偿诉讼制度从立法形式上已经确立，但其制度运行还存在许多问题。

我国要想实现对生态环境有效率的保护，除了必须扭转长期以来生态环境末端治理的局面，还必须实现从环境法律制度建设到生态环境风险防范制度建设的转型。在履行生态保护优先原则之外，不仅应确立风险预防的理念和原则，而且更应建立"风险评估—风险管理—风险沟通"的风险规制，从源头上预防、减少环境与健康风险的发生。这种规制路径与传统环境法主要针对环境污染问题和自然资源消耗问题的末端治理制度的特点（如区域性范围狭窄，环境损害急剧，集中性、损害期限较为短暂，消除危害后果相对容易等）是完全不同的。生态风险管控的目的是实现从末端治理到生态环境风险防范的转型，并对生态环境风险进行规制，但其规制难度要比末端治理更大。第一，生态环境风险的发生具有交互性。环境污染对人体健康的影响是"污染源—环境污染—人群暴露—健康危害"的多环节过程，具有多排放源、多介质污染、多途径暴露以及多风险受体的复杂特性。[①] 一般认为，危险化学品、重金属污染、有机污染物、放射性物质等对人体健康产生的重大风险隐患属于环境与健康风险。第二，因果关系链条存在不确定性。污染物在多介质环境中的迁移转化和传输速度会加快或变慢，并可能发生复杂的协同效应；污染致病具有长期"微损害"和潜伏性特点，损害后果显现滞后期长，健康损害难逆

---

① 吕忠梅，杨诗鸣.控制环境与健康风险：美国环境标准制度功能借鉴[J].中国环境管理，2017(1)：48.

第四章 生态保护优先原则的制度建构

转。第三,生态环境风险具有广泛性。环境污染将导致不特定的多数人同时承受危害,其扩散速度和范围具有典型的时空大尺度性。第四,有些危害后果具有不可逆转性。比如,环境污染导致的畸形儿、癌症、基因突变,还有重金属污染导致的终身伤害等,都是不可逆转的损害。

这些生态环境风险特质对环境法生态风险规制提出了新要求,我们必须在法律上建立适应型的制度体系:危害后果的不可逆性要求确立"生态保护优先"原则;风险发生的交互性要求建立"整合式"管理体制;因果关联的不确定性要求确立科学的决策机制;利益冲突的广泛性要求健全公众参与制度。这也意味着契合生态保护优先原则的制度设计必须改变"污染控制"的规制模式、"危机应对"的规制理念和"罔顾科学"的决策程序。①

生态风险管控制度实际上是"面向未知而决策",法律制度设计要解决的问题是规范政府在证据、事实尚不确定的情况下应该采取何种行动,以及如何使判断与决策更符合科技条件下的实际情况,这样的行动不仅要使生态风险优先考量、预先化解,更要符合比例效应的要求。② 这就要求我们确立生态风险规制活动的一般规则制度,调和风险规制活动与法治原则的契合关系,为政府的风险规制活动提供规制依据和正当程序。但是这样的环境法律规制不仅需要法律制度的支撑,而且需要科学技术的支持,因为生态环境保护本身就是科技先行的,环境科学是支撑环境法律制度设计的理论基础,它可以解决环境与健康风险调查、监测、评估问题,并以此提供科学的数据来建立以保障公众健康为核心的环境标准体系和以生态环境与健康风险评估制度为核心的法律制度。建立生态环境与健康风险评估制度对于预防与化解生态环境风险具有十分重要的价值意义:第一,可以提升环境决策的科学理性,因为没有科学上可靠的风险评估,风险交流会成为流言、谣传,风险管理也如同无源之水、无本之木,失去可依托的真实基础;第二,可以降低环境污染的健康风险,减少个人

———————————

① 吕忠梅.以最严格保护理念制定《环境与健康法》[N].中国社会科学报,2013-12-18(A08).

② 凯斯·R.孙斯坦.风险与理性——安全、法律及环境[M].师帅,译.北京:中国政法大学出版社,2005:58-59.

生态保护优先原则及其法律制度因应

的健康焦虑和社会不稳定的根源;第三,可以加强生态环境与健康风险预防能力建设,通过连续监测和不断的科学研究,及时发现并消除潜在风险,避免环境公害病的发生。

生态风险管控制度的具体设计需要厘清并注意以下环节:第一,在法律上进行概念界定。比如,什么是生态环境,什么是健康,生态环境与健康之间有何必然联系? 什么是生态环境风险,生态环境风险与健康之间又有何关系? 这些基本概念都是在制度规制之前必须要厘清的。事实上,生态环境风险是指人类活动或自然活动作用于环境媒介,并通过环境迁移、转化,最终损害人体健康的一种风险,它的因果关联关系具体表现为"人类的自然活动—环境介质—人体健康"。① 生态环境风险危害的对象是人的健康,产生的主要风险也是对人的生命、健康的威胁和危害。第二,确立风险管控的法律理念。法律理念涉及价值判断的问题,对于生态风险管控的本质是价值问题还是事实问题,尽管不同主体可能有不同的主张,但我们认为,在生态环境风险导致许多人身体健康受到损害或者正在受到损害甚至死亡的情况下,这是一个事实问题而非价值问题。价值当然会影响人们对风险严重性的评估,但事实问题才是防范风险问题发生的关键。然而,对于生态风险现实问题的评估,主观价值对客观风险危害程度的判断与法律意义上的理性规制还是有所区分的。在生态风险规制的法律意义上,风险规制是科学理性与法律理性的结合。风险规制除满足生态保护优先理念之外,风险评估技术框架需要有基本的价值尺度加以约束,以平衡事实判断与公共决策之间的关系。因此,风险规制的法律理念至少还应包括健康优先原则、风险预防原则、风险分配正义原则、风险合作规制原则,在转变环境立法观念方面,甚至可以考虑将环境保护法提升到风险预防法的理念上去考量。第三,建立生态环境与健康风险的规制体系。明确风险规制的技术框架,建立包括所有利益相关者参与的风险识别、风险分析、风险评估、风险预防行动选择、风险监管在内的风险决策程序。建立与规制体系相适应的环境与健康风险管理体制,需要

---

① 凯斯·R.孙斯坦.风险与理性——安全、法律及环境[M].师帅,译.北京:中国政法大学出版社,2005:140.

对生态环境、卫生健康等部门之间的合作、协作、协调、协同关系进行统筹考虑,积极推动生态环境部门和卫生与健康部门的紧密合作,完善生态环境与健康风险管理的体制机制。第四,建立生态环境与健康的生态风险评估制度。生态环境与健康风险评估在法律上被作为风险规制决策的科学基础,是生态环境与健康风险规制的核心制度。生态环境与健康风险评估是把环境污染与人体健康联系起来,定量描述环境污染物对人体健康产生危害的风险,估计特定环境条件下的化学或物理因子对人体健康造成损害的可能性及其程度大小的方法,包括短期健康风险评估和长期健康风险评估,如食物中毒、食物污染导致的癌症。切实建立信息公开、信息共享和公众参与的生态环境与健康风险评估制度,建立国家生态环境与健康风险评估中心,实现生态环境决策的科学化。

第三节　生态环境质量不得退化制度

生态环境质量不得退化制度是生态保护优先原则的基本制度。生态环境质量不得退化制度要求在经济社会发展过程中,在经济发展与生态环境保护的关系问题上,任何一个地方的环境质量不得劣于该生态环境立法生效前的质量水平。这一原则性制度是对我国长期以来遵循的"达标合法原则"的修正。一般意义上,"达标合法原则"是指一个排污单位的排污行为只要符合国家规定的污染物排放标准,那么这种排污行为就是合法的。也就是说,只要排污不超过规定的排污浓度标准,都是合法的,对于排污总量是没有限制的,即没有排污总量标准。在这种情况下,不管排污的数量是多少,不管所在区域环境容量是多大,"达标合法"的排污既不受到行政处罚,更不会承担法律责任。这就表明,对于一个区域的环境质量来说,只要排污行为主体的排放行为不超标,所在行政区域的人民政府及其主管部门就算履行了监管任务,也就是合法的。

由此可见,环境行为人只要达标排放,污染物排放只要在分配的排污指标内,都是合法的,至于环境质量的优劣既与环境行为人的环境行为不存在直接的关系,更与政府的环境执法行为没有关系,如果没有生态环境质量不得退化制度的要求,即使环境再退化、再恶化,环境行为人也不违法,行政区政府也没有环境责任。这显然与环境保护立法和建设生态文明的宗旨相悖。立法的目的是保护和改善环境,好的环境不能变坏,坏的环境要改善。① 因而,生态环境质量不得退化制度也就应当成为生态保护优先原则制度体系建构的一部分。

生态环境质量不得退化制度要求环境行为人在利用环境资源时,对于较好的生态系统,在资源利用的过程中要保持资源所依存的生态结构与功能处于良好的状态,经济行为主体对环境资源的任何使用行为都应采取合理的措施,防止对资源所依存生态系统的各个组分产生直接或间接的过度干扰或影响,威胁其生态系统的平衡与稳定。因此,必须对资源所依存的生态系统实行严格保护,对环境资源的使用实行严格管理,尤其应对脆弱的生态系统采取严格的管理制度,即不得退化制度。

一、对脆弱的生态系统实行严格保护

对脆弱的生态系统实施立法管理是基于人们对生态系统内部要素相互关系及其与环境之间联系的认识的提高。在有环境法以来,人类经济经历了不同的发展阶段,对环境保护的立法护航也相应经历了不同的发展时期。环境问题是经济发展超出了环境可承载能力所导致的矛盾,问题的关键是要处理经济与环境两者之间的矛盾关系,即"环境是经济的组成部分,还是经济是环境的组成部分"这一矛盾。② 生态系统保护法律制度的立法目标是在所有的生态政策和环境管理方案的基础上对环境进行综合的规划与管理。生态系统立法管理不仅有利于人类将生态系统用于经济目的,而且可以促进对环境的合理管理,并且致力于保持和恢复生态系统的可持续性,旨在将生态系统的养护和可持续利用和谐统一。

---

① 王灿发.论生态文明建设法律保障体系的构建[J].中国法学,2014(3).

② 莱斯特·R.布朗.生态经济——有利于地球的经济构想[M].林自新,等,译.北京:东方出版社,2002:256.

对脆弱生态系统实行保护管理的目的也是保持和维护其系统服务功能的可持续性,防止其生态结构改变与生态功能退化。良性、健康的生态系统是经济性使用的基本前提条件,良好的植被、清洁的空气、干净的水、怡人的气候等环境要素构成的自然生态系统能为人类提供良好的生态服务功能。其服务功能具体包括供给功能、调节功能、文化功能和支持功能等,例如,自然生态系统的供给功能能为人类提供生存所需的各种资源,如食物、燃料、纤维、洁净水以及生物遗传资源等;调节功能能对人类的生存环境进行调节,如维持空气质量、调节气候、控制侵蚀、降低某些疾病发病率以及净化水源等。[①] 这些自然生态系统的服务功能与人类福祉密切关联,它们的变化对人类的健康安全、社会关系、经济发展等都会产生很大的影响。因此,如果自然生态系统的服务功能退化甚至恶化,那么人类福祉必将受到实质性的影响,甚至危及人类的健康生存。

对脆弱的生态环境实施严格保护与管理是由其本身的自然属性特点所决定的。例如,无居民海岛脆弱的生态系统属性独特,地质、地貌、气候、水文、生物等环境要素与其他生态系统都有差异,不同的自然生境构成了独特的生物群落,形成了相对独特的生态系统,而该生态系统的相对独特的属性特征的形成要依赖该海岛所处周围海域自然生态系统的支持,海岛周围海域的水文、生物、洋流等环境要素决定了海岛独特的环境和生物群落。因此,海岛周围海域自然生态的支持系统也是海岛整体生态系统的一部分。这种生态系统既与邻近大陆的生态系统有所不同,也与其他海洋生态系统相区别。[②] 由于海岛面积狭小,生物多样性指数较低,生态系统食物链层次少且关系简单,稳定性差且十分脆弱,易遭到损害,而海岛任何物种的灭失或者周围海域环境因素的改变,都将对整个海岛生态系统造成不可逆转的影响和破坏。正是由于无居民海岛生态系统独特且脆弱,所以必须立法对其实行严格管理。

脆弱生态系统立法管理的目标在于保护生态的生命支持系统,保持

---

① 赵士洞,张永民.生态系统评估的概念、内涵及挑战——介绍《生态系统与人类福利:评估框架》[J].地球科学进展,2004(4).

② 穆治霖.从海岛生态系统和自然资源的特殊性谈海岛立法的必要性[J].海洋开发与管理,2007(2):44-46.

生态保护优先原则及其法律制度因应

其生态系统功能的完整性,提升生态系统自身服务的能力。对生态系统进行立法管理的重点是保护生态系统的结构、功能和过程的运行正常。其中,生态系统的结构主要是指系统中具有完整功能的自然组成部分,功能主要是指与能量流动和物质迁移相关的整个生态系统的动力学,过程是指体现整个生态系统功能的机制过程。[①] 生态系统的结构与功能紧密相关,功能的变化势必会引起该系统内结构因素的变化,结构的变化同样也会导致系统功能的某些因素发生相应变化。[②] 系统过程强调的不是生态系统过程本身,而是强调人类的行动,这些行动可能在幅度上或格局上改变那些过程。[③] 生态系统管理立法的目的是通过调整或约束人的经济行为,从而保持和维护生态结构与功能的正常运行。对脆弱生态系统进行立法的依据是生态技术规范,因此,脆弱生态系统管理应将生态系统状态指标化,以检测出不同生态系统发育或常规过程中出现的自然状态的变化;[④]同时,应将更多的科学技术规范即生态技术指标体系纳入无居民海岛生态系统管理的法律体系中,体现对使用人行为更多的定量调整和硬性约束,这在一定程度上也提升了法律的可操作性。

二、对脆弱生态环境的使用实行严格管理

关于对脆弱生态系统的保护与管理,传统立法将人类排斥在自然系统之外,把人类视为自然界的主宰者和环境问题的解决者。随着人们认知能力的提升,人们逐渐认识到人类只是自然界的一部分,即人类存在于自然系统之内。按照这种发展思路进行环境资源立法,需要把经济社会发展过程中所造成的环境问题,即外部成本纳入经济发展过程中去消化、解决,也就是"外部成本内部化"的解决思路。这种观点被认为是"没

---

① 蔡晓明.生态系统生态学[M].北京:科学出版社,2002:4.

② K.A.沃科特,等.生态系统——平衡与管理的科学[M].欧阳华,等,译.北京:科学出版社,2002:51.

③ 赵绘宇.生态系统管理法律研究[M].上海:上海交通大学出版社,2006:27.

④ K.A.沃科特,等.生态系统——平衡与管理的科学[M].欧阳华,等,译.北京:科学出版社,2002:3.

第四章 生态保护优先原则的制度建构

有遗憾"①的生态保护思路。生态环境问题"外部成本内部化"的过程，具体到对脆弱生态系统的使用管理方面，对脆弱生态系统的使用必然对其本身产生不利的影响，因此，在确定对其利用之前，必须先拟定保护性管理使用的具体规划。

相关部门在编制脆弱生态系统管理计划时，对其管理的具体生态系统必须进行严格的生态评价，建立具体且严格的管理目标和优先目标，以确定哪一种实践管理方法应用更可行。这就要求对脆弱生态系统的使用实行严格管理，以保护具体生态系统的可持续利用。一方面，由于脆弱生态系统的资源环境所处区位的属性特点和其本身脆弱的特性，在制定保护性利用措施时必须考虑所使用手段的科学性、合理性和具体针对性；另一方面，由于脆弱生态系统所赋存资源利用的多方向性，在确定某个综合性资源的主体功能时，生态功能定位是否合理直接关系到资源开发利用的方向是否科学，直接影响到实施规划的本质即生态保护目标能否实现。脆弱资源利用规划与优势资源利用有着本质不同，脆弱资源利用在一定程度上受自身生态系统脆弱因素的制约，因此，脆弱资源保护与利用规划编制的关键是必须将脆弱资源的主导服务功能，即生态系统的永续利用，放在优先考虑的位置。基于此种客观因素，在确定某个无居民海岛的主体功能时，必须充分考虑海岛自然生态系统因素的制约性，唯如此，在脆弱资源保护与利用中才不会加剧脆弱资源自然生态属性的退化与自然资源属性的不可逆损毁。以上因素决定了脆弱资源保护与利用规划编制的关键是规划内容应具有一定的强制性、针对性和导向性。② 只有对脆弱资源保护与利用规划编制实施严格管理，才能保证保护目标的实现。

三、对脆弱生态资源使用的申请许可实行严格管理

考察各国的脆弱生态资源使用管理制度，对脆弱生态资源采取使用

---

① 霍肯.商业生态学——可持续发展的宣言[M].戴星翼，等，译.上海：上海译文出版社，2001：199.

② 廖边招.无居民海岛保护规划编制与厦门案例研究[J].海洋开发与管理，2007(4)：26-31.

113

生态保护优先原则及其法律制度回应

许可制度是通行的一种做法。对脆弱生态资源的保护使用是一项重要的经济开发计划,关键在于政府在倡导和管理脆弱生态资源开发过程中,对经济发展和环境保护这一矛盾的协调。这就需要制定环境管理计划,环境管理的目的不是减缓经济发展,而是提升经济发展所依赖的环境承载能力,以便更好地促进脆弱生态资源利用的经济潜力,其基本思想是保证开发与环境保护沿着和谐统一的开放式途经共存。这与环境评估密不可分,对开发项目的批准要针对每个脆弱生态资源可利用的特点,申请脆弱生态资源使用的许可证制度。许可证制度有利于政府在统筹管理脆弱生态资源开发利用过程中实行全局性的生态环境保护管理策略,克服盲目的非控制性使用和使用管理者的短视及投机心理,维护社会的整体利益。从生态保护优先角度出发,脆弱生态资源的使用并不是一种纯粹的商业使用行为,对其申请使用人的要求应该比普通商业行为人更加严格。比如,申请使用人的国籍、资金、盈利能力、组织机构设置、商业信誉、企业或个人社会责任感以及之前是否有重大污染行为等都应该比普通的商业使用行为更加严格。对此,我们可借鉴新西兰对脆弱生态资源实行的严格使用许可制度。新西兰对脆弱生态资源实行严格管理的重要法律依据是1991年通过、1993年修订的《资源管理法》,该法继承并发展了可持续资源管理的法律原则和制度,许可制度即是其中之一。《资源管理法》对此规定了一系列的法律义务和责任。依照该法规定,不论是否持有开发许可证,所有公民都有责任避免、补救或减轻环境的不良影响。《资源管理法》以义务性规范和禁止性规范的形式设定了一个广泛的法律前提,即没有《资源管理法》或其他法律或合法有效的开发计划的许可,禁止开发利用自然资源。如果脆弱资源所有者的土地利用活动达不到法定的环境质量标准和技术性指标,而该所有者仍想进行此项活动的话,就必须取得特殊许可,而且必须要完成对该活动环境后果进行评价的公开程序。目前,新西兰实行单一的许可程序,即只有地方政府(区和区域)的委员会才有权发放许可,其他一些小的委员会无此权利。如果一个标的涉及两个委员会的许可(如建工厂需要建设用地许可和污染排放许可),则两项许可程序合并为一项进行。许可程序的简化并不意味着许可可以随意获得,所有的开发活动都必须保持一个底线——资源的可持续利用。

第四章　生态保护优先原则的制度建构

第四节　生态规划制度

生态规划制度是生态保护优先的基础性制度。生态规划是指根据国家或者特定地区的生态条件、环境资源状况和社会经济发展需要等因素，对一定时间和空间内的生态环境保护目标、自然资源开发利用程度等事项做出的总体部署与安排。生态规划制度的建立和实施可以充分地体现生态文明理念的同构性、整体性。依据规划对象不同，生态规划可以划分为综合性规划和专业性规划。其中，综合性规划需要立足于较广时空范围内多重目标的实现并进行复杂的利益平衡，如国土空间开发（主体功能区）规划[①]；专业性规划的目标则相对具体，聚集于某一特定环境保护领域，如污染防治专项规划、生态保护专项规划等。

一、生态保护专项规划遭遇制度困境

生态保护规划制度的不全面、不系统使生态用地面临困境。生态用地之所以被过度开发是因为现行土地立法缺少对生态用地作为独立的土地利用类型与保护制度的规定所导致的。因此，如果在土地制度中规定了生态用地的利用类型与保护制度，应该能够保证生态用地的合理开发。

（一）生态保护规划制度缺失导致生态用地被过度开发

对于以土地为核心的环境资源保护，党和政府早在 21 世纪初就提出了要把生态用地保护作为生态环境治理的策略之一。2000 年国务院印发的《全国生态环境保护纲要》，不仅提出了"生态用地"的概念，而且规定加强生态用地保护，冻结征用具有重要生态功能的草地、林地、湿地。建设项目确需占用生态用地的，应严格依法报批和补偿，并实行"占一补一"的制度，确保恢复面积不少于占用面积。由此可知：其一，在概念与价值取向方面，虽说规定没有对生态用地的内涵与外延做出具体阐释，但从维护

---

① 汪劲.环境法学［M］.2 版.北京：北京大学出版社，2011：125-127.

115

生态系统整体性的角度提出了对生态用地保护的价值理念,奠定了从单一资源管理向生态系统管理转型的理论契机;其二,在制度规范方面,除延续了现行《土地管理法》的土地利用规划制度和土地用途管制制度外,还拓展了生态用地保护制度、生态环境保护责任制度、生态用地报批制度、生态用地占补平衡制度等基本制度,可以说,该制度规定的逻辑框架与严格程度丝毫不逊色于耕地保护制度。在此基础上,2008年国务院实施的《全国土地利用总体规划纲要(2006—2020年)》在第五章"协调土地利用与生态建设"的第一节提出了加强基础性生态用地保护,规定充分发挥各类农用地和未利用地的生态功能,保护基础性生态用地,并对"严格保护基础性生态用地"做了进一步诠释,即严格控制对天然林、天然草场和湿地等基础性生态用地的开发利用,对沼泽、滩涂等土地的开发,必须在保护和改善生态功能的前提下,严格依据规划统筹安排。同时,该纲要进一步强调禁止可能威胁生态系统稳定的各类土地利用活动,严禁改变生态用地用途,切实发挥限制开发区域土地对国家生态安全的基础屏障作用。不难发现,2008年的《全国土地利用总体规划纲要(2006—2020年)》在2000年的《全国生态环境保护纲要》对生态用地保护基本制度框架的基础上,又从国家生态安全价值的高度提出了对生态用地的严格保护。

综上,《全国生态环境保护纲要》与《全国土地利用总体规划纲要(2006—2020年)》作为国家的纲领性文件,正视了生态用地被过度开发的严峻现实,在一定程度上,对生态用地利用类型与保护制度的规定既是对《土地管理法》立法价值目标的修正,也弥补了土地管理立法在生态用地保护制度上的缺位。然而,令人遗憾的是,时至今日,这一土地利用规划的纲领性文件并没有真正缓解生态用地被过度开发的现实。

(二) 生态保护规划机制缺位

现行土地制度的立法缺失与政府保护策略的规范失灵,使生态用地的保护处于尴尬的境地。如果要保障生态安全,必须保障生态用地的数量与质量,因为一旦提供生态安全的载体,即生态用地不存在了,还何谈生态安全,因此,"源头控制"是保护生态用地最根本的途径与办法。源头控制就是从根本上禁止或防范生态用地被转化为建设用地,而防范生态用地被转化为建设用地的主要政策工具就是土地利用总体规划。

土地利用总体规划是实行最严格土地管理制度的纲领性文件,决定着集体经营性建设用地的规模,它对中长期内进入经济体系中的新增建设用地的规模、用途及空间结构进行规划和管制。《土地管理法》第十六条规定:"地方各级人民政府编制的土地利用总体规划中的建设用地总量不得超过上一级土地利用总体规划确定的控制指标,耕地保有量不得低于上一级土地利用总体规划确定的控制指标。……应当确保本行政区域内耕地总量不减少。"第二十一条规定:"城市建设用地规模应当符合国家规定的标准,充分利用现有建设用地,不占或者尽量少占农用地。"可见,《土地管理法》中土地利用规划的保护对象是耕地,保护目标是耕地的保有量和节约集约用地,但缺乏对非耕农用地与未利用地等生态用地规划的统筹规定,尽管该法第十七条第五款也有"保护和改善生态环境,保障土地的可持续利用"的原则性规定,但由于该条规定过于抽象又没有具体的生态规划和罚责等可操作性的制度安排,所以其对生态环境保护缺乏实际意义。

总之,由于《土地管理法》中土地分类的不科学、生态用地规划机制的缺失,规划编制与变更缺乏约束机制,对生态用地转化为建设用地监管不力,致使生态用地大量流失,国家生态安全受到威胁。

二、生态用地规划机制建构

由于现行立法对生态用地保护的缺失,客观现实要求对生态用地提供全方位的制度保障,以追求人们健康生存所依赖的生态环境利益的实现。

(一)生态保护规划需要树立生态规划理念

资源生态是一个完整系统,资源生态利用规划是一个复杂的系统工程。例如,土地利用从形式上表现为对自然资源的经济性利用,但实质上资源利用是否合理将直接决定生态经济效率,因为土地生态经济系统是由土地生态系统与土地经济系统在特定的地域空间里耦合而成的生态经

生态保护优先原则及其法律制度因应

济复合系统。[①] 这就要求人类利用土地资源时,必须要有整体观念、全局观念和系统观念。这种价值理念既是绿色发展观也是生态理念在土地利用伦理中的反映。

土地利用规划是否科学决定着土地利用的合理程度。绿色发展观要求土地利用规划编制应遵行生态理念,摒弃以人的价值取向为评判各种事物价值和效用的唯一标准,遵行以整个自然生态环境的平衡与稳定为判别依据。该规划的核心理念是尊重自然秩序与生态规律、追求人与自然的和谐相处。[②] 在此意义上,生态规划价值伦理基于以下基本前提:任何个体只是构成自然共同体的基本成员,共同体伦理要求每个成员为维护整体利益而合作。土地利用伦理将共同体的边界扩大到包括土壤、水、植物和动物等所构成的系统,同时把人类在共同体中的角色从征服者变成普通成员或公民,这既体现了对共同体其他成员以及对共同体本身的尊重,也反映了人类生态意识的觉醒以及对其应当承担的土地生态保护义务的确认。[③]

生态保护义务要求在编制土地利用规划时,必须坚持生态理性原则。生态理性原则包括生态保护优先原则、社会生态原则、经济生态原则和复合生态原则。其中,社会生态原则要求生态规划设计要重视社会可持续发展的整体利益,体现政治、经济、文化、社会、生态各要素之间的相互尊重、包容和契合;经济生态原则要求生态规划以环境的可承载能力作为经济发展的限度,注重经济发展的质量和可持续性,实现经济与生态的兼容,促进生态型经济的形成;复合生态原则要求生态规划遵循社会经济系统受制于自然生态系统的普世法则,强调社会经济体系对自然经济体系的生态依赖性、生态适应性、生态空间价值的尊重性,实现两者之间秩序的稳定、平衡与和谐。[④]

---

① 赫尔曼·E.戴利,等.生态经济学原理和应用[M].金志农,等,译.北京:中国人民大学出版社,2014:58.

② 余富基.在规划中实践生态理念——国外规划的生态理念和法律性规定精要[N].人民长江报,2008-11-18(A09).

③ 利奥波德.沙乡年鉴[M].朱敏,译.上海:上海科学普及出版社,2014:182-194.

④ 唐纳德·沃斯特.自然的经济体系——生态思想史[M].侯文蕙,译.北京:商务印书馆,2007:494-499.

118

（二）确立生态资源利用规划类别

在土地资源利用稀缺的情况下，如何更有效率地协调各种土地利用之间的关系，如建设用地、农业用地与生态用地的合理格局，取决于规划者的决策导向，但规划者进行决策的依据不是主观臆断。正如一位美国学者认为，规划的决策过程绝不是一个理性地寻求最优解的过程，而是最大限度地保护人类对脆弱资源的有效利用，避免对自然生态系统实施更多的人为干扰，恢复和增强土地与自然系统的自我调节能力及全面的生态系统服务功能。[①] 每一块土地的价值都是由其内在的自然属性所决定的，人的活动只能是认识这些价值并适应它，只有适应了才有健康和舒适，才有生物和人的进化和创造力，才有最大的效益。[②] 基于此认识，土地规划必须先了解所规划土地的内在属性，才能对不同用途的土地空间资源在不同使用主体之间进行优化分配，这是科学规划土地的前提。

依据土地内在属性科学地确立其利用类别是土地生态规划的基础。长期以来，我国土地利用主要强调人类空间利用和粮食安全，而对于土地支撑与维持自然生态功能的重要基础性作用重视不够。在土地管理方面，我国相关的土地管理立法不仅没有把生态用地确定为独立的土地利用类别，而且将具有重要生态功能的森林、河湖（道）、草地、湿地、苔原等列入"未利用地"，使人类赖以生存的、具有宝贵生态价值的生态用地被人为地转化成建设用地，具有方向性的误导。[③] 这种只注重土地的经济属性而忽视其生态属性的价值取向，在一定程度上导致了人们不断地挤压自然生态空间以满足建设用地持续扩张的需求，从而造成自然生态用地日益萎缩和空间大尺度的生态功能的持续退化。为此，确立生态用地作为独立的土地利用类别是维护生态安全的根本。

生态用地的功能是为人们持续地提供生态功能服务，但要保证生态用地满足人们的生态利益需求，关键是在土地生态规划编制中应考虑以

---

① Fabos J G. Greenway planning in the United States: its origins and recent case studies[J]. Landscape and Urban Planning, 2004(68): 321-342.

② 俞孔坚，等."反规划"途径[M].北京：中国建筑工业出版社，2005：29.

③ 张德平，等.规划修编，别落了生态用地[J].中国土地，2006(12).

下要素：第一，保护生态用地应以保护自然生态系统的稳定及其生态功能的发挥为第一要务。这一认知要求改变传统规划中"经济优先"的思路与理论，应优先考虑生态用地，其次是耕地，再次是建设用地，[①]从源头上保护生态用地的数量与质量。第二，生态用地的范围应涵盖各类担负重要生态功能的土地，至于生态用地的内涵与外延，理论界看法不一[*]。《全国土地利用总体规划纲要(2006—2020年)》强调对天然林、天然草场和湿地等基础性生态用地的严格保护，对辅助性生态用地的沼泽、滩涂等要求在保护和改善生态功能的前提下依据规划统筹安排；《全国国土规划纲要(2016—2030年)》规定设置生态线，划定森林、草原、河湖、湿地、海洋等生态要素保有面积和范围。2019年的《中共中央国务院关于建立国土空间规划体系并监督实施的若干意见》(以下简称《意见》)提出，"生态空间是指具有自然属性、以提供生态服务或生态产品为主体功能的国土空间，包括森林、草原、湿地、河流、湖泊、滩涂、岸线、海洋、荒地、荒漠、戈壁、冰川、高山冻原、无居民海岛等"，尽管《意见》没有用"生态用地"这一术语，但从国土空间范围界定来看，生态空间与生态用地的内涵并无实质性差异，因此，生态用地主要包括林地、草地、湿地、滩涂、各类自然保护区、河道、水(湖)面、生态条件脆弱需要恢复的土地，如严重沙化与水土流失区等。[②]第三，生态规划的评判依据始终是以人类生态价值为导向，侧重于保证人类的生态安全，应尽量避免人类对自然生态系统平衡与稳定的过度干扰与破坏，以满足人类生存的整体环境质量，实现人与自然的和谐共处。

(三) 生态保护规划法治化

如果说对空间资源的分配是对权利的调整，那么对空间权利行使的规范就是对权利的要求，这种要求应当具体到每一个地块以及该地块上

---

① 李倩.有生态价值的地先留住——访中国土地勘测规划院副总工程师郑伟元[J].中国土地,2008(11).

* 张红宇等认为，生态用地是指以发挥自然生态功能为主的土地，包括林地、园地、牧草地、水域和未利用地，详见《国内先进城市分区域推进战略的经验与启示》，载《生态经济》2005年第12期；邓小文指出，生态用地既包括服务型人工湖，也包括功能型的天然河道、湖泊、湿地等，详见《城乡生态用地分类及其规划的一般原则》，载《应用生态学报》2005年第10期。

② 唐双娥.法学视角下生态用地的内涵与外延[J].生态经济,2009(7).

第四章　生态保护优先原则的制度建构

方相应的空间内。① 事实上,土地生态规划是在为生态用地设定保护规范,在一定意义上是对权利主体设定的积极保护权利或消极不破坏义务,也是对权利行使的干预或限制,只是这种干预不同于传统法律意义的干预,而是直接针对主体的权利进行的。生态规划的行为规范和具体的空间地域相联系,只要某一空间地域被规划为生态用地,那么这一空间内所有主体都要受规划所确定的生态空间行为规范的调整。

　　土地"入市"的规划依据为县、乡两级土地利用规划与专项土地利用规划,②但现行实施的《土地管理法》和《中华人民共和国城乡规划法》(以下简称《城乡规划法》)在土地利用规划方面既没能与《全国土地利用总体规划纲要(2006—2020 年)》的生态用地保护有效衔接,也没体现《意见》规定的"将生态保护红线作为编制空间规划的基础",缺少生态用地规划的制度安排,这也是制度缺失导致生态用地过度转化为建设用地的主要原因之一。只有在《土地管理法》与《城乡规划法》中明确规定生态规划制度,对生态空间的权利行使进行必要限制,才能对社会主体设定权利行使和义务保护的行为进行规范,这也是生态法治的要求。因此,生态规划规范在形式上应当明确,在内容上应当确定,在程序上应当法定。在此前提下,生态规划编制需要考虑以下因素:第一,建立"生态用地红线"保护制度。保证生态用地的数量和质量,这是从生态规划决策的源头预防和减缓生态退化。在编制和修订《土地管理法》和《城乡规划法》等有关土地利用规划时,应当编制生态用地利用规划,确定自然生态用地的指标控制量,将保持自然生态用地的数量如同耕地保有量的"生态红线"一样,作为土地利用规划编制的一项基本原则,使《意见》规定的"生态保护红线"从国家纲领上升为法律制度。第二,确立生态用地用途管制制度。从法律上确定生态用地为独立的土地利用类别,是生态用地用途管制制度确立的理论支撑和依据。③ 在城市化进程中,因城中村改造所进行的土地整理形成较多的土地储备应通过立法形式强

---

　　① 刘飞.城乡规划的法律性质分析[J].国家行政学院学报,2009(2).
　　② 郭洁.集体建设用地使用权流转规划实施的经济法调控[J].法学,2010(8).
　　③ 唐双娥.我国生态用地保护法律制度论纲[J].法学杂志,2008(5).

121

制要求在土地利用规划中增加土地生态利用设计,规定配套开发生态用地的比例与区域要求。[①] 根据不同区域的自然生态特点和保护需要,结合生态功能区划分,在土地利用规划中具体明确生态用地的类型、数量、区划位置、相互关联或展布关系,并确定相应的生态影响准入标准和人工生态系统建设规模控制指标,才能科学地保护生态用地。[②] 第三,确立生态规划环评制度。《规划环境影响评价条例》第八条第三款规定,对规划进行环境影响评价,应当分析、预测和评估规划实施的经济效益、社会效益与环境效益之间以及当前利益与长远利益之间的关系。生态规划环境影响评价作为专项规划,主要是对已确定土地的利用方式、利用程度的合规划性及满足生态服务功能的属性进行评价,在评价方式上需要对区域内的生态环境因子进行科学分析和综合论证。第四,确立节约集约用地制度,确保生态用地的生态服务功能。土地供给相对人类的活动需要是稀缺的,对生态用地保护就意味着对一部分人获取土地经济利益预期的限制或剥夺。因此,在土地供给有限的前提下,发展规模化、产业化、高技术、高附加值、高度集成、低环境影响的产业体系,[②]是绿色发展的必然抉择。同时,生态用地保护也要求将生态脆弱区域退还为自然生态用地,促进区域性自然生态系统的恢复与优化。

(四) 生态规划权责法定化

生态用地规划的实施,从形式上看是规范生态土地及其空间利用方式,但实质上是对社会主体的经济活动进行引导、控制与规范。对于集体经营性建设用地入市,法律要求必须符合土地利用规划与城乡规划。目前,城乡规划的不足在于缺少对生态用地的规划与保护,因此,在实践中城乡规划与土地利用总体规划存在着较多的冲突和矛盾。这种冲突和矛盾产生的根源在于各地方政府之间"国民生产总值锦标赛"的短期目标与中央政府保持耕地总量、保障粮食安全、保全生态安全的长远目标之间的不一致。[③] 为了规范生态规划的编制、实施、修改、监管等相关行为,防止

---

① 唐俐,等.农村集体建设用地流转中生态价值维度中的法治考量[J].河南财经政法大学学报,2016(6).
② 张德平,等.规划修编,别落了生态用地[J].中国土地,2006(12).
③ 陆剑.集体经营性建设用地入市的实证解析与立法回应[J].法商研究,2015(3).

机会主义或寻租行为发生,在制定生态规划责任时应考虑以下三方面因素。

第一,追究生态规划主体责任,限定规划的编制者、监管者与执行者的责任,并且对相关主体实行责任追究终身制。土地利用规划的焦点在于对土地科学、有效率的利用,土地的规划与审批过程是土地管理的关键。① 生态用地规划旨在满足公众生态安全的公共利益需要,对于公共利益用地,政府的规划与审批权力不是任意的,因为规划就是审批的依据,所以规划的制定与修改必须慎之又慎。对此,《城乡规划法》第五十一条对规划的编制主体、监管主体、编制内容、程序、审批、实施、修改等都进行了规定。在生态规划编制中,政府既是委托编制主体又是监管主体,由于地方政府在规划中的特殊地位,编制主体无法约束政府违反规划的"冲动",因为土地利用规划的编制是特殊的政治决策过程,政治决策的实质是利益的博弈。② 保护生态用地的规划性公平的最大障碍是社会中的"权力",持有权力者对规划的编制和实施过程的每一个环节都可能产生影响,他们可能置规划师的建议于不顾,或者索性胁迫规划师做其利益的代言人,在宏观经济政策转向发挥市场资源配置的主导作用时这种压力更为显见。③ 因此,生态规划编制是否科学、有效主要是编制主体的责任,应当对生态规划相关的个人与行政主体的责任以及生态规划相对人的行政责任终身追责。

第二,追究违反生态规划实体的责任。这是从生态用地规划的实体方面进行规制,要求任何社会主体都必须接受生态用地规划法定规则的统一规范,从实体保护规则出发,限制建设用地数量就是对生态用地的有力保护。虽然《土地管理法》第二十三条规定:"各地人民政府应当加强土地利用计划管理,实行建设用地总量控制。"但在土地利用规划编制实践中,由于上下级政府规划的公权力之间存在利益方面的冲突,地方政府较上级政府更重视土地的经济价值而忽视耕地与生态保护,更重视建设用

---

① 张千帆.农村土地集体所有的困惑与消解[J].法学研究,2012(4).
② 郭洁.集体建设用地使用权流转规划实施的经济法调控[J].法学,2010(8).
③ 张兵.城市规划实效论[M].北京:中国人民大学出版社,2007:33.

地的经济扩张而忽视土地的节约集约使用,又由于其规划编制的运作机制是自上而下运行的,下级规划必须以上位规划为依据,因此,规划编制的每个层级都力图在规划编制过程中通过挤压下一层级建设用地指标来实现本级政府建设用地指标数量的最大化。[1] 同时,基于地方政府经济优先的发展观,在规划的编制与实施过程中,地方政府有较大的自由裁量权,惯用"先拿地、再改规划条件"等潜规则,违规调整建设用地规划屡见不鲜。[2] 因此,凡涉及集体建设用地"入市"违反生态用地规划、改变生态用地属性的,根据不同情形,都要承担相应的法律责任。

第三,规范违反生态规划程序应承担的责任。从法理上讲,对资源的分配只有产权主体才有资格做出决定,集体建设用地的所有权主体属于集体经济组织。在此意义上,乡村规划的制定应当充分尊重和体现集体经济组织的意愿,同级或上级人民政府相关职能管理部门对这种资源的处分行为可以依法进行指导、监督,但不能越俎代庖。《城乡规划法》第二十六条规定,涉及集体建设用地的各类规划,包括土地利用规划和城乡规划,应真正、充分保障集体和成员的参与权,规划必须要对集体成员进行公示,并解释具体规划方案。该法第二十二条也规定,地方政府只是规划的组织者。事实上,地方政府由于自身经济发展的需要,在建设用地利用规划与数量计划的制定中,既不是社会公共利益的代表者,也不是居中的监管者,而是直接的规划制定者。[3] 在城乡规划编制中,地方政府会利用编制权归各地方政府组织的便利,将"城乡规划先行"放置到头等重要的位置,凭借地方国民经济和社会发展规划以及城乡规划来松动土地利用总体规划对粮食安全与生态安全的保护。[4] 对于这种违反生态规划编制程序性的行为,必须追究行为主体的相应责任。只有从法律上明晰生态规划的法律责任,才能协调好经济发展、耕地保有量和生态用地数量与质量稳定之间的关系,才能更好地对生态用地进行有效的保护。

---

[1] 陆剑.集体经营性建设用地入市的实证解析与立法回应[J].法商研究,2015(3).

[2] 王向东,等.土地利用规划:公权力与私权利[J].中国土地科学,2012(3).

[3] 郭洁.集体建设用地使用权流转规划实施的经济法调控[J].法学,2010(8).

[4] 顾京涛.从城市规划视角审视新一轮土地利用总体规划[J].规划研究,2005(9).

第四章　生态保护优先原则的制度建构

第五节　生态影响评价制度

生态影响评价制度是生态保护优先原则的预防性制度。生态影响评价制度是指对规划和建设项目实施后可能造成的环境影响进行分析、预测和评估,提出预防或者减轻不良环境影响并进行跟踪监测的方法和制度。依据评价对象不同,环境影响评价可以划分为规划环境影响评价和建设项目环境影响评价。其中,规划环境影响评价的对象又可细分为综合性规划与专项规划;建设项目环境影响评价的对象则以环境敏感区*为主要划分标准。具体来讲,生态环境影响评价是对使用对象的生态环境鉴定和干扰行为一旦实施可能对使用对象产生的环境影响的评估。《中华人民共和国环境影响评价法》第三条明确界定了环境影响评价制度的适用范围。该项制度首创于美国1969年的《国家环境政策法》,如今世界上已有一百多个国家和地区建立了生态影响评价制度,对生态环境保护意义重大。

美国的海域开发利用遵循保护性利用原则,即要求对任何海域开发利用之前都必须先进行生态环境影响评价,尤其对一些不适宜进行开发利用的生态脆弱区域,更需要制定相关制度对其进行优先保护。例如,在《美国海洋自然保护区规划条例》(1988年)中,第992.30条规定,将一个区域拟定为自然保护区候选地后,必须首先启动对该自然保护区的评价、选定工作,并准备环境影响报告书草案,然后应当将该报告草案在"联邦登记"和行政区特定媒体上公示;第992.31条规定,环境影响报告书草案应当根据选定方案制定相关的实施和管理计划,其中包括任何拟议的管理条例、生态鉴定以及资源评价报告。生态鉴定或环境影响报告应当成为海域资源优先保护或资源开发利用项目所必须考虑的条件。

---

　*　环境敏感区是指依法设立的各级各类自然、人文保护地,以及对建设项目的各类污染因子或者生态影响因子特别敏感的区域。相关法律规定参见《建设项目环境影响评价分类管理名录》。

生态保护优先原则及其法律制度因应

与环境影响评价相类似,俄罗斯建立了生态鉴定制度和监测系统规范。根据《俄罗斯联邦生态鉴定法》规定,生态鉴定是指由特定的机关或授权组织对计划进行的经济活动和其他与利用自然资源和保护环境有关的活动,按一定的标准进行审查和评价,以判定其是否符合俄罗斯联邦规定的生态要求以及是否可允许其实施的一种特定的监督检查程序或监督检查活动。[①] 该法的目的有三:第一,通过对拟议活动的相关材料进行审查和评价,查明该活动是否符合俄罗斯联邦生态鉴定法所规定的生态保护要求;第二,在判定该活动符合生态法保护要求的条件后,得出许可该活动予以实施的生态许可结论;第三,对于被许可实施的项目,相关管理机关须进行项目实施全过程的生态监督检查活动。因此,从时间顺序考察,生态鉴定工作始于经济活动项目立项之前,存续于项目实施乃至运行的整个过程,起着评判和监督的作用,是一个动态的生态影响评价监督体系。由此可知,生态鉴定是无居民海岛利用活动之前必须进行生态环境影响评价的法定程序,是海岛生态保护的预警机制。

新西兰对海岛实行严格的生态影响评价制度,具体分为前评及后评。生态影响评价属于经营事项的前置程序,其与开发许可制度密不可分。新西兰《资源管理法》规定,每一个开发许可的申请者在提出申请时,必须附上一份环境影响后果评价书,并且法律把履行评价义务的主体课以申请者。同时,法律要求在没有利用计划或利用计划规范没有具体评价规定时,申请者有义务保证其对海岛利用可能对海岛生态环境产生不良影响的后果已明确知晓,并且要明确应采取哪些措施可避免或减轻不良影响后果的发生,这些技术性规范或保护性制度规范也已确定并制定。此外,新西兰法律要求海岛资源利用者应遵照"环境费用负担原则",即凡造成生态环境的损害者应负担治理的费用,由此,相关的环境治理费用由提出用岛申请或履行相关程序的实际使用人负担。如果海岛资源的利用者或所有者的用岛活动内容不符合或达不到法定的生态环境质量标准或技术性指标规范,或该用岛合法有效期界满但该利用者或所有者仍想继续此项用岛利用活动,则必须由相关专家对该利用活动所导致的环境危害后果进行评价,并

---

① 郭院,等.海岛法律制度比较研究[M].青岛:中国海洋大学出版社,2006:85.

第四章　生态保护优先原则的制度建构

予以实施法定的公开程序,提出补救措施。海岛的使用者或所有者皆满足了相应要求后,才有可能符合海岛继续利用的特殊许可条件,并且必须取得特殊许可的法定资格,才能继续利用海岛资源。

通过上述分析可见,环境影响评价是每个国家进行生态保护所实施的基本制度,对国家生态安全保护意义非凡。这项制度具体运用到脆弱生态资源保护,其主要价值体现在三个方面:第一,生态资源使用项目拟进行前,必须对特定生态资源的生态环境、资源状况、生态系统功能特点等相关信息、情况进行全方位的调查、分析,以明确特定资源的生态资源特点、生态系统优势和主导用途。第二,根据全国生态规划所划定的特定生态资源的主导用途,分析、诊断该用途一旦被利用会对生态环境产生哪些不利影响,这些不利影响的预防措施有哪些,哪些措施是最优的,可避免或减轻不良影响后果的发生,能避免或减轻不良影响的措施所适用的技术性规范或保护性规范是否已确定或能被适用,一旦出现环境突发事件如何急救,等等,这些信息汇集并形成环境影响评价报告书。经过有关主管部门或相关专家对环境影响评价报告书进行审议和评定,并与生态资源开发许可制度相结合,查明是否符合生态环境保护法相关规定的具体要求,从而做出是否许可该活动能否实施的具体结论。第三,在评价程序上应当遵守相关规则,首先,环评机构组成人员必须有海洋专家和开发对象所在地的民间代表,这些生态环保专家能起到生态资源环境技术鉴定的作用,民间代表熟悉当地的人文气候、风土人情,能对生态资源能否开发提出合理化的建议;其次,主要环评活动结果应在报纸、网络等大众媒体上报道,以征求社会各界的意见;最后,环评结果应当以法定的形式向社会公开宣布。第四,项目具体实施以后,应对生态资源开发利用过程中实际发生的生态环境影响情况进行长期的跟踪监测,及时发现生态资源保护规划、环境影响评价结论在项目实施中是否能起到科学指导作用,在哪些方面出现了问题,问题的性质及严重程度如何,以及必须采取什么应对措施加以解决,等等,及时总结经验与教训,以指导以后的生态资源利用实践活动。总之,生态影响评价制度的实施对于防止草率、盲目的生态资源空间经营活动,防止脆弱生态环境遭受破坏,有着非常重要的现实意义。

127

第六节　生态保护红线制度

生态保护红线制度是生态保护优先的管控性制度,对贯彻与执行生态保护优先原则意义重大。生态保护红线是指特定生态空间区域的禁止利用或限制利用红线,特定生态空间是指具有自然属性以提供生态服务或生态产品为主体功能的国土空间,包括森林、草原、湿地、河流、湖泊、滩涂、岸线、海洋、荒地、荒漠、戈壁、冰川、高山冻原、无居民海岛等。生态保护红线是指在生态空间范围内具有特殊重要生态功能、必须强制性严格保护的区域,是保障和维护国家生态安全的底线和生命线,通常包括具有重要水源涵养、生物多样性维护、水土保持、防风固沙、海岸生态稳定等功能的生态功能重要区域,以及水土流失、土地沙化、石漠化、盐渍化等生态环境敏感脆弱区域。党中央、国务院高度重视生态环境保护,做出了一系列重大决策部署,推动生态环境保护工作取得了明显进展。但是,我国生态环境总体仍比较脆弱,生态安全形势十分严峻。

生态保护优先的立法理念及原则决定了人们对生态空间资源的开发利用不仅是有条件的,而且是有禁止性、限制性条件和利用红线的。这些条件与红线都是使用人在实践中所不能触及的,这也正是生态资源本身生态脆弱性特质的保护需要。生态保护红线制度是从源头上保护生态资源与预防环境污染、防止生态破坏的最有效途径。这不仅是生态保护优先在生态资源利用上的原则制度化,而且是从根本上实现生态风险预防理论对生态资源利用的有效保护。

一、生态保护红线的法理基础

美国著名学者凯斯曾说过,人类对自然过程的干预会对全体生物造成显著的威胁,并且大多是不可逆的。[①] 由于具有生态脆弱性特质的生态

---

① 凯斯·R.孙斯坦.风险与理性——安全、法律及环境[M].师帅,译.北京:中国政法大学出版社,2005:15.

第四章　生态保护优先原则的制度建构

资源及其利用引起的生态功能的不可修复或永远丧失存在不确定性，人们在利用生态资源时必须遵循生态风险预防理论，实行生态风险预防的生态保护规制。

（一）生态风险预防理论

关于生态红线的法理基础，全球范围内一个普遍的认知是风险预防理论（也称风险预防原则）。正如著名的科学家和环境学者康芒纳（Barry Commoner）主张，"如果你不将某物放入环境中，环境中就自然不会存在这种东西"[①]，此观点充分体现了风险预防的思想。自从风险预防理论提出后，该理论开始体现在环境保护的相关国际条约、协议及宣言中。1982 年的《世界自然宪章》就采纳了风险预防理论，1987 年在伦敦举行的有关北海保护的第二届国际会议通过的《伦敦宣言》，第一次明确、系统地提出："为了使北海免受最危险物质可能造成的破坏性影响，一项预防性原则是必须的，该原则要求在危险物质和环境破坏间的因果关系尚不能被科学证据所证明前，就应对此类物质的排放进行控制。"1990 年，联合国欧洲经济委员会通过的《人类环境宣言》主张："为了实现可持续发展，必须在预防性原则基础上制订政策……只要存在严重的威胁或者不可逆转的损害，即使尚缺乏充分的科学定论，也不应当妨碍采取防止环境恶化的措施。"1992 年，联合国环境与发展会议通过的《环境与发展宣言》的第十五项原则* 被认为对风险预防理论的确立具有里程碑式的意义。同时，作为环境与发展会议的重要法律成果——《联合国气候变化框架公约》第三条第三款和《生物多样性公约》序言为了实现环境保护目标都把风险预防原则作为其重要原则之一。1992 年《保护波罗的海地区海洋环境公约》第三条规定和 1995 年的《联合国鱼

---

　① 　Barry C. Making Peace With The Planet[M]. New York：Pantheon Books，1990：42.

　*　　1992 年在里约热内卢召开的联合国环境和发展大会上通过的《环境与发展宣言》第十五项原则规定："为了保护环境，各国应该根据它们的能力广泛地采取预先防范性措施。当存在严重的损害威胁或可能发生的损害的后果具有不可逆转的性质时，缺少充分的科学依据不能成为推迟采取费用合理的预防环境恶化的措施的理由。"

生态保护优先原则及其法律制度因应

类种群协定》第六条规定都体现了风险预防理论的思想。* 1998 年,在一次环保主义会议上温斯普瑞德(Wingspread)宣称:"当一种行为威胁到了人类健康或环境时,就应当采取预防措施,尽管其中一些因果关系还不能在科学上得到验证。"此外,2000 年的《卡塔赫纳生物安全议定书》从立法目标到制度条款都贯彻了风险预防的原则。** 对预防措施最合理的理解是应当认识到需要进行总体评估和坚持探究所有利害相关的风险,包括那些发生概率低但潜在危害大的风险。

事实上,风险预防规制措施在一定程度上就是一种保险措施。① 对脆弱生态空间资源保护而言,通俗来讲,就是在门上施加一把特殊的锁,锁定了人们的开发欲望所施加于脆弱生态空间资源的破坏性干扰行为。针对我国目前生态空间保护的生态风险防范的现实情况,应全面贯彻党的十八大和十九大会议精神,深入贯彻习近平总书记系列重要讲话精神,紧紧围绕统筹推进"五位一体"总体布局和协调推进"四个全面"战略布局,牢固树立新发展理念,认真落实党中央、国务院决策部署,以改善生态环境质量为核心,以保障和维护生态功能为主线,按照山、水、林、田、湖系统保护的要求,划定并严守生态保护红线,实现一条红线管控重要生态空间,确保生态功能不降低、面积不减少、性质不改变,维护国家生态安全,促进经济社会可持续发展。

---

* 《联合国气候变化框架公约》第三条第三款规定:"各缔约方应当采取预先防范措施,防止或尽量减缓气候变化,并缓解其不利影响。当存在造成严重或不可逆转的损害威胁时,不应当以科学上没有完全的确定性为理由推迟采取这类措施。同时应付气候变化的政策和措施应当讲求成本效益,确保以尽可能少的费用获得全球效益。"《生物多样性公约》序言指出:"当生物多样性遭受严重减少或损失的威胁时,不应以缺乏充分的科学定论为理由,而推迟采取旨在遏制或尽量减轻此种威胁的措施。"《保护波罗的海地区海洋环境公约》第三条规定:"当直接或间接引入海洋环境的物质或能量可能对人类健康带来灾难时,在没有结论性证明引入和后果之间的因果关系时,缔约方也应通过采取预防性措施适用风险预防原则。"《联合国鱼类种群协定》第六条规定:"各国在资料不明确、不可靠或不充足时应更为慎重,不得以科学资料不足为由推迟或不采取养护和管理措施。"

** 《卡塔赫纳生物安全议定书》规定:"本议定书的目标是依循《关于环境与发展的里约宣言》所订立的预先防范办法,协助确保在安全转移、处理和使用凭借现代生物技术获得的、可能对生物多样性的保护和可持续使用产生不利影响的改性活生物体领域内采取充分的保护措施,同时顾及对人类健康所构成的风险并特别侧重越境转移问题。"

① 凯斯·R.孙斯坦.风险与理性——安全、法律及环境[M].师帅,译.北京:中国政法大学出版社,2005:127.

生态风险预防理论强调，当存在严重的损害威胁或可能发生的损害后果具有不可逆转的性质时，缺少充分的科学依据不能成为推迟采取费用合理的预防环境恶化的措施的理由。然而，生态风险预防理念涉及的知识面较广，不仅要求有法律的、生态的、伦理的知识背景，而且应有科学的、经济的理论铺垫，因此，对风险预防原则进行精确厘定是相当困难的，但其基本的含义是明确的，即当生态环境损害存在科学上的不确定性时，此原则是预防生态损害发生的义务指导思想。其核心在于，当科学技术对某一生态环境问题存在认识上的冲突时，如果存在可能对生态环境造成严重或不可逆的损害威胁，科学上的不确定性不能成为延迟或拒绝采取预防措施的理由，从而无法达到降低生态环境风险发生的可能性及风险的损害程度的目的。风险预防原则具体运用到生态资源的使用与保护时，生态资源本身的生态属性决定了其能否使用、如何使用和使用的性质及程度等，这就意味着生态资源使用与否是由其生态性决定的。

（二）风险防范立法理念的嬗变

生态保护立法认知过程在一定程度上就是风险防范理论的蜕变过程，是对环境风险预防理论的进一步深化，也是生态保护优先原则的具体要求。对生态空间资源系统实施立法保护与管理事实上是借鉴了对自然资源从"重在利用"到"重在保护"再到"重在系统保护"的思想发展演进，是基于对生态系统内部要素的相互关系以及生态环境外在压力之间联系认识能力的提升，是生态价值稀缺对人们生产、生活的真实冲击在思想领域"发酵"的升华。

在有环境法以来，人类经济发展经历了不同的发展阶段，对环境保护的立法护航也相应经历了不同的发展时期。环境问题是由于人们对经济发展的需求超出了环境可承载能力所造成的，关键是要处理好经济发展与环境保护之间的关系。在国际法领域，《农业益鸟保护公约》（1902）、《捕鲸规制协定》（1931）、《地中海一般渔业委员会条约》（1949）、《北大西洋渔业协定》（1952）等，都是基于经济优先的理念，重在对自然资源利用的立法价值倾向[1]，这在《人类环境宣言》规则上也有

---

[1] 曹明德.生态法新探[M].北京：人民出版社，2007：164.

具体体现*。重在资源利用的主导精神在国内立法上的反映,主要是针对具体自然资源部门的部门法,如土地、森林、矿产、渔业等部门有关的法规,其立法目的旨在关注各部门自然资源的权力分配和利益性使用而非可持续利用,例如,森林法基本关心的是权证分配,森林资源的权属关系和森林开发许可证制度。[1] 随着自然资源的高消耗利用,环境压力加剧,资源严重退化,环境污染事件严重性频发,于是,在经济、资源与环境协调发展的战略指引下,抢救性的环境立法(如《中华人民共和国水污染防治法》《中华人民共和国大气污染防治法》《中华人民共和国固体废物污染环境防治法》等)纷纷出台,其目的是保护资源的可持续利用。因此,自然资源法与环境污染防治法分立而治并成为环境与资源保护法下的两大法律体系。然而,客观现实告诉我们,无论是重在资源利用的资源立法还是抢救性污染防治立法或者两者的结合都不能确保环境质量的好转和经济的可持续发展,环境问题和生态灾难愈演愈烈并已经成为制约经济可持续发展的瓶颈。此时,人们开始反思经济体制的合理性、生产力和生产方式的融洽性以及对资源进行单个资源部门保护与管理的合理性,在一定意义上,人们认识到资源环境是一个生态系统,而并非各部门资源分权而治的单个资源简单相加或简单集合,生态系统各要素之间的相互联系、相互制约统一于生态系统的整体之中。随着人们对生态系统的认识由感性上升到理性,对于经济与环境的关系,人们也悟出了生产力的发展必须基于生产环境系统的限制性考虑,也就是经济发展必须是在环境生态系统承载力范围内的发展。因此,要想从源头上扭转生态环境恶化的趋势,使资源满足人类的永续利用,必须从生态系统的整体性出发,对生态系统进行保护管理,为实现生态保护的目标,必须重视资源的生态价值,采取生态保护立法的手段。这种生态价值认知理念也反映在立法目的上,先是国际法领域的率先启动,然后是国内法的逐渐跟进。《欧洲保护野生生物和自然界的伯乐尼公约》(1979 年)、国际自然保护联盟提出的《生物多样性

---

　　*　《人类环境宣言》第二条原则宣示:为了这一代和将来的世世代代的利益,地球上的自然资源,包括空气、水、土地、植物和动物,特别是自然生态中具有代表性的标本,必须通过周密计划或适当管理加以保护。

　　①　赵绘宇.生态系统管理法律研究[M].上海:上海交通大学出版社,2006:16.

公约草案》(1980 年)、《世界自然宪章》(1982 年)、《生物多样性公约》(CBD)(1992 年)、《关于森林问题的原则声明》(1992 年)等,都已经践行着环境风险预防和生态系统管理的整体性思想。[1] 正如亚历山大·基斯在论及国际环境法的目的时指出的那样,保护整个生物圈的目的是直接影响到法律的发展。首先,它超出了对经济有益的环境要素的保护,主张环境应在整体上受到保护,包括一切生命形式,而不考虑它们对人类的用处,主张承认人类对于保护整个生物圈的责任。其次,它承认环境的各部分是相互依存的,如空气、土壤、水、植物和动物。再次,"环境公平"思想中理应包括三个方面的内容:一是今天活着的人之间在分配环境利益方面的公平;二是代与代之间尤其是今天的人类与未来的人类之间的公平;三是物种之间公平,即人类与其他生物物种之间的公平。[2] 风险预防原则在国内法方面主要体现在:美国的《海洋保护研究及保护区法》(1972)、《濒危物种法案》(1973 年)、《资源保护及再生法》(1977 年)、《土壤及水资源保护法》(1977 年)、《国家海洋污染防治法》(1978 年)、《鱼类及野生动植物保护法》(1980 年)、《综合环境反馈补偿和义务法案》(1980 年)等[3]。此外,加拿大的《环境保护法》(1999 年修订)和法国的《环境法典》(1998 年)中也都融进了环境风险预防的条款。

我国 1999 年颁布的《规划环境影响评价条例》第二十一条第一款的规定体现了环境风险预防的理念,这就意味着一些重大的建设项目不能以其环境影响尚无科学证据为借口而通过评价。遗憾的是,我国其他环境资源保护法律制度并没有环境风险预防内容的规定,在此需要澄清的是,现有环境资源法律制度中所规定的"预防为主、防治结合"并不等于"环境风险预防"。"预防为主、防治结合"的出发点是预防污染和资源破坏,在没能有效预防的前提下应当进行治理。这种规范看似合理,实际上却存在很大的漏洞:法律允许一定的环境污染和资源破坏存在,实质上是法律为行为人预留了一个环境污染和资源破坏空间。因此,"防治结合"

---

① 曹明德.生态法新探[M].北京:人民出版社,2007:165.

② 亚历山大·基斯.国际环境法[M].张若思,译.北京:法律出版社,2000:3.

③ 凯斯·R.孙斯坦.风险与理性——安全、法律及环境[M].师帅,译.北京:中国政法大学出版社,2005:22.

与环境风险防范是两个性质的问题,后者更重在采取一切可能的措施防范生态风险。就生态空间资源保护而言,一切可能导致脆弱生态资源的生态环境面临重大或不可逆转的损害行为都必须禁止,这从根本上保护了脆弱资源生态,从而杜绝了一旦不能有效预防就通过治理来解决环境问题的幻想。

生态系统保护与管理是从源头上防范环境风险的科学管理机制。国外对生态系统保护的法律制度的立法目标是在所有的生态政策和环境管理方案的基础上对生态环境系统进行综合的规划与管理。事实上,对生态系统立法管理不仅不排斥人类将生态系统用于经济目的,而且可以促进对生态环境系统的合理利用,并且其致力于保持和恢复生态系统的可持续性,旨在将生态系统的养护和可持续利用和谐统一。

生态空间资源立法保护与管理的目标在于保护生态资源的生命支持系统,保持生态资源系统功能的完整性,提升生态资源系统自身服务的能力。

二、生态保护红线的内涵

我国划定并实施生态红线,旨在实现到 2020 年年底前,全面完成全国生态保护红线划定,勘界定标,基本建立生态保护红线制度,国土生态空间得到优化和有效保护,生态功能保持稳定,国家生态安全格局更加完善。到 2030 年,生态保护红线布局进一步优化,生态保护红线制度有效实施,生态功能显著提升,国家生态安全得到全面保障。

划定生态保护红线必须遵循以下几个方面的要求:第一,科学划定,切实落地。落实环境保护法等相关法律法规,统筹考虑自然生态系统的整体性和系统性,开展科学评估,按生态功能重要性、生态环境敏感性与脆弱性划定生态保护红线,并落实到国土空间,系统构建国家生态安全格局。第二,坚守底线,严格保护。牢固树立底线意识,将生态保护红线作为编制空间规划的基础。强化用途管制,严禁随意改变用途,杜绝不合理开发建设活动对生态保护红线的破坏。第三,部门协调,上下联动。加强部门之间的沟通协调,从国家层面上做好顶层设计,出台技术规范和政策措施,地方党委和政府要落实划定并严守生态保护红线的主体责任,上下联动、形成合力,确保"划得实、守得住"。

生态保护红线制度建构应当注意以下四个环节。第一,明确划定生态保护红线的范围。各相关职能部门应根据生态保护红线划定技术规范,明确水源涵养、生物多样性维护、水土保持、防风固沙等生态功能重要区域以及水土流失、土地沙化、石漠化、盐渍化等生态环境敏感脆弱区域的评价方法,识别生态功能重要区域和生态环境敏感脆弱区域的空间分布。将上述两类区域进行空间叠加,划入生态保护红线,涵盖所有国家级、省级禁止开发区域以及有必要严格保护的其他各类保护地等。明确生态保护红线的范围是实施生态保护红线制度的基础与前提。第二,按照生态保护红线科学界定的需要和开发利用现状,确定生态保护红线边界。应结合以下几类界线将生态保护红线边界落地:①自然边界,主要是指依据地形地貌或生态系统完整性确定的边界,如林线、雪线、流域分界线以及生态系统分布界线等;②自然保护区、风景名胜区等各类保护地边界;③江河、湖库以及海岸等向陆域(或向海)延伸一定距离的边界;④全国土地调查、地理国情普查等明确的地块边界。将生态保护红线落实到地块,明确生态系统类型、主要生态功能,通过自然资源统一确权登记明确用地性质与土地权属,形成生态保护红线全国"一张图"。在勘界基础上设立统一规范的标识标牌,确保生态保护红线落地准确、边界清晰。第三,确立生态保护红线的优先地位。生态保护红线划定后,相关规划要符合生态保护红线空间管控要求,不符合的要及时进行调整。空间规划编制要将生态保护红线作为重要基础,发挥生态保护红线对于国土空间开发的底线作用。第四,建立监测网络和监管平台。生态环境部、国家发展和改革委员会、自然资源部应当会同有关部门建设和完善生态保护红线综合监测网络体系,充分发挥地面生态系统、环境、气象、水文水资源、水土保持、海洋等监测站点和卫星的生态监测能力,布设相对固定的生态保护红线监控点位,及时获取生态保护红线监测数据。建立国家生态保护红线监管平台,依托国务院有关部门生态环境监管平台和大数据,运用云计算、物联网等信息化手段,加强监测数据集成分析和综合应用,强化生态气象灾害监测预警能力建设,全面掌握生态系统构成、分布与动态变化,及时评估和预警生态风险,提高生态保护红线管理决策科学化水平。

生态保护优先原则及其法律制度回应

建立本行政区监管体系,实施分层级监管,及时接收和反馈信息,核查和处理违法行为。实时监控人类干扰活动,及时发现破坏生态保护红线的行为,对监控发现的问题,通报当地政府,由有关部门依据各自职能组织开展现场核查,依法依规进行处理。

三、生态保护红线的归责

生态保护红线的责任制度是实施生态保护红线制度的基本保障。第一,明确地方各级党委和政府的主体责任,强化生态保护红线刚性约束,形成一整套生态保护红线管控和激励措施。第二,明确属地管理责任。地方各级党委和政府是严守生态保护红线的责任主体,要将生态保护红线作为相关综合决策的重要依据和前提条件,履行好保护责任。各有关部门也要按照职责分工,加强监督管理,做好指导协调、日常巡护和执法监督,共守生态保护红线。第三,建立目标责任制。应把生态红线的保护目标、任务和要求层层分解,落到实处,创新激励约束机制,对生态保护红线保护成效突出的单位和个人予以奖励;对造成破坏的单位和个人,依法依规予以严肃处理。根据需要设置生态保护红线管护岗位,提高居民参与生态保护的积极性。第四,对生态保护红线实行严格管控。生态保护红线原则上应按照禁止开发区域的要求进行管理。严禁不符合主体功能定位的各类开发活动,严禁随意改变用途。生态保护红线划定后,只能增加、不能减少,确因国家重大基础设施、重大民生保障项目建设等需要调整的,应当由省级政府组织论证,提出具体调整方案,经生态环境部、国家发展和改革委员会会同有关部门提出审核意见后,报国务院批准;确因国家重大战略资源勘查需要的,在不影响主体功能定位的前提下,经依法批准后予以安排勘查项目。

对于民事主体违犯生态保护红线边界划定范围的规定,尽管从一般意义上应当适用侵权责任法的相关规则,但其也有不同于一般侵权的特殊性。民事侵权应依照民事法律规范评判,凡造成生态保护红线区域生态系统破坏的,性质属于民事侵权行为即为民事环境侵权行为,只不过这个民事环境侵权行为不同于一般的民事侵权行为。在这个民事环境侵权法律关系中,侵害人是一般的民事主体,如自然人、法人或其他组织;侵害的客体比较特殊,是生态环境资源及生态环境的稳定性;受害人也不是普通的民事主体而是国家。按照现行民事立法对侵权损害的归责原则,民事侵权责任一般分为过错责任、无过错责任、公平责任与严格责任,它们之间的关系通常理解为:过错责任作为归责的基础性责任,而无过错责任、公平责任与严格责任通常作为特定条件下的例外适用。传统民法归责原则的设立有以下普适性的假设条件:在民事侵权法律关系中,加害方与受害方主体双方是清晰的、明确的,侵权行为所造成受害人的损害事实要么是人身、要么是财产或两者兼有且在客观上是确定无疑的,并且所有的损害都是可以用金钱度量的。

对于脆弱生态资源的使用人造成生态资源及其生态系统破坏的行为,使用人应当承担民事责任。首先,对于脆弱生态资源的损害行为,如果生态资源使用人主观上有损害故意,又实施了损害行为,并且产生了损害后果,那么按照过错责任原则的构成要件,此种生态资源破坏行为已经满足了过错责任的因果链条关系,此时的脆弱生态资源的加害人当然要承担加害脆弱生态的过错责任。其次,如果脆弱生态资源使用人的一切利用行为和环境治理行为都具有正当性、合法性,生态环境的损害从形式上看不是生态资源使用人的直接行为所致,而可能是由于环境影响物长期潜在的间接性、持续性累积造成其环境自净能力下降、自我恢复能力降低,也可能是多种环境因素复合而成,但最终结果是生态资源所在生态系统的生态环境受到损害,致使其生态功能退化;生态损害呈现的时间,可能是在生态资源使用人的使用周期内,也可能这种生态损害是使用人使用合同期限界满以后才呈现的。这种损害后果,显然不属于过错责任的范畴。公平责任和严格责任都是有具体条件限制的,在此适用从根本上是不合适的,因为公平责任适用于当事人双方对造成环境损害均无过错,由法院来权衡该给谁以经济补偿,而在生态资源环境损害法律关系中,国家是一方主体,相对于使用人来讲属于更强势方,因此不适用公平责任来追责;对于严格责任的追责,也要求损害行为与损害后果之间具有明确的因果关系,并且应当由受害人加以证明。但有的损害可能只是脆弱生态资源的生态系统功能退化,却没有直接的人身和财产损失,也就是说在生态损害的法律关系中,既没有直接的加害人也没有直接的利益损失主体,

生态保护优先原则及其法律制度因应

有的只是环境介质的损害,此时我们应如何确定责任和分配责任?对于此问题,我们先来看看现行相关法律的规定,《中华人民共和国侵权责任法》(以下简称《侵权责任法》)第六十五条直接规定了环境污染的民事责任构成要件,删除了《中华人民共和国民法通则》中关于环境损害的部分规定,增加了环境污染侵权的无过错归责原则,即无论有无违反国家相关规定,只要因环境污染造成损害的,污染者都应承担侵权责任,但无过错归责原则最终补偿的仍是真正受害人的实际损失(或人身或财产或两者兼有),可见这种归责对单纯环境介质的损害同样不适用。在此情况下,我们只能推断生态资源使用人的使用行为,即便是合法、正当的,并且依法、依约也采取了相应的环境治理措施,但即使如此,生态资源使用人的使用行为仍对生态资源存在着生态风险,只不过这种风险是潜移默化的、不易察觉的,其风险量若非积累到一定程度不会引起质变。综上,生态资源的生态损害归责目前仍依照传统民法的归责原则,但民法归责的理论假设前提在此就不成立,又如何适用呢?因此,本书认为生态资源使用人此时应承担的责任应该是风险责任。

简单来说,风险责任是行为主体由于从事行为的风险性而应当承担的责任。从理论上讲,行为人承担风险责任的基础来源于对风险预防义务的违反,但在现实中,行为人对目前可能出现的问题和防治技术都考虑到了,并且也采取了相应的预防措施,最终环境损害可能还是会发生。从客观上讲,环境治理的过程本身就是另外一种潜在的环境损害过程,在这种情况下,行为人无论从主观还是客观上都不存在对风险预防义务的违反。这种风险责任不同于传统民法过错归责原则,它的最基本特征就是行为人无论如何采取预防措施,其行为本身都赋存有重大的危险性,这种危险性也与《侵权责任法》的无过错责任有着本质的不同。对于风险责任的归因问题,国际上提出了"合理的归因原则"①,也就是凡风险责任涉及因果关系,只要行为人的行为与损害后果之间存在"合理的因果联系",也可以说环境损害后果被合理地认为导源于这一合法或正当行为就可以

---

①　冯汉桥.国际法不加禁止行为责任制度对一国涉外民事案件的影响[J].全球视野,2007(1):150-152.

138

了，并非严格要求行为与后果之间存在必然的因果链条联系。但有些学者对"合理归因"的构成条件也提出了质疑，认为这也许只适用于特殊情况，因此，对"合理的因果联系"无论从理论还是在实践中都需要更有说服力的证据诠释。

如果风险责任可以用于生态资源所依存的生态系统保护，那么对于生态系统的损害，就损害环境介质的确定就存在很多难题。目前的风险责任大多适用于企业或商事交易关系，比如在简单的交易关系中，如果交易标的为5万元人民币，那么双方所承担的最大风险责任也就是5万元，或是因违约所引起的直接损失和间接损失的总和；而环境介质损害所承担责任的确定却与此有着本质区别，这不仅是金钱利益的问题，更是科学技术含量认定的问题。其一，对于资源生态的退化程度应做科学上的认定，而目前科学界对复杂的生态系统各组分结构与功能的认知大多处于初始阶段，并且外界对生态系统干扰的时间或空间的尺度和程度不同，生态系统平衡与稳定的变化也不同，这都存在很大的不确定性，属于科学上的难题，很难量化；其二，由于脆弱生态环境介质的损害所导致系统内生物的受害情况更难确定。因为这些生物、微生物受到损害后是处于移动状态的，它们传播污染物的范围和程度也很难确定；其三，食物链最高端的人类如果食用这些由于环境介质污染的生物而导致人身潜在受损，而这些庞大的受害群体既是受害者又是不知情者，所有这些潜在的受害群体都是隐性的，那么受害的实际损失是不可能用金钱来量化的。面对如此种种难题，我们又如何来量化环境介质损害者所应承担的风险责任呢？但如果环境介质的合理损害人不承担此风险责任，又有谁为此买单呢？因此，对于脆弱生态资源的生态系统应当建立生态保护红线评价机制，开展定期评价；从生态系统格局、质量和功能等方面建立生态保护红线生态功能评价指标体系和方法；定期组织开展评价，及时掌握全国、重点区域、县域生态保护红线生态功能状况及动态变化，将评价结果作为优化生态保护红线布局、安排县域生态保护补偿资金和实行领导干部生态环境损害责任追究的依据，并向社会公布。对违反生态保护红线管控要求、造成生态破坏的部门、地方、单位和有关责任人员，按照有关法律法规和《党政领导干部生态环境损害责任追究办法（试行）》等规定实行责任追究。对推动

生态保护优先原则及其法律制度因应

生态保护红线工作不力的,依据情节轻重予以诫勉、责令公开道歉、组织处理或党纪政纪处分;构成犯罪的,依法追究刑事责任。对造成生态环境和资源严重破坏的行为要实行终身追责,其责任人不论是否已调离、提拔或者退休,都必须严格追责。

第七节　生态保证金制度

生态保证金是指为保证由使用人造成的生态资源环境损害及由此给他人造成的损害得到救治或补偿而由使用人提交的资金,是为了督促使用人依法履行海岛生态环境保护和治理义务、有效地遏制对生态资源的生态环境退化趋势而采取的一种经济制裁制度。生态权属与生态许可制度是生态保护优先的支柱性制度。生态权属是指环境容量*和自然资源的所有权、使用权、监管权等财产性权利的归属。依据权利客体不同,生态权属可以划分为环境容量权属和自然资源权属;依据权利性质不同,生态权属可以划分为生态所有权权属、生态使用权权属、生态监管权权属等。① 生态许可是指经从事污染物排放、自然资源开发利用等可能对生态环境造成污染或破坏行为的行为申请,相关行政主管机关依据法定程序进行审查,并通过颁发许可证的方式对有关事项予以准许、限制或禁止的活动。根据许可内容不同,生态许可可以划分为污染物排放许可、用途许可、时限许可、范围许可、方式许可等。生态权属制度亟待从立法理念和制度设计层面进行宏观塑造和微观构建。

一、生态保证金制度的法理基础及其现实需求

《环境保护法》《海岛保护法》等环境单行法中并没有设立生态保证金制度,但该制度在我国矿藏资源开发与自然生态环境治理和恢复方面已成常态性的制度。尽管《海岛保护法》创设了无居民海岛使用金制度,但

---

　　* 此处的环境容量可以理解为某一环境单元的所有自然资源相互联系和作用形成的一种降解污染物的能力。
　　① 胡静.环境法本体论范畴研究[J].中国政法大学学报,2013(1).

这些税费制度只是产权主体在出让使用权时所征收的租金,并且企业通常已形成了惯性思维,认为自己缴纳了相关的租金费用后就拥有了利用租赁物获取利益的一切权利,其相关社会责任也随着租金的交付一并转移给了相关部门,企业也因此不需要承担生态恢复和环境治理的义务。使用人的这种思维逻辑是非常荒谬的,这对于使用主体履行生态环境保护义务是极大的障碍,因此,生态保证金等税费制度并未从根本上触及其经济利益,使用人对环境造成的不利影响而形成的社会成本既不能内化为使用主体的个人成本,也不能形成激励企业保护生态环境的经济机制。从行政管理机制来看,行政管理仍是强制性的命令控制型管理,在缺乏有效生态保护制约机制的情况下,在企业普遍缺乏环保责任意识的前提下,使市场主体主动实施生态保护和环境治理是目前亟须解决的难点和重点。为此,除了加强行政监管之外,还必须规制使用主体由于不履行或没有很好地履行生态保护义务所转嫁给社会的生态环境成本,必须使使用人造成的社会成本内部化,因为市场主体最关心的是其经济利益,所以需要用经济手段来制约市场主体不科学的开发利用行为,在经济上使其产生"阵痛",促使其由被动强制变为主动积极地实施生态资源环境保护和生态修复,从而达到生态保护的目标。

二、生态保证金的属性和缴存标准

生态保证金的属性仍归生态资源使用人所有,不属于环境税费征收的范畴,生态资源保护义务主体的相关责任不发生转移。生态保证金应按照"企业所有、政府监管、专户储存、专款专用"*的原则进行管理。根据我国《环境保护法》损害担责原则的规定,生态资源使用人尤其是主体功能区规定的限制开发区的生态资源使用主体,必须依法履行生态资源的生态保护和环境治理义务,按规定缴存生态保证金,但生态资源使用人并不能因缴存生态保证金而免除缴纳生态资源使用金的义务,也不能免除

---

* 对于海岛生态保证金的缴存管理,目前还没有法律规范予以明确规定,但本书认为可以参考 2006 年财政部、国土资源部和环保总局联合发布的《关于逐步建立矿山环境治理和生态恢复责任机制的指导意见》中对保证金使用监管的要求,即实行"企业所有,政府监管,专款专用"的原则。

生态保护优先原则及其法律制度因应

生态资源使用人保护生态和治理环境的义务,更不能免除法律法规或其他法律性文件所规定的其他责任。所以,生态保证金不同于一般的环境税费,其所有权主体仍是生态资源使用人,政府主管或监管部门只履行保证金的征收、代管和监督义务。如果使用人能依法履行生态资源保护和环境治理的义务,经相关主管部门验收合格后,监管部门必须按规定程序及时将保证金返还给生态资源使用人。如果生态资源使用人不履行或不能很好地履行生态资源保护和环境治理的义务,或者环境治理后生态资源所依存的生态系统稳定状况仍不符合达标要求,此时保证金的属性才会发生改变,监管部门可以按规定依据相关程序进行招标治理,其治理费用就从生态资源使用人的生态保证金中支出。一般税费,如排污费、土地复垦费、水土流失防治费等*一旦交纳,纳费主体就享有了排污、土地开垦等权利,这种权利是对禁止性行为的附条件解禁,此时,纳费主体的相关环境义务就相应地发生了转移。

生态保证金额度标准的确定,既是重点也是个难点。因为缴纳保证金的目的是防止生态资源使用人不履行或不能很好地履行生态保护义务,所以其标准的确定必须科学,以达到保证使用人履行生态保护、环境治理义务的目的。实际上,生态保证金也就是使用人因使用行为可能产生的生态风险而预先支付的资金,因此,生态保证金也就是风险金。生态风险的大小因开发利用类型的不同而有所不同,例如,海岛港口、码头建设和水产养殖用岛所致生态风险要远远大于海岛旅游所产生的生态风险,这三者用岛所要缴存的生态保证金在额度上也应有所不同。从这个意义上来讲,生态保证金额度的确定最好依据生态风险的大小而定,这在理论上是成立的。在现实中,生态风险是不确定因素,存在很大的生态技术挑战,即便是同一种类使用用途的生态资源,也会因其所处的地理区

---

* 根据《排污费征收使用管理条例》的规定,排污费是有关部门直接向环境排放污染物的排污者依法征收的专门用于环境污染防治的费用,排污者也因此获得了规定时间内排污的权利。根据《中华人民共和国水土保持法实施条例》和《土地复垦条例》的规定,如果企业无力自行治理,必须缴纳相应的治理费用,由相关部门代为组织实施治理,此时,环境责任主体已明显发生转移。由此看来,不同制度的法律导向不同,有关环境方面税费的征收旨在鼓励经济发展,将环境治理置于次要地位,而生态保证金制度是在生态保护前提下的资源利用。尽管都是在利用资源,但两者性质有所不同。

位、自然属性以及区域环境不同导致生态资源及其周围的生态脆弱性和敏感性不同,因而其在同一用途使用时所实际产生的生态危害也会有所不同。我国自北向南、自东向西有很长的海岸线,不同的经纬带、不同气候类型、不同季风洋流等,所有这些都会是生态风险产生重大不确定性的因素。在这方面,陆地上矿山生态保证金的缴存标准对海岛没什么参考价值,因为矿山开采环境都比较单一,环境风险因素和利益期望值在一定程度上相对容易考量,而海岛的生态风险却完全与此不同。生态保证金额度的合理确定,对海岛生态保护意义重大,若保证金额度过低,也就意味着使用主体的风险成本很低,其生态违法成本就低,根本起不到在经济上制裁使用人的作用,更达不到海岛生态资源保护的目的;反之,若保证金额度过高,则会增加使用人的经济压力。因此,从理论上分析,生态资源保证金数额应依据生态资源的不同用途、不同生态资源所依存的生态系统的风险稳定指数,由生态学家、经济学家及相关人士根据科学技术标准来具体拟定,尽量使其标准科学合理。

三、生态保证金的使用与管理

对于生态保证金的缴存和使用直接涉及生态资源使用人的权利和利益,缴纳方和代管者理应制定相应的规范来保护双方的权利并约束双方的不当行为。比如,《海岛生态保护和环境治理合同书》的内容应包含以下几点:①生态资源保护和环境治理的技术方案的制定;②生态资源的生态保护和环境治理的验收标准(由国务院自然资源部及其管理部门就生态资源的不同用途与分类制定公布);③生态保证金的缴存金额、方式和期限(不同用途生态资源保证金的缴存额度、方式,由国务院自然资源部及其管理部门制定);④双方权利和义务的约定;⑤如违反相关生态资源保护义务的约定所应承担的违约责任。生态资源使用的生态保证金缴存额度确定后,原则上应一次性缴纳,如果数额较大,一次性缴纳确有困难的,也可以分期交纳,但第一次缴纳的数额不得低于总额度的50%,否则就很难起到保证金的制约作用。对于使用人在正常经营期间,是否能动用保证金进行环境治理和生态保护,应具体问题具体分析,不能一概而论;也不能失去监管,使保证金成为使用人的流动资金。对于缴存保证金额度较大的生态资源使用主体,为了减轻企业的资金压力,应按生态保护的实际需要编制生态保护与环境治理实施方案,方案必须规定保证金专款专用,而且资金用途也必须明确。对于生态资源保护而言,保证金必须用于与生态资源使用所产生废气、废水、废渣等"三废"污染源治理,废弃物循环综合再利用,生态资源及其所依存的生态系统的保护、治理和恢复直接相关的支出。经主管部门审核批复后,使用人可以根据具体的生态保护实施方案到资金代管部门按比例申领缴存资金,保证金代管部门应按环境治理的进度返还缴存资金。

第五章　生态保护优先原则下的环境制度

生态保护优先原则的基本制度是生态保护优先原则制度化的体现，而生态保护优先原则实施的配套制度为生态保护优先原则基本制度的顺利和有效实施提供了保障。生态保护优先原则下的环境制度是指基于生态保护优先原则的一系列环境保护法律规范和准则，主要包括生态修复制度、生态补偿制度、生态公益代表诉讼制度、生态环境损害赔偿制度。

第一节　生态修复制度

如果生态资源使用人在使用生态资源的过程中，对生态资源及其生态资源所依存的生态系统造成破坏，那么生态资源使用人须承担生态资源修复的责任。对于生态资源的生态修复技术规范，相对于一些技术和经验较成熟的国家，我国尚处于起步阶段，目前主要是借鉴国外比较先进或成熟的生态修复技术和做法。

对于生态修复的含义，理论界有不同的理解：有学者认为是对生态资源退化的生态系统进行恢复，其过程包括了解生态资源退化前的物理、生物、气候、古植物、文化、经济背景，将生态资源进行功能分类，确定生态恢复的目标，了解生态资源恢复的过程，开发适于生态资源恢复的技术，制订生态资源恢复计划并实施，改造生境并引入适宜的乡土植物，以及生态资源恢复后的管理；[①]也有学者认为是以生态学原理做指导，以生物修复

---

① 任海,李萍,周厚诚,等.退化生态系统的恢复[J].生态科学,2001(2)：60-64.

生态保护优先原则及其法律制度因应

为基础,结合各种物理修复、化学修复以及工程技术措施的一种综合修复方法,通过优化组合,使生态资源受损的生态系统得到修复;[1]还有学者主张通过重建或改建使受损的生态资源所依存的生态系统最终得以恢复。[2]本书认为,生态资源的生态修复是根据生态资源自身的生态系统特点,以生态学原理为基础,依据生态修复方案,通过生物技术、工程技术等人工方法对遭受破坏的生态资源所依存的生态系统进行修复,并对修复效果进行追踪的整个工作过程。

一、生态系统管理与生态修复

加强生态系统管理与生态修复是国家依法治国、生态惠民的民生工程,实施生态保护与生态修复是山、水、林、田、湖生态系统管理和生态修复工程的重要内容。其核心指导思想是以县级行政区为基本单元建立生态保护台账系统,制定实施生态系统保护与修复方案;优先保护良好生态系统和重要物种栖息地,建立和完善生态廊道,提高生态系统完整性和连通性;分区分类开展受损生态系统修复,采取以封禁为主的自然恢复措施,辅以人工修复,改善和提升生态功能;选择水源涵养和生物多样性维护为主导生态功能的生态保护红线,开展保护与修复示范;有条件的地区可逐步推进生态移民,有序推动人口适度集中安置,降低人类活动强度,减小生态压力;按照陆海统筹、综合治理的原则开展海洋国土空间生态保护红线的生态整治修复,切实强化生态保护红线及周边区域污染联防联治,重点加强生态保护和生态修复的综合整治。

要进行生态保护管理与生态修复,必须了解生态系统运行过程中生态系统退化的原理。生态资源所依存的生态系统之所以退化,在一定程度上是由于人们对其使用不科学、不合理,管理不善或缺乏管理,而对生态资源的修复过程就是对其实施保护和管理的过程,尤其是对于脆弱生态区域的修复与管理,比较典型的有土壤污染生态修复和海岛生态修复。

---

① 庄孔造,等.国内外海岛生态修复研究综述及启示[J].海洋开发与管理,2010(11):29-35.

② 王治国.关于生态修复若干概念与问题的讨论[J].中国水土保持,2003(10):20-21.

（一）土壤污染的生态修复与治理

土壤生态环境污染与生态质量退化与雾霾、水污染相比，更具隐蔽性。土壤污染被称作"看不见的污染"，一旦污染则很难逆转，于是土壤生态退化成为必然。在农业经济发展过程中，土壤重金属污染更是导致土壤生态质量退化的主要因素，农田土壤重金属污染引发的土地生态破坏直接导致农产品质量安全问题和群体性事件逐年增多，从而引发严重的民生问题。因此，农田土壤环境污染治理与生态修复任务艰巨而繁重。

对农田土壤环境污染治理与生态修复的制度建设是解决土壤环境问题的保障。目前，关于土壤污染修复方面的国家层级立法主要是 2018 年 8 月 31 日第十三届全国人大常委会第五次会议通过的《中华人民共和国土壤污染防治法》（以下简称《土壤污染防治法》），该法根据土壤污染特性与行业差异确立了分类管理、风险管控等治理措施。2017 年 7 月颁布的《污染地块土壤环境管理办法（试行）》和 2017 年 11 月颁布的《农用地土壤环境管理办法（试行）》规定了土壤污染与预防、调查与检测、分类管理、治理与修复、监督管理、各方责任等内容。此外，不同层级的人民政府在土壤污染防治的地方法规中也都对政府监管、土壤环境保护与污染预防、土壤污染管控与修复、法律责任等进行了规定。这些规定虽然对土地防治有一定的积极意义，但也存在一定问题：首先，分布式而非一体化的立法、规章较多，土壤污染成因错综复杂，需加强综合、全面、针对性的土壤污染修复防治专门立法；其次，全国与地方立法缺乏协调性，出现重复规定的情况，造成立法成本提升，在适用上存在选择困境；再次，条文宽泛，少有细致明文适用规则，许多条款只是概括性地规定要防治土壤污染、改良土壤，但是具体由谁来监管、采取何种措施、不执行会有何种后果等都是不明确的；最后，土壤污染修复责任涉及的责任者认定、责任归责原则、承担责任方式等，都需要具体规范。

在农田生态修复方面，国家"十三五"规划要求，重点突出防止源头污染，合理行业分布；以综合整治为契机、以绿色理念为要求，聚焦农田生态高风险区域，优化土壤成分，注重风险防控，重视培育土壤修复能力，健全管理机制；通过完善法律规范，增加公众参与和监督农田修复。这为农地土壤污染治理与生态修复行动指明了方向。《土壤污染防治法》规定："实施风险管控效果评估、修复效果评估活动,应当编制效果评估报告。效果评估报告应当主要包括是否达到土壤污染风险评估报告确定的风险管控、修复目标等内容。风险管控、修复活动完成后,需要实施后期管理的,土壤污染责任人应当按照要求实施后期管理。"该法要求实施土壤污染治理与生态修复要满足生态保护的环境质量标准,强调"实施风险管控、修复活动中产生的废水、废气和固体废物,应当按照规定进行处理、处置,并达到相关环境保护标准。实施风险管控、修复活动中产生的固体废物以及拆除的设施、设备或者建筑物、构筑物属于危险废物的,应当依照法律法规和相关标准的要求进行处置"。在具体土壤生态修复过程中,"修复施工单位转运污染土壤的,应当制定转运计划,将运输时间、方式、线路和污染土壤数量、去向、最终处置措施等,提前报所在地和接收地生态环境主管部门。转运的污染土壤属于危险废物的,修复施工单位应当依照法律法规和相关标准的要求进行处置"。

全国各地不同层级人民政府都制定了土壤生态修复的规划或实施办法,以恢复土壤生态。2016 年,广东省颁布的《广州市环境保护第十三个五年规划》要求分区进行土壤生态环境保护,各区域针对不同的土壤类型采取相应的治理方案,强化源头防控、严控建设用地准入要求、推进重点土壤生态修复等成为广州治理土壤的核心议题。深圳市 2015 年 4 月 21 日颁布的《2015 年深圳市环境质量提升十项重点任务》强调提升调查水平、评定土地等级、完善数据资料;2016 年 12 月 3 日颁布的《深圳市土壤环境保护和质量提升工作方案》提出土壤适用区分用途、水源饮用区分等级。2017 年 7 月,惠州市环境保护局颁布的《惠州市土壤污染治理与修复规划》规定了土壤生态修复的总体要求、指导思想、原则目标、主要任务、重点工程、规划保障措施等,对土壤污染治理与修复提出了有效的实施方案,并尝试在责任认定、资金融汇、政绩目标、辅助产业、修复科技与公众互动等方面明确修复管理目标。东莞市在 2017 年 6 月颁布的《东莞市土壤污染防治行动计划工作方案》中提出,推进土壤生态修复治理先行先试,加强农用地土壤环境分类管理,加强受污染场地环境风险控制,推进土壤污染治理与修复试点示范。该方案对全市土壤环境监测体系、土壤环境质量监测网络、农用地土壤环境质量状况调查、建设用地分用途风险管控等也提出了指标要求、工作措施以及分工安排,即加强土壤及固体废物污染治理,以农用地和重点行业企业用地为重点,开展土壤污染状况详查,完善土壤环境质量监测网络,加快推进石碣镇典型农田土壤污染治理与修复试点。此外,对于土壤重金属污染的生态修复与治理,主要通过植物修复技术与管理对农地进行生态修复,其机理是重金属经超富集植物根系吸收后会转移、储存到植物茎叶,通过刈割茎叶达到去除土壤重金属元素的目的。①

(二) 脆弱海岛的生态修复与治理

脆弱海岛生态系统的修复与治理有其自身的特点。比如,有学者指出:"通过保护海岛生物物种使之不减少或使之物种增多,有效维护生物物种的原始栖息地,对于其生态系统的修复有着重大意义。"②新西兰对中小型海岛的生态修复技术和管理比较成熟,其非常重视海岛生态修复过程中的管理与保护措施,认为生态修复管理不仅仅是对生态系统的种群和个体群落水平的恢复,而是一个综合的系统管理。20 世纪 90 年代就有新西兰学者指出,远离大陆的边远海岛是保护原始生态物种的理想场所,如果对这些海岛实施有效的保护与管理,那么无论是对保护海岛的自然生态还是对修复类似受损海岛的生态系统都会提供重要的、有价值的自然信息。此外,新西兰国家环保署于 1999 年编写了《玛那岛生态修复规划》,其中包括植被修复规划,鸟类、爬行类和无脊椎动物保护,有害物种防治,防火和社会公众参与等内容,较为系统地对玛那岛屿的生态修复进行了规划③。该规划指出,随着海岛植被修复的逐渐改观,海岛微生物群落、动物分布等跟踪监测结果的信息丰富,海岛保护和修复管理等措施也需要随之而调整和完善。④ 总之,新西兰对中小型海岛生态修复的保护与管理理念和措施

---

① 韦朝阳,陈同斌.重金属超富集植物及植物修复技术研究进展[J].生态学报,2001,21(7):1196-1203.

② Towns D R, Ballantine W J. Conservation and restoration of New Zealand Island ecosystems[J]. Trends in Ecology & Evolution, 1993, 8(12):452-457.

③ 庄孔造,等.国内外海岛生态修复研究综述及启示[J].海洋开发与管理,2010(11):29-35.

④ Copson G, Whinam J. Review of ecological restoration programme on subantarctic Macquarie Island: pest management progress and future directions[J]. Ecological Management & Restoration, 2001(2):129-138.

生态保护优先原则及其法律制度因应

值得我们借鉴。

综上,对于生态资源的生态修复应根据污染状况,探索优化本区域生态资源污染特性的政府修复治理对策,强化地方立法,明晰生态退化的环境合格标准,形成分类与层级的立法体系;界定生态资源破坏与污染修复治理责任主体与责任范围;完善生态资源的生态污染动态监测、修复资金运筹、生态补偿等配套机制,以规避地方政府生态资源污染修复治理行为风险,提高区域政府环境治理绩效。

二、生态修复技术规范

生态修复主要包括工程修复、生物修复和其他修复。生态修复的主要对象是基于人类和自然通过不同的途径对生态资源所依存的生态系统造成的生态功能退化,如因土壤污染导致的农田生态退化等。以海岛生态修复为例,其修复对象包括海岸侵蚀、沙滩退化、岛陆资源破坏、植被退化、生物多样性减少、濒危动植物灭绝等。

对于农田土壤污染与生态退化的生态修复,除了采取植物萃取、超富集植物与经济植物间作、植物阻隔和土壤修复剂(重金属活化剂和钝化剂)等修复技术外,人们还在土壤检测监管信息平台开发、研发设计等方面取得了重要创新成果,完善了农田重金属植物修复项目实施的全流程。

对于海岛生态被破坏较严重的工程修复,如海岛岛陆破坏严重、海岸侵蚀严重、沙滩退化严重等,美国东海岸海岛的海岸侵蚀修复、岛陆护坡养护、沙滩修复等工程取得了良好效果,为工程修复研究提供了有价值的基础数据。[①] 我国在生态工程修复方面也有案例可循,如厦门猴屿岛陆的生态破坏工程修复。由于人工炸岛取石,猴屿岛的生态被严重破坏,后根据实地测量制定了修复方案,工程修复区长达 162 米,以浆砌石挡墙做防护,墙体顶部宽 2 米,坡度为 1∶1,高度设计在水位高潮线以上,墙顶留设

---

① Garbisch E W. Hambleton Island restoration: environmental concern's first wetland creation project[J]. Ecological Engineering, 2005(24): 289-307.

花槽并种植植物进行生态重建。[①]

海岛受损生态除工程修复之外,还可采用生物修复的方法,对海岛生态系统的修复,必须是具体情况具体对待。如果是外来物种冲击了原始种群导致群落之间关系的紧张,那么修复、调整的方法即可采用隔离、诱杀外来物种的方法,应尽可能地保护原始物种,减少外来物种,以达到维护物种多样性的目标。对于海岛濒危物种或关键物种的修复,应设法引进濒危原始物种,以物种单位空间密度、生物群落的丰度、生物多样性的物种数量及不同生物之间的相互增进关系等量化指标作为参数,对照研究生态恢复的具体方案。例如,在新西兰北部岛群的艾斯潘诺拉岛屿,经研究发现动物海龟和植物仙人掌之间相互促进并使物种多样性增加,这就有助于生物恢复和生态修复。[②]

综上所述,由于生态资源所在的地理区位、自然生态属性不同,其生态修复技术也具有较大差异,但生态修复技术规范或技术性执行标准在指导具体生态修复过程中既要顾及其差异性也应充分考虑其统一性。对受损生态的修复,首先应考察受损情况;然后根据生态资源本身的自然生态属性和特点制定修复规划;最后有针对性地提出常规性的技术规范和修复要求,同时对比较典型的受损的生态资源的生态系统的修复进行系统研究。

三、确立修复主体机制

谈及生态修复主体,就必然涉及生态主体义务。维护生态资源与生态资源所依存的生态系统是生态资源使用人的生态义务,如果生态资源使用人违犯此义务,则须承担恢复生态资源及其生态环境的责任。在此意义上,是不是就意味着恢复生态资源的生态环境的责任必须由责任人承担? 这里会出现两个方面的问题:其一,依据生态损害的情况不同,生态修复的难度也有所不同,但无论如何都涉及修复技术问题,尤其于生态

---

① 廖连招.厦门无居民海岛猴屿生态修复研究与实践[J].亚热带资源与环境学报,2007
(2):57-61.

② Gibbs J P, Marquex C, Sterling E J. The role of endangered species reintroduction in ecosystem restoration[J]. Restoration Ecology, 2008, 16(1):88-93.

系统结构复杂、修复周期较长又需要专业技术人员的工作,如果将其交给缺乏相关知识和技能的使用人去治理,那恐怕从事实上难以解决实际问题。其二,是生态修复责任法律分配问题。第一种情况是把生态修复义务直接课以环境侵害人,由环境侵害人直接履行修复生态环境的责任与义务。对此,《土壤污染防治法》规定:"土壤污染责任人负有实施土壤污染风险管控和修复的义务。土壤污染责任人无法认定的,土地使用权人应当实施土壤污染风险管控和修复。地方人民政府及其有关部门可以根据实际情况组织实施土壤污染风险管控和修复。国家鼓励和支持有关当事人自愿实施土壤污染风险管控和修复。"第二种情况是把生态修复义务分配给受害人,由环境污染受害人履行生态修复的责任。这就意味着由受害人选择恢复原状措施是由侵害人(或者侵害人指定的人)实施,还是自己(或者自己指定的人)实施。如果受害人决定由自己一方实施恢复原状,那么侵害人的恢复原状义务就表现为支付恢复原状所需的费用,这时的问题是如何能保证侵害人所支付的修复资金完全用于被破坏的生态修复呢?从"渤海溢油事故"使海洋生态受损的案例来看,国家海洋局代表国家向溢油责任方索赔,这也就意味着侵害人以价值补偿的方式承担了修复海洋生态的责任,受害人以获取生态损害赔偿金的方式取得了履行生态修复的义务。侵害人所支付的恢复原状费用只有确确实实地用于恢复受损害的生态要素,才具有填补生态损害的功能。对于这类情形,有的单行法对于生态修复资金的支付已做了具体规定,如《土壤污染防治法》规定:"因实施或者组织实施土壤污染状况调查和土壤污染风险评估、风险管控、修复、风险管控效果评估、修复效果评估、后期管理等活动所支出的费用,由土壤污染责任人承担。"但法律并没有规定生态修复资金何时支付,是直接支付给生态修复人,还是支付给资金管理者。因此,法律必须规定恢复原状所需费用的目的性,专款专用,禁止受害人将恢复原状所需的费用装进自己的腰包或挪作他用。第三种情况是法律授予第三方实施生态修复的权利。对于生态修复义务,除了由环境侵害行为人、被害人实施生态修复之外,还可以授予有修复技术能力的第三方来实施。因为无论环境污染的治理还是生态的修复都涉及重要的技术手段,这是由环境科学的特点决定的。为此,有的单行法就把生态修复的义务授予了第三方主体,但被授予修复义务的第三方主体必须要满足相应的专业资质与条件,如《土壤污染防治法》规定:"从事土壤污染状况调查和土壤污染风险评估、风险管控、修复、风险管控效果评估、修复效果评估、后期管理等活动的单位,应当具备相应的专业能力。受委托从事前款活动的单位对其出具的调查报告、风险评估报告、风险管控效果评估报告、修复效果评估报告的真实性、准确性、完整性负责,并按照约定对风险管控、修复、后期管理等活动结果负责。"

环境污染治理或生态修复无论由环境侵害人、环境受害人或第三方进行,都必须注意一个问题,那就是恢复原状和价值赔偿这两种弥补损害的方式在法律上的地位并不是平等的。恢复原状是侵权责任人的原始义务,而价值赔偿只有在恢复原状不可能实现或者其他例外情形时适用,因此,环境违法责任人只要在客观上有生态修复的可能性,就不能因为生态修复费用巨大而放弃恢复原状。法律把生态修复义务分配给环境受害者,只是从生态修复技术或修复周期环节等方面考虑,由环境受害人履行修复责任与义务更有利于生态恢复。

四、生态修复责任机制

生态修复责任涉及责任主体的认定、责任的归责以及责任承担的方式等。对于生态责任的认定与承担,人们习惯性地会想到环境行为主体的环境侵权责任,但地方政府及其主管部门也应承担相应的环境责任。对于环境污染和生态退化的生态修复问题,可能涉及的生态修复责任主要有四种情况:第一,当环境污染和生态退化不是由单一因素而是由综合性因素导致时,或造成生态环境污染事故的责任主体无法直接认定时,就意味着绝大部分修复责任只能由地方政府承担,这无疑会加重地方政府的生态修复责任,而客观上减轻了真正的环境侵权人的责任;第二,目前,有关单行法对地方政府承担生态责任后所应当享有对直接环境侵权主体的追偿权缺乏有效的规定,这不利于污染场地的及时修复和持续管理;第三,如果造成场地污染或生态退化的主体是弱势群体,比如有些农田环境质量退化是由分散的集体经济组织内的农田经营主体造成的,由于专业技术或经济方面的因素,他们可能不具有承担治理污染与生态修复的能力,也可能污染治理和生态修复的责任仍然要由地方政府承担;第四,对于生态修复所适用的责任归责,由于环境生态责任的特殊性,究竟是适用过错责任还是无过错责任,是否可适用免责事由,以及因果关系的认定应当如何把握等,都欠缺具体的标准规范,目前仅用《侵权责任法》第六十五条、第六十七条、第六十八条来进行调整或认定,是难以满足司法实践需求的。

对于环境污染的治理责任主体的认定,污染者负担原则已是普遍接受的环境法原则之一,污染者必须对已造成的污染后果承担治理、恢复、修整的义务。《环境保护法》第六条规定:"地方各级人民政府应当对本行政区域的环境质量负责。企业事业单位和其他生产经营者应当防止、减少环境污染和生态破坏,对所造成的损害依法承担责任。公民应当增强环境保护意识,采取低碳、节俭的生活方式,自觉履行环境保护义务。"该条款既明确了地方政府的环境质量责任,也确立了环境行为主体的环境义务与环境责任。基于环境污染治理和生态修复的义务与责任主体,除涉及造成环境污染或生态损害的责任主体(即自然人、法人、非法人组织等环境行为主体)外,还包括行政区地方政府及其相关部门的环境责任主体。这在《土壤污染防治法》中也有类似规定。

对于生态退化(如土地盐碱化、沙漠化)和生态破坏(如突发环境事件造成的生态平衡的破坏)此类并非由于污染行为造成的生态失衡,其问题源于过渡性、破坏性开发利用自然资源以及自然灾害。对于能够明确开发者的情形,"受益者负担原则"要求开发者对生态失衡承担修复义务。以矿业资源开发为例,《中华人民共和国矿产资源法》规定,开采矿产资源者必须按照国家有关规定缴纳资源税和资源补偿费。也就是说,采矿人就是矿山地质生态恢复的义务主体,应通过缴纳矿山地质环境治理恢复保证金来承担生态修复义务。若因自然资源开发行为导致的生态失衡义务主体指向明确,则以资源开发利益所有者为引线确定其生态修复义务主体。

环境污染治理和生态修复的责任承担问题主要涉及以下几方面内容。

1. 认定环境污染治理和生态修复的责任主体

环境污染与生态结构的破坏都有自身的特点,即长期性、渐进性与累积性,并且成因复杂,因此,环境污染与资源生态功能的退化乃至丧失非一朝一夕,这就对环境污染治理与生态退化责任的认定形成了障碍,长此以往,也就形成了"污染者污染,政府买单,公众受害"的局面。这种局面若不改变,既不利于保护环境和生态修复又显失公平,更会加重政府的环境责任。因此,应当确定环境治理与生态修复的责任规则体系,根据不同的环境污染和生态功能退化情形来确定相应的责任主体。第一,依据"谁污染,谁治理"的原则,对于污染源的直接制造者适用无过错责任进行认定。如果污染企业在运营过程中因合并或分立发生身份变更的,其环境污染治理与生态功能恢复的权利义务责任也一并由变更后的企业来承受,对环境污染和生态功能损害构成共同行为人的,则应当对其损害后果承担连带责任。如果确因环境损害后果的复杂性,其因果链条很难推定,出现环境行为损害主体不能认定的情况,也可适用公平原则以及"所有者担责,受益者补偿"的原则来推定承担生态修复与污染治理的责任主体。如果确因环境污染和生态退化的责任主体无法识别或责任主体无力支付生态修复费用的,由所在行政区的地方人民政府承担修复责任。第二,对于环境污染责任者濒临破产或者无能力承担责任的,如小型企业造成污染或农民造成的分散土壤污染等,为了避免环境事故的发生,确定责任者仍为直接责任者,但由地方政府或地方政府委托的修复企业先行承担生态修复的工作,并赋予地方政府或修复企业享有追偿权。第三,对于依法不能确定的直接责任主体,由地方政府先履行生态修复义务然后地方政府再行使追索权。对于能够确定直接责任主体的情况,允许政府通过行政或者司法程序要求直接责任人最终承担生态修复的义务或者成本。对于诸如地震、海啸等原生环境问题,灾后尽快实现生态恢复与重建,这是重塑公众生态利益及其他社会利益的需要,公众作为受益者应为此类生态破坏承担修复义务。根据社会契约理论或公共委托理论,政府作为公共利益受托人应行使全体公民权利让渡的公共事务管理权,责无旁贷地承担灾后生态恢复、修整、重建义务,促进生态系统的良性演替。

2. 界定责任范围

量化责任范围是责任主体承担生态责任的重要依据。以土壤污染防治和生态修复为例,国务院印发的《土壤污染防治行动计划》提出,造成污染的责任者应承担损害评估、治理与修复的法律责任。《广东省土壤污染防治行动计划实施方案》提出,造成土壤污染的单位或者个人应当承担土壤环境状况调查、风险评估、风险管控和修复以及损害赔偿的责任。由于污染行为导致的后果不一样,因此应当细分不同情形下的责任范围。地方政府应监督污染企业履行修复治理责任,对于造成重大污染的企业,在偿债能力较好的情况下可要求其自行还债,承担评估、治理、修复、风控、损害赔偿的费用,此外,还可责令其缴纳一定的研究经费、污染现场补救措施的必要付出、受害者安全评估等费用;对于无主的污染土壤或有困难的排污企事业单位,可通过政府财政资金支持其修复治理。

3. 责任主体的担责

生态修复本身是个巨大的社会问题,水土保持、林业、农业、园林、工业发展等与生态有关联的领域非常广泛;生态修复制度的法益——生态利益兼具公益、私益双重属性;生态破坏对特定主体构成人身、财产损害或威胁;同时,源于生态系统整体性,某一局部环境问题、生态损害亦对不特定多数公众形成损害或威胁;生态损害往往需要巨大的修复成本,生态修复义务的产生本身说明了生态损害已然存在,但尽可能节省修复成本亦为法律制度追求的目标。基于上述本质,生态修复制度必须以公私兼济、社会化、预防性义务为制度方向,以私权利主体责任(行政相对人责任)、政府责任、社会责任为主线,构筑生态修复制度进程。

私权利主体责任首先体现在法律对生态修复义务的明确规定上——以污染者、开发者为第一顺位修复义务主体,其履行直接修复义务是对受益者负担原则的诠释。私权利主体责任的责任主体指向明确,本质上归于私法救济行列,现行的《环境保护法》《侵权责任法》以环境侵权为定性,规定义务者在环境污染、自然资源损害发生之后应承担赔偿、恢复等义务,这是生态修复责任的主要形式。但是,鉴于环境问题的滞后性、不可逆转性、损害范围不确定性等,即便在可以达成完全修复的情况下,事后的修复成本往往也无法估量,一次性、事后补救性的私法救济无法凸显生态修复的特殊制度诉求,生态修复应在强调环境因素的同时合理考虑经济成本和社会成本。因此,预防性修复义务在厘定私权利主体责任路线上应成为首要考虑因素,在法律规则上则应强调在产生污染、开发环境资

第五章　生态保护优先原则下的环境制度

源时"绑定"生态修复义务,并将修复行为作为生产、开发利用的市场准入条件,以环境保证金制度为主要预防措施,与事后民事救济、行政制裁乃至刑事责任相得益彰,方能彰显生态修复本身对环境问题直接责任设计的内在需求。

在环境污染治理和生态修复的责任分配上,除了行政相对人的主体责任,即环境侵害行为人、环境受害人与第三方的责任之外,环境监管主体的环境行政监管责任也是必不可少的。就土壤污染修复与治理而言,2016 年《土壤污染防治行动计划》明确了政府负责制,加大了土壤环境管控模式,以属地为基础划分土壤防治责任。地方政府的主体责任表现为确定土壤污染防治部署与达到的目标,完善具体政策,注重资金投入与资本融集。2018 年 8 月 31 日第十三届全国人大第五次会议通过的《土壤污染防治法》规定,地方人民政府及其相关部门既要履行监管主体对行政相对人一般性的监管职责,例如,在实施风险管控、修复活动前,地方人民政府有关部门有权根据实际情况要求土壤污染责任人、土地使用人采取移除污染源、防止污染扩散等措施;也要对环境污染的突发环境事件履行监管责任,对发生突发事件可能造成土壤污染的,地方人民政府及其有关部门和相关企业事业单位以及其他生产经营者应当立即采取应急措施,防止土壤污染,并依照本法规定做好土壤污染状况监测、调查和土壤污染风险评估、风险管控、修复等工作。这种责任从利益分配角度来看,就是政府与社会共同为公共环境利益担责——前者践行公民权利让渡与委托的公共管理职能,后者彰显环境问题的终极社会根源及集体风险分摊。政府责任在生态修复中的支柱性作用体现为:强调公权力介入私人行为,"迫使"污染者、开发利用者将污染行为、开发利用行为的外部不经济性内部化;及时遏制生态失衡继续恶化,尤其针对突发性环境事故对其进行监管与控制,履行预付式生态修复义务,并为公众利益向实际责任人追索;对无责任主体的原生环境问题,实现灾后生态修复。从区域甚至全国生态修复宏观角度来看,不同行政区域之间在生态资源的开发及生态问题的行为动因上往往存在关联,应按照生态系统完整性的规律实现流域修复、区域修复,不同行政区域之间通过生态补偿支付推进生态系统整体修复。社会责任以环境基金、环境责任保险为支撑,通过税费支付、接受社

157

会捐赠及责任保险构筑生态修复目标,实现资金保障。关于社会责任即环境侵权社会化救济的话题,本节认为,从受害者权益救济的角度,环境侵权社会化救济显然是必要且重要的,但在生态修复制度框架内必须将其作为补充性、兜底性、预付式的救济方式,环境污染者或生态破坏者仍然应承担主要修复义务,否则便会出现"污染者污染,政府担责,公众受害"的后果。因此,应严格限定社会化救济的适用条件并明确社会化救济主体(环境责任保险公司、环境公共补偿基金等)对环境污染行为人在一定时期之内的追索权。同时,对无力承担巨额赔偿或事后逃逸的污染者应设定市场准入限制,避免其再次造成环境污染而不了了之。

第二节　生态补偿制度

生态补偿制度是生态保护优先的救济性制度。生态补偿制度是以保护生态环境、促进人与自然和谐共存为目的,根据生态系统服务价值、生态保护成本、发展机会成本,综合运用行政和市场手段,调整生态环境保护和建设相关各方之间利益关系的一种制度安排。该制度主要针对区域性生态保护和环境污染防治领域,是一项具有经济激励作用的制度。它与污染者付费原则并存,也是基于受益者付费和破坏者付费原则的环境经济政策。

一、生态补偿制度的理论演革

人们对生态补偿含义的认识经历了一个由浅入深的过程,最初生态补偿专指自然生态补偿,现在生态补偿的称谓有很多种,如生态环境补偿、生态服务补偿、生态价值补偿、生态效益补偿等,由于不同领域的专家、学者从不同角度对生态补偿进行了界定,所以人们对生态补偿概念的阐释也存在很大差异。国内外理论界对生态补偿理论的认知也经历了以下三个阶段。

1. 自发型生态补偿阶段(1976—1990 年)

自发型生态补偿阶段的生态补偿理论最早起源于 1976 年德国实施

的自然生态补偿政策,《环境科学大辞典》曾将自然生态补偿定义为"生物有机体、种群、群落或生态系统受到干扰时,所表现出来的缓和干扰、调节自身状态使生存得以维持的能力,或者可以看作生态负荷的还原能力"。这一阶段生态补偿主要是依靠生态系统自发地调节,因此,人们通常将这一阶段的生态补偿称为自发型生态补偿阶段。

2. 赔偿型生态补偿阶段(1991—1999 年)

随着人类活动越来越多地作用于自然界,生态环境的变化远远超过了生态系统自身的补偿能力。此时,人们开始采用经济手段作用于生态系统,于是生态补偿这一概念被赋予了经济学的含义,但当时主要强调的是对破坏生态系统和自然资源所造成直接损失的赔偿、恢复和重建。

3. 权益型生态补偿阶段(1999 年至今)

随着生态补偿理论研究和生态补偿实践的进一步深入,生态补偿的内容发生了一些新变化,不仅增加了对破坏生态系统和自然资源所造成间接损失赔偿的内容,而且增加了对生态环境保护补偿的内容,随着排污收费等法律法规逐步完善,排污收费作为一个单独的概念一般不纳入我们通常所说的生态补偿的范畴。这一阶段的生态补偿主要强调的是对生态资本的权益拥有者或权益受损者的补偿,即补偿那些对生态功能的恢复、增强的权益拥有者(贡献者)和权益受损者,这与国际上通称的生态服务付费(payment for ecosystem services,PES)或生态效益付费(payment for ecological benefit,PEB)基本相似。

我国的权益型生态补偿坚持"谁受益,谁补偿"原则,主要采用纵向补偿和横向补偿的机制。纵向补偿机制通常采用财政转移支付的方式(包括一般转移支付和专项转移支付),强调中央政府的职责;横向补偿机制侧重对具有重要生态功能、水资源供需矛盾突出、受各种污染危害或威胁严重的典型流域开展横向生态保护补偿试点,具体践行了"谁受益,谁补偿"的原则,包括行政区内和跨行政区之间的生态补偿。在建设生态文明社会的过程中,建立生态补偿机制既是贯彻落实科学发展观的重要举措,又是落实新时期环保工作任务的迫切要求。党中央、国务院对建立生态补偿机制提出了明确要求,并将其作为加强环境保护的重要内容,《国务院关于落实科学发展观加强环境保护的决定》(国发〔2005〕39 号)要求

生态保护优先原则及其法律制度因应

"完善生态补偿政策,尽快建立生态补偿机制。中央和地方财政转移支付应考虑生态补偿因素,国家和地方可分别开展生态补偿试点"。国务院印发的《节能减排综合性工作方案》(国发〔2007〕15 号)也明确要求改进和完善资源开发生态补偿机制,开展跨流域生态补偿试点工作。这些举措有利于推动环境保护工作,实现生态补偿机制从以行政手段为主向综合运用法律、经济、技术和行政手段的转变,有利于推进资源的可持续利用,加快环境友好型社会建设,实现不同地区、不同利益群体的和谐发展。2013年 11 月 12 日,中国共产党第十八届中央委员会第三次全体会议通过的《中共中央关于全面深化改革若干重大问题的决定》强调,"加快自然资源及其产品价格改革,全面反映市场供求、资源稀缺程度、生态环境损害成本和修复效益。坚持使用资源付费和谁污染环境、谁破坏生态谁付费原则,逐步将资源税扩展到占用各种自然生态空间。稳定和扩大退耕还林、退牧还草范围,调整严重污染和地下水严重超采区耕地用途,有序实现耕地、河湖休养生息。建立有效调节工业用地和居住用地合理比价机制,提高工业用地价格。坚持谁受益、谁补偿原则,完善对重点生态功能区的生态补偿机制,推动地区间建立横向生态补偿制度"。2014 年新修改的《环境保护法》确立了生态补偿制度,该制度规定:"国家建立、健全生态保护补偿制度。国家加大对生态保护地区的财政转移支付力度。有关地方人民政府应当落实生态保护补偿资金,确保其用于生态保护补偿。国家指导受益地区和生态保护地区人民政府通过协商或者按照市场规则进行生态保护补偿。"2016 年 5 月 13 日,国务院办公厅印发的《国务院办公厅关于健全生态保护补偿机制的意见》(国办发〔2016〕31 号)为进一步健全生态保护补偿机制,加快推进生态文明建设,明确生态补偿的指导思想、基本原则、目标任务、责任主体以及生态补偿办法等制度内容,对于探索建立多元化生态保护补偿制度体系,彰显我国在生态文明建设中的科学和法制精神,意义重大。2017 年 10 月召开的党的十九大报告提出要建立市场化、多元化生态补偿机制。自此,生态补偿制度的雏形在我国基本形成。

二、生态补偿制度的完善

《国务院办公厅关于健全生态保护补偿机制的意见》(国办发〔2016〕

31号)提出:"到2020年,实现森林、草原、湿地、荒漠、海洋、水流、耕地等重点领域和禁止开发区域、重点生态功能区等重要区域生态保护补偿全覆盖,……基本建立符合我国国情的生态保护补偿制度体系,……"然而,生态保护补偿制度体系的建立健全不可能一蹴而就,需要科学、有序地推进,更要注重实效,决不能为建立制度而建立制度,关键在落实,关键看实效。目前,尽管我国已确立了生态补偿制度,也制定了相关政策,但有关生态补偿的政策、法规、标准和机制仍不健全,少数试点地区还存在生态补偿资金被任意挪用的情况;要有推动制度正常运行的"动力源",即要有出于自身利益而积极推动和监督制度运行的组织和个体,包括中央和地方各级政府、流域生态保护的各参与方和受益方等,还需要建立科学的监测和评估体系。目前,生态价值评估标准滞后是我国生态补偿面临的一大难题,生态保护补偿制度体系的完善需要注意以下四个环节。

1. 明确生态系统、生态空间的产权主体

界定生态空间产权主体,就是要使生态资源资产化,通过确立产权确保所有者权益,实现生态产权的增值性和可流转性,实现资产化管理收益,以资源涵养资源,促进生态产业的良性循环,推动生态治理的现代化。过去一段时期,特别是在中共十八大之后,有关水资源、主要污染物和温室气体的交易市场正在加速建立和完善,生态要素越来越成为和土地、能源一样重要的生产要素。目前,我国生态产权制度建设尚处在初步探索和试点实践阶段,节能减排、碳排放权、排污权和水权四大生态产权交易的立法进程仍严重落后于交易实践,但各地方组织或自发的创新型交易试点层出不穷,这为将来建立统一的全国生态产权市场体系提供了很好的经验。为此,应全面建立自然资源资产产权制度和用途管制制度,对自然生态空间进行统一确权登记,划定生产、生活、生态空间开发管制界限,落实用途管制,特别是对能源、水、土地节约、集约的使用制度。产权的界定是进入市场交易的前提,应提供并发展环保市场,推行节能减排、碳排放权、排污权、水权交易制度,建立吸引社会资本投入生态环境保护的市场化机制,推行环境污染和生态修复的第三方治理。

2. 建立市场化、多元化的生态补偿机制

党的十九大报告指出,"要建立市场化、多元化生态补偿机制",这就

生态保护优先原则及其法律制度因应

要求在建立生态补偿机制过程中要重视市场化、多元化的特征。那么，如何把生态补偿纳入市场化范围调节，建构市场化、多元化生态补偿机制呢？首先，应把生态产权纳入市场调节范围来调整，赋予生态保护区和生态受益区独立、平等的市场交易地位。[1] 也就是说，牺牲经济发展的损失应通过市场交易的价格机制得以量化，由生态受益地区来购买使用，两者的法律地位是平等的。目前，我国生态补偿试点多数是由生态保护区和受益区的上级政府牵头，通过传统的行政转移支付手段推动两者之间开展生态补偿工作。在实际操作中，这种补偿模式往往存在补偿标准偏低、生态保护区利益得不到保障的情况，在一定程度上弱化了生态保护区保护生态的积极性。建立生态补偿市场，就是要使保护区和受益区享有对等的市场地位，成为独立的市场主体，生态补偿应建立在双方自愿协商的基础上，反映双方的意愿，这样才有助于提升生态保护的积极性。其次，要构建市场结构制度，制定市场交易规则，规范市场交易行为。市场结构制度包括市场主体制度、市场准入制度、市场竞争制度、市场交易监管制度等，市场交易规则包括市场准入规则、市场交易规则、市场交易监管机制等。对于生态补偿市场来说，市场准入规则就是经过科学严密的评估，赋予生态保护区内具有生态保护能力和资质的经营组织合法的生态补偿市场主体地位，允许其向市场提供优质的生态服务产品；同时，也要赋予受益区内受益经营组织（如自来水公司、种植养殖专业户等）合法的生态补偿市场主体地位，规定其为购买生态服务产品付费；此外，还要允许民间环保组织参与其中，成为合法市场主体，供给或购买生态产品。由此，实现生态补偿市场主体的多元化。市场竞争规则就是加强对市场主体的监管，打击提供劣质生态服务产品、垄断、欺诈等不公平竞争行为，维护公平竞争的市场秩序。例如，惩处保护区内生态环境损害事件的相关责任人，规范市场行为。市场交易规则就是对交易方式和行为做出规定。生态补偿市场交易方式（即生态补偿方式）多种多样，给市场提供了更多的选择。例如，按照"谁受益、谁补偿，谁保护、谁受偿"的原则，生态补偿可采用现金补偿、对口支援、水权及碳汇交易、产业园区共建、社会捐赠等多

---

[1]　席鹭军.生态补偿机制要突出市场化特征[J].中国环境报,2018(1)：15.

种方式和手段。生态补偿价格要反映市场供求关系,受市场供求规律调节。市场监管规则既要发挥政府职能部门市场监管的主体作用,也要发挥新闻媒体、环保组织和公众民间监管的积极作用,实现市场监管的多元化。市场交易规则就是对交易方式和行为做出规定。再次,生态补偿基准价格可运用直接市场评价法、揭示偏好评估法、陈述偏好评估法等科学方法,经过科学严密的评估测算使之能合理反映生态资源的生态服务价值,而不被人为低估。在科学补偿基准价格的基础上,使价格适应市场供求规律的调节,围绕基准价格上下波动,更好地反映市场供求状况和市场调节的作用。在市场交易行为中,可考虑将水权、排污权、碳排放权、节能权等生态空间产权纳入市场进行交易,其中,水权交易是较早进行生态治理市场化探索的,排污权交易应是现阶段生态治理市场化的重心,碳排放权交易有望引领生态治理市场化进程,节能权交易可作为生态治理市场化的手段之一。

3. 根据生态功能区定位和区域特点,有针对性地分区域建立科学的定量考核指标体系

对于不同的生态补偿对象,可适用不同的补偿标准。对自然保护区的生态补偿,要理顺和拓宽自然保护区投入渠道,提高自然保护区规范化建设水平;引导保护区及周边社区居民转变生产生活方式,降低周边社区对自然保护区的压力;全面评价周边地区各类建设项目对自然保护区生态环境破坏或功能区划调整、范围调整带来的生态损失,研究建立自然保护区生态补偿标准体系。对重要生态功能区的生态补偿,要推动建立健全重要生态功能区的协调管理与投入机制;建立和完善重要生态功能区的生态环境质量监测、评价体系,加大重要生态功能区内的城乡环境综合整治力度;开展重要生态功能区生态补偿标准核算研究,研究建立重要生态功能区的生态补偿标准体系。对于矿产资源开发的生态补偿,要全面落实矿山环境治理和生态恢复责任,做到"不欠新账,多还旧账";联合有关部门科学评价矿产资源开发环境治理与生态恢复保证金和矿山生态补偿基金的使用状况,研究制定科学的矿产资源开发生态补偿标准体系。对于流域水环境保护的生态补偿,各地应当确保出界水质达到考核目标,根据出入界水质状况确定横向补偿标准;搭建有助于建立流域生态补偿

机制的政府管理平台,推动建立流域生态保护共建共享机制;加强与有关各方协调,推动建立促进跨行政区的流域水环境保护的专项资金。

4. 要有严谨的考核制度,奖惩到位

科学合理地界定保护者与受益者的利益关系,建立多元化生态保护补偿投入机制。一是要明确生态保护者享有的权利和生态受益者的支付义务,当某个地方政府成为保护者或者受益者时,也应当明确其在法律关系中的主体地位,并将其支付的费用或者获偿的资金均纳入财政预算;二是界定中央政府和地方政府之间以及各地方政府之间各自作为保护者与受益者的界限,据此明确其跨流域、跨区域补偿的权利与义务关系。

此外,应加强对生态系统服务价值评估理论和方法的研究,尽快出台生态价值评估规范化标准;严格监管,创新监管方法,加大信息公开力度,发挥社会监督作用。

第三节　生态公益代表诉讼制度

生态公益代表诉讼制度是环境行为人违反生态保护优先原则所导致的环境污染与生态破坏等环境公共利益受损所应承担法律后果的诉讼担责制度。具体来讲,生态公益诉讼是指为了保护社会公共的环境权利和其他相关权利而进行的诉讼活动,也是针对保护个体环境权利及相关权利的环境私益诉讼活动。

(一)生态公益代表诉讼的一般原理

生态公益代表诉讼制度与传统诉讼制度相比,是一种新型诉讼制度。传统诉讼主体资格的起诉人应当与案件有直接利害关系,而生态公益诉讼则不要求有直接利害关系,不要求起诉人是法律关系当事人。从宽泛意义上讲,环境公益诉讼制度是指社会成员(包括公民、企事业单位、社会团体)依据法律的特别规定,在环境受到或可能受到污染和破坏的情形下,为维护环境公共利益不受损害,针对有关民事主体或行政机关而向法院提起诉讼的制度。实践证明,这项制度对于保护公共环境和公民环境权益起到了非常重要的作用。

164

第五章 生态保护优先原则下的环境制度

　　生态公益诉讼制度是对传统诉讼制度的扩展。与传统的、一般的民事诉讼和行政诉讼相比,生态公益诉讼有以下特殊性:第一,环境公益诉讼的主体具有特殊性,即环境公益诉讼的发起者不一定是与本案有直接利害关系的人。环境公益诉讼的提起者包括一切社会成员,如公民、企事业单位和社会团体。提起环境公益诉讼的社会成员,既可以是直接的受害人,也可以是无直接利害关系的人。任何组织或个人为了维护国家、社会利益都可把侵害公共环境利益之人送上被告席。环境公益诉讼的对象既包括一般的民事主体,也包括国家行政机关。一般的民事主体,如企事业单位和个人,当其行为对环境公共利益构成损害而环境行政控制无力或不能干预时,即可成为环境公益诉讼的对象。国家行政机关因未履行法定职责而构成了对环境公共利益损害的不当行政行为时,也是环境公益诉讼的对象。第二,环境公益诉讼的目的具有特殊性。环境公益诉讼的目的是维护环境公共利益,具体来说,是为了保护国家环境利益、社会环境利益及不特定多数人的环境利益,追求社会的公正、公平,保障社会可持续发展。第三,环境公益诉讼具有显著的预防性,同时兼具补救功能。环境公益诉讼的提起及最终裁决并不要求一定有损害事实发生,只要根据有关情况合理判断出其可能使社会公益受到侵害,即可提起诉讼,由违法行为人承担相应的法律责任。这样可以有效地保护国家利益和社会秩序不受违法侵害行为的侵害,把违法行为消灭在萌芽状态。在环境公益诉讼中,这种预防功能尤为明显且显得更为重要,因为环境一旦遭受破坏就难以恢复原状,所以法律有必要在环境侵害尚未发生或尚未完全发生时就容许公民适用司法手段加以避免,从而防止环境公益遭受无法弥补的损失或危害。第四,环境公益诉讼的诉讼对象特殊。环境公益诉讼可以针对民事主体,也可以针对行政主体。一般民事主体是指在社会生活经济活动中对环境造成破坏或损害者,即环境公益诉讼的对象。此外,行政机关作为公共利益的维护者,在个体利益的驱动下如果未履行其法定职责,对环境造成严重危害的;或者其推行的一些规划计划政策只注重了经济利益忽略了环境价值,对环境造成的危害严重,也就成为环境公益诉讼的另一类对象。

　　环境公益诉讼制度已为我国法律所规定,其中,《环境保护法》第五十

165

八条和《中华人民共和国民事诉讼法》(以下简称《民事诉讼法》)第五十五条为我国环境公益诉讼的开展提供了更加科学的法律依据。环境公益诉讼制度要求加强环境法治建设,坚持依法保护环境,强化环境审判与环境诉讼,用严格的法律制度保护生态环境,协调经济发展与环境保护的关系,处理好人与自然的关系。

此后,为了加强环境法制建设,严格环境执法和环境司法,解决日益严峻的生态环境问题,为生态文明建设提供可靠的司法保障,最高人民法院审判委员会于 2014 年 12 月 8 日通过了《最高人民法院关于审理环境民事公益诉讼案件适用法律若干问题的解释》(以下简称《环境公益诉讼案件解释》)。《环境公益诉讼案件解释》明确将依法保护、保护优先、注重预防和损害担责作为环境资源审判工作的基本原则,规定了恢复原状的责任方式与执行效果、环境修复资金和服务功能损失等款项专款专用,发展了环境法的法律责任制度,指导了环境资源审判程序规则的制定和工作机制的全过程。为了进一步指导各级人民法院加强环境资源审判机构建设,《环境公益诉讼案件解释》要求各级人民法院积极探索建立与行政区划适当分离的环境资源案件管辖制度,逐步改变目前以行政区划确定管辖以致分割自然形成的流域等生态系统的模式。其规定的人民法院行使释明权和人民法院可以对当事人的处分权进行适度限制等内容,不仅是对环境公益诉讼制度的发展,更有助于发挥环境公益诉讼制度的功能,以保护环境和公共利益。《环境公益诉讼案件解释》是环境资源审判工作的重要指导性文件,被评为当年最高人民法院十大司法政策之一。与此同时,为进一步规范环境民事公益诉讼案件的审理,最高人民法院、民政部、环境保护部(现生态环境部)于 2015 年 1 月 6 日发布了《最高人民法院、民政部、环境保护部关于贯彻实施环境民事公益诉讼制度的通知》,为人民法院受理和审理环境民事公益诉讼提供了重要的参考。在审判机构建设方面,最高人民法院成立了专门的环境资源审判机构——环境资源审判庭,实行环境司法专门化,这是司法审判领域的重大改革。环境资源审判庭的设置标志着环境资源审判工作进入了一个新的历史阶段,这对于推动环境民事诉讼、环境行政诉讼和环境刑事诉讼的司法改革,尤其是促进环境公益诉讼案件的规范审理具有重大意义。

第五章 生态保护优先原则下的环境制度

　　我国在推动环境公益诉讼制度中还存在着一系列障碍,主要包括:第一,根据现行《民事诉讼法》第五十五条的规定,对污染环境、侵害众多消费者合法权益等损害社会公共利益的行为,法律规定的机关和有关组织可以向人民法院提起诉讼。该条规定只把法律规定的有关机关与组织列为环境公益诉讼的原告主体,而排除了个人,范围过于狭窄且具有很大的模糊性,因而在实践中很难起到环境公益诉讼的应有的效果。第二,现行环境民事诉讼中的举证责任倒置应进一步明确。在环境民事诉讼中,污染者和侵害公益的违法者一般拥有着信息、资金和技术优势,而原告相对来说处于劣势地位,不易收集证据。第三,国务院发布的《诉讼费用交纳办法》没有把公益性的诉讼案件明确纳入其中,这对大额索赔的环境公益诉讼案件的起诉和提高律师参与环境公益诉讼的积极性来说都是不利的。此外,环境公益诉讼制度在理论与实践上都还有待完善:首先,公益诉讼缺乏理论上的有力支持。根据我国民事诉讼法的规定,起诉人必须与本案有直接利害关系。也就是说,提起环境民事纠纷必须是其人身或财产权益直接受到他人民事不法行为侵害的人。这样的规定显然对受害人十分不利,因为受害人所遭受的环境侵害大多是间接的和无形的。也就是说,只有公民、法人或者其他组织认为具体行政行为侵犯其合法权益时,才有权提起行政诉讼,而对侵害环境公共利益的行政行为和抽象行政行为,即使是引起重大环境公害的,仍不能通过诉讼途径得到救济。由此可见,我国的现行诉讼制度对公众环境利益的保护是软弱无力的。其次,公益诉讼在实践中处境尴尬。公益诉讼案件由于案件影响大、涉及面广,法院由于没有明确的法律依据,案件的审判标准难以统一。例如,南京违章搭建紫金山观景台案、画家严学正诉椒江区文体局案等案件,法院都是以"法无明文规定"为由判决原告败诉,或以当事人诉请的事项"不属于法院的受案范围"为由将当事人拒之门外。又如,律师金奎喜诉杭州市规划局一案,金奎喜认为根据《杭州西湖风景名胜保护管理条例》,杭州市规划局不应核发规划许可证,允许在西湖风景名胜区范围内建造浙江老年大学,这破坏了西湖的原有面貌。西湖区人民法院则认为杭州市规划局颁发建设许可证的行政行为对金奎喜无实际影响,诉讼主体不适格,故裁定不予受理。此类现象的出现正是我国现阶段在

167

生态保护优先原则及其法律制度因应

行政公益诉讼立法上的盲区所造成的。当侵犯公共利益的行为发生时，公民提起的公益诉讼在司法制度上处于进退两难的尴尬局面。

面对如此困局，下面我们从环境公益诉讼的属性、主体、客体等环境公益诉讼要件进行分析讨论。

（二）诉讼属性

生态公益代表诉讼的法律属性是环境公益诉讼。我国《海岛保护法》规定："无居民海岛属于国家所有，国务院代表国家行使无居民海岛所有权。"该规定意味着国务院代表国家对无居民海岛行使占有、使用、收益和处分的全部权能，无居民海岛的使用是其所有权主体即国务院把其使用权能在一定期限内让渡给了使用者，由海岛使用者在约定期限内对特定海岛行使享有占有、使用、收益和部分处分权的权能，使用者应该在合同期限内依法或依约享有权利和履行义务。在实际运行中，如果使用者不履行或不能很好地履行法定或约定义务，造成了海岛资源破坏或海岛及其周围生态系统的损害，在有关监督管理部门履行了其法定的行政执法职责仍不能化解纠纷的情况下，受害方就可以依照相关规定向加害方提出损害赔偿的要求。按照法律规定，受害方即国务院应该参与解决有关无居民海岛的损害赔偿问题，这在理论上是可行的，但在现实生活中既不现实也更不可能，因此，法律应该授权特定的国家职能机关代表国务院对造成无居民海岛资源破坏、海岛及其周围海域生态系统损害的使用者提起诉讼，即生态公益代表诉讼制度。

以《海岛保护法》为例，无居民海岛依法归国家所有，尽管国家具有虚置、抽象的表征，但它是有着丰富内涵的社会实体，即具有共同意愿、共同意志和共同理想的公民所组成的社会共同体，这个共同体的客观存在形式就是国家。公民把一国疆域、一切社会公共事务及内政外交委托于国家这个共同体来管理，公民与国家荣辱与共，国家的利益得失直接关乎公民的利益得失，在这个意义上，国家就是一国公民利益的集合体。无居民海岛作为国家疆土的重要组成部分，公民把无居民海岛的资源利益、国防安全和生态安全委托于国家来保护和管理，国家就有义务和责任保护和管理好无居民海岛。如果无居民海岛资源遭到无端的破坏、海岛及其周围海域生态系统的生态安全受到威胁，国家就有责任运用行政管理手段来保护无居民海岛的利益安全不受任何外力的侵害,这既是保障国家的利益安全,也是保护全体公民的利益安全,更是维护一国社会的公共利益安全。因此,国家海洋行政主管部门在对无居民海岛实施管理的过程中,针对任何人对海岛及其周围海域的资源破坏和生态环境损害,在充分履行行政管理手段仍不能解决纠纷的情况下,就可以启动诉讼程序来化解纠纷。这种诉讼的本质是国家有关机关代表全体公民进行的诉讼,其目的既是保护全体公民的资源利益和生态服务利益,也是在维护社会的公共利益秩序,因此,这种诉讼理应是公益诉讼。此外,由于其诉讼的内容是保护无居民海岛及其周围海域生态系统的环境安全,因此属于环境公益诉讼的范畴。

环境公益诉讼是否有必要区分为环境民事公益诉讼和环境行政公益诉讼,目前,理论界对此持有不同的观点,也有几种不同的划分标准:第一,以主体法律地位是否平等来界定公益诉讼的属性。持此观点者认为,诉讼双方地位平等的是环境民事公益诉讼,反之则是环境行政公益诉讼。从传统法学理论视角,环境行政诉讼是行政机关和行政相对人之间不平等主体的诉讼,而环境民事诉讼则是法律地位平等的民事主体之间的诉讼,这种区分是符合行政诉讼和民事诉讼的法学理论逻辑的。但在理论界,但凡一提及环境公益诉讼,都会把"私人检察长"理论*作为其重要理论支撑。这显然就产生了矛盾:假若公益诉讼以"私人检察长"理论作为提起诉讼的理论根据,那么无论是自然人、法人抑或行政机关代表,都因获得了法律或有权机关的特别授权而不再是私权利主体,其法律地位也不再与被告处在平等的位置;如若公益诉讼不以该理论作为提起诉讼的理论依据,而允许以私权利主体资格提起利益诉讼的话,那么此时的利益诉讼的性质就发生了质的改变,也就不再具有公益诉讼的属性。从具体分析来看,目前理论界所首肯的环境民事公益诉讼,其原告的法律地位都是获得了法律的特别授权,而这种诉讼也正是一种由法律确定的、可以代表公共利益的、在当事人不平等主体之间的诉讼。由此,环境公益诉讼若

---

　　* "私人检察长"理论起源于美国。该理论认为,在出现官吏的违法行为时,为了制止这种违法行为,国会可以授权一个公共官吏,例如检察部长,主张公共利益并提起诉讼。同时,国会也可以不授权一个官吏提起诉讼,通过制定法律授权私人团体提起诉讼,制止官吏的违法行为。

再以诉讼当事人法律地位是否平等来界定环境民事或行政公益诉讼,已不再有任何意义。第二,以被告法律地位是否为国家行政机关为标准来划分公益诉讼属性①。这种观点模糊了行政法律关系关于原告和被告的主体资格限制。在一般的行政诉讼法律关系中,国家行政机关恒定是被告,但需要注意的是,此时行政诉讼法律关系的原告资格也是有法律限制的,也就是原告必须是行政管理行为,更确切地说,是行政机关做出的具体行政行为的相对人。这一法律规定从本质上体现了行政诉讼的内涵是与行政相对人私权利益密切相关的。这种行政诉讼所诠释的私权利保障诉讼机制是近代西方国家提倡民主、法治、权力制衡的产物,其实质是一种私权利对公权力的限制逻辑,在此意义上,行政相对人只能在行政机关做出的具体行政行为有损害或可能损害自身权益的前提下才能提起行政诉讼。但在环境公益诉讼的法律关系中,却出现了完全不同的法律关系环境:如果原告是国家或社会公共利益的代表,那么这种环境公益诉讼法律关系已经颠覆了一般行政法律关系中私权利对公权力限制的诉讼理念,这不仅是不同行政机关相互之间的权力制衡,更是两个公权力在执政理念、利益目标之间的对抗或博弈。此时,一般行政诉讼法律关系的特质已经完全丧失,已凸显出环境公益诉讼维护社会公益的诉讼特性,如果在此情况下,我们仍恪守诉讼主体是否是行政机关作为环境行政诉讼的判定标准,显然是不合适的。

综上,环境公益诉讼是一种特别诉讼,是现代社会中公民共同行为的有机组成部分。它"以公益的促进为建制的目的与诉讼的要件,诉讼实际的实施者虽或应主张其与系争事件有相当的利益关联,但诉讼的实际目的往往不是为了个案的救济,而是督促政府或受管制者积极采取某些促进公益的法定作为,判决的效力亦未必局限于诉讼的当事人"。② 基于此,由于环境利益的扩散性,并非所有的受害者都能自觉地站出来为权利抗争,其后果是环境侵害者逍遥法外,而公众的环境利益乃至环境本身受到的严重损害却无法恢复。要改变这一现状,可实行允许受害者以外的

---

① 韩波.公益诉讼制度的力量组合[J].当代法学,2013(1):31-37.
② 叶俊荣.环境政策与法律[M].北京:中国政法大学出版社,2003:224.

第五章　生态保护优先原则下的环境制度

第三者提起诉讼,并且起诉权也随之由受害者转移给第三者的新型诉讼制度。因此,环境公益诉讼是以排除环境危害和赔偿环境损害所带来或可能带来的环境损害为基本诉求,通过追究破坏、污染环境责任人的民事责任来实现对环境社会利益保护和救济的一种专门诉讼。① 因此,代表诉讼是环境公益诉讼,并且区分环境民事诉讼或行政公益诉讼在公益诉讼中已无必要。

(三) 诉讼主体

与一般公民、法人或其他组织作为法律关系主体的当事人不同,行政机关作为诉讼主体启动诉讼程序必须有法律依据。2013 年新修订的《民事诉讼法》第五十五条规定:"对污染环境、侵害众多消费者合法权益等损害社会公共利益的行为,法律规定的机关和有关组织可以向人民法院提起诉讼。"该条款中所指的"法律"按立法解读应该是指全国人民代表大会及其常务委员会制定和颁布的法律,不应包括行政法规、司法解释等其他规范性法律文件。《海岛保护法》第五章规律责任第四十六条规定:"违反本法规定,采挖、破坏珊瑚、珊瑚礁,或者砍伐海岛周边海域红树林的,依照《中华人民共和国海洋环境保护法》的规定处罚。"该条所规定的"采挖、破坏珊瑚、珊瑚礁,或者砍伐海岛周边海域红树林的"行为,是对海岛生物资源、海岛及其周围海域生态系统的破坏行为。《中华人民共和国海洋环境保护法》(以下简称《海洋环境保护法》)第九十条第二款规定:"对破坏海洋生态、海洋水产资源、海洋保护区,给国家造成重大损失的,由依照本法规定行使海洋环境监督管理权的部门代表国家对责任者提出损害赔偿要求。"该法条明确规定了"行使海洋环境监督管理权的部门"即国家海洋局可以作为诉讼当事人代表国家对加害人提出赔偿诉讼。在 2011 年我国渤海溢油事故中,国家海洋局已经成功代表国家对侵害人进行了海洋生态损害诉讼赔偿。*

尽管行政机关作为适格主体已有法律依据支撑,但对于行政机关启

---

① 吕忠梅.环境公益诉讼辨析[J].法商研究,2008(6): 131-137.

* 2011 年 6 月初,中国海洋石油公司和美国康菲石油有限公司合作开发的蓬莱 19—3 油田发生溢油。由于渤海是半封闭海域,溢油不仅对海洋生态系统产生长期影响,而且给辽宁、河北、山东、天津海域的捕捞业、养殖业、旅游业等相关产业和居民生活带来直接威胁和损害。2011 年 8 月,国家海洋局代表国家对康菲石油有限公司提起海洋生态损害国家索赔诉讼。

171

动诉讼程序有无必要，也就是对行政机关启动诉讼程序的合理性问题，理论界对此也持不同的观点：一种观点认为，对环境治理而言，行政管理和行政制裁手段与司法途径相比，更有效率，更具有合理性。[①] 持此观点的学者从辅助原则[*]的要旨出发，认为行政机关是履行行政管理职能的机关，法律赋予其相应的行政制裁权，面对民事主体的侵害行为，应该通过抽象行政行为或具体行政行为追究违法者的责任。如果把如此"强势"的行政管理机关都化解不了的矛盾转给相对"弱势"的司法机关，既增加了司法诉讼成本，又延长了解决矛盾的时间周期，即使最后结果胜诉，也许由于执行能力的问题也未必能得到赔偿，最终问题还是没解决，国家的利益仍没能得到维护，所以在这种情况下走司法途径未必科学、合理，而走行政制裁途径相对来说是一种更富有效率的制度安排。另一种观点则对行政机关提起诉讼持赞同的态度[②]，认为在行政机关管理的纷繁复杂的社会公共事务中，有些是与公共管理事务有关的私权纠纷，如果这些矛盾或纠纷都用格式化的行政管理措施来解决，不仅会危害到相对人的实体利益，而且也无益于体现公正的程序正义，甚至还会妨碍行政机关的执法效率。因此，赋予行政机关诉权，在一定程度上既能实现对国家利益的维护也能弥补行政管理执法的不足。本书认同第二种观点，即行政机关在必要的时候可以依法提起诉讼。

然而，对于无居民海岛保护与管理，行政机关是否有行使诉权的必要呢？《海岛保护法》规定，国务院海洋主管部门和沿海县级以上地方人民政府海洋主管部门是无居民海岛的行政管理机关；海岛主管部门的职权职责主要是依法履行监督检查和行为要求；海岛主管部门行政执法的具体形式是责令停止违法行为，没收违法所得，并依法处以相当的罚款；违法填海连岛或者填海围海改变海岛海岸线的，依照《中华人民共和国海域

---

① 韩波.公益诉讼制度的力量组合[J].当代法学,2013(1)：31-37.

* 辅助原则是依斯海·布兰克(Yishai Blank)所提出的一项政府行为原则，其基本要旨是政府必须将权力和职责下放至能够有效履行此种权力和职责的最小管辖层次。国际上广为认同的辅助原则的思想精髓是，在特定公众和组织无法自主实现某种目标时，高一层级的组织应该介入，但仅限于保护的目的；并且高一层级的社会团体或者政治组织只能处理那些低一层级的社会团体或者政治组织无法独立处理，而高一层级的机构又能更好完成的事务。

② 肖建国.民事公益诉讼的基本模式研究——以中、美、德三国为中心的比较法考察[J].中国法学,2007(5)：129-146.

使用管理法》的规定处罚,处罚的手段仍是行政罚款;违法破坏海岛生物资源的,依照《海洋环境保护法》的规定处罚,其处罚手段是责令限期改正,没收违法所得,并处以相当罚款。通过综上规定不难发现,在不同法域的不同责任条款中有个共同特征,即行政管理措施和执法手段的统一模式是责令改正,没收违法所得并罚款,除此,并无其他强制性执行措施。因为这种执法手段是在陆地生态治理中惯用的,虽然这种执法管理效果不明显,但为什么行政执法机关还总采用一罚了之的办法呢?这是一个值得沉思的问题。对于海岛使用金,地方政府的分配比例是50%,省管市或县的分配比例可高达60%*,如果企业年利润税金能在一定程度上为地方财政作出可观的贡献,那么即使该企业破坏了海岛环境和海域生态,地方政府也不愿意去取缔企业的主体资格,而地方海洋主管部门的人事、财政受制于地方政府,只在业务上受海洋局统一指导,在这种制度环境下,海洋主管部门也不会取消企业的经营资格,在这种利益链条下,维护海岛生态安全谈何容易。所以在利益和环保之间,"理性"的地方政府往往会选择利益。在此情况下,企业该作为的不作为,地方政府该作为的也不作为,那么对于海岛生态系统的破坏,海岛主管部门在没有其他管理措施又不赋予诉权的情况下,会使情况更糟甚至陷入恶化的境地。所以,海岛主管部门被赋予了诉权,又多了一种管理的工具。

此外,国外已有类似的行政机关诉讼可循。美国环境保护局、州政府可以将那些违反者作为被告,向联邦地方法院提起要求法院做出禁止命令、要求责任者支付民事制裁金的诉讼;英国也建立了由公共卫生监察员代表公众进行群体诉讼的制度。这些司法实践表明,环境保护机关作为环境公益诉讼的原告具有可行性,更重要的是其符合环境公益保护及时性和预防性的要求。① 纵观我国的立法,只有与侵权行为有直接利害关系的人才可以提起诉讼,这样将产生诸多的不利后果。如果受害人无力提起诉讼,那么根据"不告不理"的原则,加害人就很有可能逃避法律的制

---

* 2011年11月5日浙江省政府颁布的《浙江省无居民海岛使用金征收使用管理办法》第八条和2011年10月8日山东省政府颁布的《山东省无居民海岛使用金征收使用管理办法》第八条规定:"无居民海岛使用金实行中央、省、市、县四级分成,其中,中央20%,省级20%,市级10%,县级50%。"

① 吕忠梅.环境公益诉讼辨析[J].法商研究,2008(6):131-137.

裁。那么法律的公平与正义就得不到体现,这不利于社会的稳定。由于环境侵权的特殊性,环境侵害往往是间接的侵害,若按照传统的侵权理论则根本无力保护环境。为此,应重构侵权理论,扩大原告主体的范围,诉讼主体不仅应包括直接受害人,还应包括社会一般公众、社会团体、国家机关。因为环境是一种公共物品,任何公民都是环境的享有者和保护者。一旦发生了环境污染,每个公民的健康权、财产权和享受优良环境的权利都会不可避免地受到侵害或威胁。诉讼主体的扩大,不仅有利于对污染者实行监督,而且有利于对行政执法机关的违法行为或行政不作为行为进行有效的监督。因此,要建构环境侵权公益诉讼制度,首先就要扩大主体的适格范围,赋予一切单位和个人以诉权,对于被诉对象范围也可以考虑适当扩大。为了更有效地保护环境,各国法律在放宽环境诉讼起诉资格的同时,也扩大了被诉对象的范围。比如,美国《清洁空气法》第304条a款就明文规定:任何人均可以自己的名义对任何人(包括美国政府、政府机关、公司和个人等)就该法规定的事项提起诉讼。也就是说,该法一改昔日国家不能作为被诉对象的做法,将美国政府、政府机关以及环境保护局局长等均列入被诉对象的范围。在日本,随着国民环境意识的提高,公民以日本行政厅对产生公害的事业活动控制不力而可能导致公害损害为由,对行政厅提起诉讼的案例也越来越多。此外,因行政厅违法在环境上采取措施致使国民遭受损害,从而导致受害人对国家或公共团体提出赔偿的诉讼也日趋增多。

(四) 诉讼客体

在我国,《环境保护法》第六十四条规定,因污染环境和破坏生态造成损害的,应当承担侵权责任。《海岛保护法》第三十条规定,对无居民海岛的任何利用活动,都必须采取严格的生态保护措施,避免造成海岛及其周边海域生态系统的破坏;第五十五条规定,造成海岛及其周边海域生态系统破坏的,应依法承担民事责任。无居民海岛及其周边海域是其所在海洋生态系统的重要组成部分。《海洋环境保护法》第九十五条规定,海洋环境污染损害是指直接或者间接地把物质或者能量引入海洋环境,产生损害海水使用素质和减损环境质量等有害影响;第九十条规定,对破坏海洋生态,给国家造成重大损失的,海洋环境管理部门代表国家对责任者提出损害赔偿要求。从《环境保护法》《海岛保护法》和《海洋环境保护法》所规定的法律责任来看,对环境客体对象的损害,要求责任人承担损害责任的情况,分以下两种:第一,因环境污染和生态破坏而对特定或不特定主体的人身或财产造成了客观的损害后果,如流域、湖海污染、生态破坏影响了范围内的饮用水源、渔场、农作物等,这是要求加害人承担责任的前提条件,是加害人的加害行为通过生态环境介质的破坏造成受害人的人身、财产的直接损害。对此,司法机关通常适用侵权责任法让违法者承担责任。第二,如果侵害客体是环境要素被污染或生态系统被破坏,就可以要求行为人承担责任,这是一种纯生态环境介质的损害,本书称为"生态损害"*。对于这两种情况,从表面上看是行为人承担责任的构成要件有别,但实际是体现了两种不同的价值选择和利益导向。

价值选择主要体现在自然环境对人的有用性上。从自然生态系统对人类生存的价值属性视角来看,一方面,自然生态系统是人类生存的自然支持系统,为人类生存提供所必需的各种生态服务功能,如清洁的水、清洁的空气、明媚的阳光等,这些都是自然奉献于人类的公共物品,任何人不可能像拥有私人物品那样享有独占权和排他性的消费权,所产生的利益也是人类所共享的生态公共利益;另一方面,人作为社会构成的决定性因素,自然环境要素是维系社会存在和发展的必不可少的决定性条件,如森林、土地、草原等自然环境要素不仅是人类生产的物质资料,而且其作为独立的"物"烙上了人类所能支配的客体印记,体现的利益为私权利主体的财产利益。此时,无论是表现为公益的生态利益还是体现为私益的财产利益都建立在自然生态环境这个客体"物"上,而这些自然客体也绝不会因为自身拥有"公益"和"私益"的双重价值属性而截然分离。例如,一片森林,其生态价值的公益价值属性是调节气候、涵养水源、释放大量氧气等;其私益价值属性是作为原材料可修房子、做家具等。这就说明在环境公益诉讼中,存在并交织着两种不同的利益状态,即私益和公益处于

---

* 生态损害是指环境违法行为对生态系统各组分要素造成的损害,威胁到生态系统结构的平衡与稳定,导致生态系功能退化甚至崩溃。

相互交织的状态,公益诉讼的意义随着这种双重性而左右摇摆:要么过于强调公共利益而忽视了私益的保护,要么过分重视私益的实现而错过了革新诉讼程序制度、超越传统裁判观念的契机。①

生态环境的自然特性反映在利益上就会出现私益与公益相互交织的状态,这种状态体现在两种利益受损时的诉讼环节,其结果就可能导致两种利益的竞合,具体表现为:其一,若个人私益发生损害,受害人提起诉讼,将会发挥正能量、正外部性的作用,结果可能使不特定的群体受益。例如,相邻权人以干扰正常生活为由对社区噪声提起诉讼,要求停止侵害,这不仅净化了诉讼人自己的生活环境,同时使整个社区宁静而受益;其二,若任何组织以公益发生损害而提起诉讼,将会产生扩散性利益。例如,某企业长期暗坑排污致使整个流域的水环境遭到损害,环保部门提起诉讼要求停止侵害,不仅保护了流域的水环境,而且为整个流域的所有动植物营造了良好的生存环境。

生态环境损害同样涉及几种情况:其一,环境违法行为人造成了受害人的人身或财产的损害,这种情况属于侵权责任法涵盖的范畴;其二,行为人实施的行为不仅造成了他人财产的损害而且也造成了生态损害,这种情况由于涉及财产受害人,受害人自然也会提起诉讼,尽管诉由可能只是要求赔偿其财产损失;其三,行为人的行为仅导致了生态损害,这种情况由于没有直接的受害人,所以可能就没有人提起诉讼。事实上,尽管人人都可能是生态破坏或环境污染的直接受害者,但大家都有"搭便车"的心理,没有人会付出成本去做给别人也带来利益的事,因为生态环境是一种公共物品,不具有排他性、独占性和可交易性的特点,即使这种公益对每个人的健康生存都必不可少,如果不存在任何激励机制,通常没有人会自己付费去维护公共利益安全。

代表诉讼的客体是在不同的价值与利益之间所做的权衡及选择,因为生态环境问题在性质上容易引发广泛的利益冲突,在决策的过程中必须进行利益衡量和轻重缓急次序的排定,而难以完全考量某一利益并做

---

① 肖建国.民事公益诉讼的基本模式研究——以中、美、德三国为中心的比较法考察[J].中国法学,2007(5):129-146.

第五章 生态保护优先原则下的环境制度

绝对性的推进。^① 因此，纵观不同国家的环境公益诉讼制度，大都将生态或环境损害纳入其规制范畴，而将私益诉讼排除在规制范畴之外，如美国、希腊、瑞士、印度、比利时、芬兰等国的环境公益诉讼制度^②。由此可见，环境公益诉讼在国外的诉讼实践中呈现出鲜明的特征，即广泛性的诉讼主体、前置性的诉讼缘由、特殊性的诉讼目的、预防性的救济内容、扩张性的诉讼裁判效力范围等。^③ 公益诉讼的目的不在于寻求给予原告直接的救济，而是谋求各种政策的改变，为私人和公共机关未来的行为提供指引。^④ 因此，环境公益诉讼是没有损害赔偿性特征的。^⑤ 在此制度环境下，国外环境公益诉讼制度排除了以私益为特征的损害赔偿内容，而以生态恢复的特征代之。

综上分析，代表公益诉讼的客体为生态损害较适宜。正如环境法界学者所言："公益诉讼是以公益的促进为建制目的与诉讼要件，诉讼实际的实施者虽或应主张其与系争事件有相当的利益关联，但诉讼的目的往往不是为了个案的救济，而是为了督促政府或受管制者积极采取某些促进公益的法定作为，判决的效力亦未必局限于诉讼的当事人。"^⑥以生态损害为诉由的诉讼是对人类赖以生存的生态价值重新审视和对生态危机适度反应的结果，尽管生态价值只是人类众多价值中的一种，但生态环境安全对人类生存与人格发展的作用和意义与生态价值在社会生活诸多范畴中的基础性和广泛性地位是密不可分的。进化论和生态学告诉我们，所有的生命形式都是由其周围的环境所决定的，而不是独立自主地发展的。^⑦ 人类作为自然生态系统中的成员，任何损害生态环境的行为将会波及人类自身甚至整个社会的安全。

---

① 叶俊荣.环境政策与法律[M].北京：中国政法大学出版社，2003：24.
② 吕忠梅，吴勇.环境公益实现之诉讼制度构想[M]//别涛.环境公益诉讼.北京：法律出版社，2007：27-29.
③ 吕忠梅，吴勇.环境公益实现之诉讼制度构想[M]//别涛.环境公益诉讼.北京：法律出版社，2007：23-26.
④ 张艳蕊.公益诉讼的本质及其理论基础[J].行政法学研究，2006(3)：91-99.
⑤ 吕忠梅.环境公益诉讼辨析[J].法商研究，2008(6)：131-137.
⑥ 叶俊荣.环境政策与法律[M].北京：中国政法大学出版社，2003：224.
⑦ 霍尔姆斯·罗尔斯顿.环境伦理学[M].杨通进，译.北京：中国社会科学出版社，2000：57.

此外,环境公益诉讼需要注重以下几个要件:第一,合理分配举证责任是环境公益诉讼的重要环节。在环境诉讼中,环境损害的认定具有很强的技术性,由于原告获取信息的有限性且其不具备必要的专业知识与技能,让他们承担举证责任是极为困难的。因此,为了使原告和被告双方力量均衡,许多国家在环境侵害案件中实行无过错责任和举证责任倒置的原则,规定主要证据由被告提供。在我国,最高人民法院的司法解释虽然规定了环境污染损害赔偿案件实行被告举证制,但却没有规定举证的范围和原告是否还要承担一定的举证责任,从而使得被告感觉其承担了太重的举证责任,而原告也忽视了对必要证据的收集。为解决这一问题,应明确规定原告和被告举证责任的范围,例如,让被告负责对是否排污、能否造成污染、排污与损害之间是否有因果关系以及能否依法免责等提供证据,让原告对损害的事实和损失的大小负举证责任。第二,诉讼费用的预付方式也需要改进。由于环境诉讼费用相当高昂,再加上因果关系的证明动辄涉及高科技知识和方法的综合运用,其所需费用之巨非经济能力微薄的被害者所能预付,但逾期不交的话,则意味着被害者自动放弃诉讼。这无异于强迫被害人放弃权利的保护,将其拒之法院门外。这显然与许多国家宪法有关保障人民享有诉讼权利的规定相违背。为了贯彻宪法这一精神,并与可持续发展的要求相适应,许多国家的诉讼法对诉讼费用的预付方式做了改进。比如,美国为了减轻公众因提起诉讼而承担的费用,并鼓励公众运用诉讼这一法律武器,就在环境法规中对于公民诉讼费用的分担做了有利于原告的规定。美国的《清洁空气法》《清洁水法》《固体废物处理法》等均规定,如法院认可,可将诉讼费用(包括合理数额的律师费和专家作证费)判给诉讼的任一方。按照这项规定,依惯例本应由原告承担的律师费和专家作证费等诉讼费用可由被告分担一部分。第三,给原告设定合理的奖励。因为在环境公益诉讼中,起诉人不是为了私益而是为了环境公益起诉,必然消耗其时间、精力和金钱,若不给原告一定的奖励,没有提起公益诉讼的激励机制,也许一些人就不会为了维护公益而去牺牲自己的既得利益。因此,在起诉合理合法的情况下应给原告一定的奖励,这种奖励应从对被告的经济制裁中提取,或由国家/地方政府出资设立环境公益诉讼奖励基金。这一方面是对原告付出的弥补，另一方面也有利于鼓励更多的人维护社会公益。第四，环境公益诉讼案件判决后由法院直接执行。在一般的民事诉讼案件中，民事裁判发生法律效力后，如果当事人自愿履行就无需法院强制执行。只有义务人拒不履行义务时，权利人才会申请人民法院强制执行。但环境公益诉讼案件具有不同于一般民事诉讼案件的特殊性，原告代表国家或公众的意志提出诉讼并胜诉后，基于对国家环境利益和社会公共环境利益的保护，法院应对生效的裁判文书直接执行，而不是由胜诉方来申请强制执行。

第四节　生态环境损害赔偿制度

生态环境损害赔偿制度是生态文明制度体系的重要组成部分，而理解并认识生态环境损害是规制生态环境行为人损害行为的理论前提。

一、生态环境损害的一般原理

生态环境损害是由于开发利用环境资源行为产生的环境污染或生态破坏导致公共环境资源受到损害，引发区域环境质量下降、物种减少或灭绝以及生态系统功能损害等重大不良影响或不利改变的客观现象。[①] 由此可见，界定生态环境损害的主体行为及其不利后果需要具备以下几个条件：第一，生态环境损害的原因在于生态环境资源的经济性价值。因为生态环境损害是人为因素导致的，是人类在开发利用环境资源时不科学、不合理的行为引发的自然生态环境功能的改变，并非自然原因所致，所以这种不利改变是人们对环境资源的经济效用的利用所带来的"副产品"。在现实经济生活中，生态环境损害往往是生产生活过程的附属产物，既可能是由于环境资源利用行为主体长期排污累积所致，也可能是由于其排污设施隐患突发环境事件所引发的，总之，生态环境损害的致害原因行为在价值判断上主要是追求社会经济效用而导致。因此，这就要求我们在

---

① 汪劲.环境法学［M］.3 版.北京：北京大学出版社，2014：297.

处理经济增长与生态保护关系时去权衡经济、社会和环境等各种利益的"平衡点",防范导致生态环境损害的可能行为风险。第二,生态环境损害后果的公共性。环境资源是环境公共物品,而非私人物品,自己使用并不影响其他人的享用,具有非排他性、非竞争性的特质,承载着众多不特定主体的公共环境利益。生态环境损害直接体现的是生态环境本身生态系统结构的改变及其生态功能的退化甚至丧失,然后由于人类利用了受损害生态系统间接导致了其身体健康与财产的损害。因此,生态环境损害的客体对象具有公共性,由此所引发的法律问题也对传统民事侵权法律理论提出了巨大挑战,所涉及的赔偿主体、赔偿内容、赔偿责任等法律问题都难以通过传统的私权利法的调整规范予以有效解决。第三,生态环境损害的技术性。由于环境问题本来就错综复杂,生态环境损害以不对个人造成显性、物质性损害为限,以农田环境污染与生态退化为例,农田已由原来的局部水体、土壤本身的点污染源向生态系统各层面的土壤、水体、生物、大气等区域污染发展,形成了"水、陆、空"三位一体、互为关联的立体污染,呈现出生活污染和生产污染叠加、各种新旧污染相互交织、污染导致生态严重失衡的明显特征。[①] 其因果关系的追踪需借助科学的方法予以确定,并且这种生态环境损害难以通过市场价格机制得到反映且需要及时采取治理或恢复措施。因此,生态环境损害所涉及的各环节要素(如损害范围的确立、损害程度的测量、生态环境损害的修复或恢复等)解决方法的确定均需要相当程度的科技基础[②],以种类环境标准为代表的技术性规范成为环境法制的重要内容,生态环境损害救济在很大程度上有赖于科学技术的发展。第四,生态环境损害救济的局限性。生态环境损害一旦发生就可能造成极其严重的后果,而且该损害可能是不可逆转、难以弥补的,所以对有形生态环境侵害的预防是生态环境损害防治的主要目标。尽管在环境法律规范中,有相当多的规范是对既有显性损害的弥补与惩罚,但其重心却是对潜在的可能危害的预防。对于现代环境法律制度而言,无论是种类环境标准、指标的设立,还是种种规划、评价、审

---

① 吕忠梅.农村环境综合整治的环境法思考[N].中国社会科学报,2016-01-20(005).

② 徐祥民,巩固.环境中的损害及其防治研究[J].社会科学,2007(5).

批、许可、准入制度,其规制目标无不指向预防生态环境损害的发生。

二、生态环境损害赔偿制度的完善

我国《环境保护法》确立了损害担责原则,旨在对生态环境损害的赔偿与治理。建立健全生态环境损害赔偿制度是对损害担责原则的制度化,要求由造成生态环境损害的责任者承担赔偿责任及修复受损生态环境,这有助于破解"企业污染、群众受害、政府买单"的困局。党中央、国务院高度重视生态环境损害赔偿工作,党的十八届三中全会明确提出:要对造成生态环境损害的责任者严格实行赔偿制度;要建设生态文明,必须建立系统完整的生态文明制度体系,实行最严格的源头保护制度、损害赔偿制度、责任追究制度,完善环境治理和生态修复制度,用制度来保护生态环境。2015 年,中央办公厅、国务院办公厅印发《生态环境损害赔偿制度改革试点方案》(中办发〔2015〕57 号),在吉林等 7 个省市部署开展了改革试点,并取得了明显成效。2017 年 8 月 29 日,习近平总书记主持召开了中央全面深化改革领导小组第三十八次会议,该会议审议通过了《生态环境损害赔偿制度改革方案》。该方案强调,在全国范围内试行生态环境损害赔偿制度是落实党的十八届三中全会部署的一项重要举措,要在总结前期试点工作的基础上进一步明确生态环境损害的赔偿范围、责任主体、索赔主体和损害赔偿解决途径等,形成相应的鉴定评估管理与技术体系以及资金保障及运行机制,探索建立生态环境损害的修复和赔偿制度,加快推进生态文明建设;到 2020 年,力争在全国范围内初步构建责任明确、途径畅通、技术规范、保障有力、赔偿到位、修复有效的生态环境损害赔偿制度。

生态环境损害赔偿制度需要在以下几个方面进行完善。

1. 赔偿主体

赔偿主体包括索赔权利主体和赔偿义务主体。我国《宪法》规定:矿藏、水流、城市土地、国家所有的森林、山岭、草原、荒地、滩涂等自然资源属于国家所有,这些资源属于国有财产,由国务院代表国家行使所有权。但是在这些自然资源受到生态损害后,现行制度并没有具体规定索赔主体。在赔偿权利人方面,《生态环境损害赔偿制度改革试点方案》规定的

生态保护优先原则及其法律制度因应

赔偿权利人是省级政府,而《生态环境损害赔偿制度改革方案》则将赔偿权利人由省级政府扩大至市(地)级政府。这是考虑到在具体司法实践中,生态环境损害赔偿案件主要发生在市(地)级层面,市(地)级政府在配备法制和执法人员、建立健全环境损害鉴定机构、办理案件的专业化程度等方面具有一定的基础,能够在开展生态环境损害赔偿制度改革工作中发挥积极作用。赔偿义务人是指违反法律法规造成生态环境损害的单位或个人,其应当承担生态环境损害赔偿责任,做到"应赔尽赔"。现行民事法律和资源环境保护法律有相关免除或减轻生态环境损害赔偿责任规定的,按相应规定执行。各地区可根据需要扩大生态环境损害赔偿义务人的范围,提出相关立法建议。但是本书认为,赔偿权利人是有资格对生态环境损害请求生态赔偿的主体,是生态环境损害赔偿实现的逻辑起点。政府及其他部门、环保组织、公民个人都有权利针对公共环境利益的损害提出诉求,因为生态环境损害的特征和各索赔主体的职责或能力决定了其在索赔中的地位和优先顺序,即政府占主导地位,环保组织为辅助,公民个人为补充。由于政府的索赔权是重中之重,应明确授予地方政府及其环保部门主导生态环境损害修复和索赔的权利,包括在生态环境损害发生后委托专业评估机构开展损害调查、确认损害及其程度,与责任者进行协商从而及时开展损害修复或赔偿工作,并在协商不成的情况下及时提起损害赔偿诉讼,等等。同时,应明确其他政府部门协助环保部门开展修复与索赔工作的职责。

2. 赔偿内容与范围

《生态环境损害赔偿制度改革方案》规定:"生态环境损害赔偿范围包括清除污染费用、生态环境修复费用、生态环境修复期间服务功能的损失、生态环境功能永久性损害造成的损失以及生态环境损害赔偿调查、鉴定评估等合理费用。各地区可根据生态环境损害赔偿工作进展情况和需要,提出细化赔偿范围的建议。"但本书认为,赔偿范围应该依据生态环境损害的赔偿内容而定。生态环境损害赔偿内容如果以人类环境利益为判断基准,那么生态环境损害就应当包括自然的生态价值损害、自然的资源价值损害、自然的精神价值损害、生物多样性减少或丧失等,因为赔偿内容明确是纳入生态环境损害赔偿范畴的赔偿前提。生态环境损害赔偿的内容是区域环境质量或生态功能的恢复与填补,其赔偿范围主要包括预防和控制生态环境损害的发生与扩大的费用、将受损生态环境恢复到损害发生前状态而采取的修复措施的费用、生态环境损害恢复期间的生态服务功能损失,以及评估费用等,并应强调只有必要、合理的预防控制费用和环境修复费用才可获得赔偿,必要、合理的判断原则或标准有必要进行明确。

3. 赔偿程序

这部分内容包括生态环境损害赔偿协商程序、诉讼程序及两者衔接机制等内容。《生态环境损害赔偿制度改革方案》规定:"经调查发现生态环境损害需要修复或赔偿的,赔偿权利人根据生态环境损害鉴定评估报告,就损害事实和程度、修复启动时间和期限、赔偿的责任承担方式和期限等具体问题与赔偿义务人进行磋商,统筹考虑修复方案技术可行性、成本效益最优化、赔偿义务人赔偿能力、第三方治理可行性等情况,达成赔偿协议。对经磋商达成的赔偿协议,可以依照民事诉讼法向人民法院申请司法确认。经司法确认的赔偿协议,赔偿义务人不履行或不完全履行的,赔偿权利人及其指定的部门或机构可向人民法院申请强制执行。磋商未达成一致的,赔偿权利人及其指定的部门或机构应当及时提起生态环境损害赔偿民事诉讼。"可见,磋商程序是生态环境损害赔偿的前置程序。磋商程序即参与主体是政府与生态环境损害赔偿责任者,磋商的内容是生态环境损害修复措施或相应修复费用的赔偿,需要明确生态环境损害赔偿磋商的启动、磋商的适用条件、磋商的管辖、磋商主体、磋商内容、磋商步骤、磋商期限、磋商的效力等内容。诉讼程序需明确生态环境损害赔偿诉讼原告、诉讼管辖、举证责任与证明标准、诉讼禁止令、判决执行等与传统民事诉讼不同的特殊诉讼规则。磋商与诉讼的衔接程序需明确在生态环境损害赔偿协商不成或虽已达成协议但责任者拒绝履行的情况下,协议的强制执行效力以及政府部门提起生态环境损害赔偿诉讼与现行的环保组织提起环境民事公益诉讼的起诉顺位等问题。

4. 生态环境损害评估

《生态环境损害赔偿制度改革方案》规定:"各地区要加快推进生态环境损害鉴定评估专业力量建设,推动组建符合条件的专业评估队伍,尽快形成评估能力。研究制定鉴定评估管理制度和工作程序,保障独立开展生态环境损害鉴定评估,并做好与司法程序的衔接。为磋商提供鉴定意见的鉴定评估机构应当符合国家有关要求;为诉讼提供鉴定意见的鉴定评估机构应当遵守司法行政机关等的相关规定规范。"这些规定目前只是建议、指导性质的,并不是真正的规则制度。因此,环境损害评估是开展生态环境损害调查、认定生态环境损害事实、制定生态环境修复方案、量化生态环境损害赔偿金额的技术依据或证据支撑,需明确具有能力的评估机构接受索赔权人、责任者或人民法院委托,开展损害调查、评估、修复方案制定等工作的业务范围和基本程序。

5. 生态环境损害赔偿诉讼规则

《生态环境损害赔偿制度改革方案》规定:"各地人民法院要按照有关法律规定、依托现有资源,由环境资源审判庭或指定专门法庭审理生态环境损害赔偿民事案件;根据赔偿义务人主观过错、经营状况等因素试行分期赔付,探索多样化责任承担方式。各地人民法院要研究符合生态环境损害赔偿需要的诉前证据保全、先予执行、执行监督等制度;可根据试行情况,提出有关生态环境损害赔偿诉讼的立法和制定司法解释建议。鼓励法定的机关和符合条件的社会组织依法开展生态环境损害赔偿诉讼。生态环境损害赔偿制度与环境公益诉讼之间衔接等问题,由最高人民法院商有关部门根据实际情况制定指导意见予以明确。"这些规定仍然是具体运作的指导性、倾向性的建议,并不是必须遵行的具体行为规则,因此,生态环境损害赔偿诉讼应体现责任的社会化分担,只在责任者无法确定、责任者灭失或责任者无法承担全部赔偿责任的情况下发挥作用,需明确责任保险、环保基金等社会化责任分担方式,明确保险或基金的设立目的、适用范围、资金来源、赔偿程序与资金监管等问题。

6. 公众参与

《生态环境损害赔偿制度改革方案》规定:"鼓励公众参与。不断创新公众参与方式,邀请专家和利益相关的公民、法人、其他组织参加生态环境修复或赔偿磋商工作。依法公开生态环境损害调查、鉴定评估、赔偿、诉讼裁判文书、生态环境修复效果报告等信息,保障公众知情权。"除此之外,在生态环境损害调查、评估、修复方案制定与修复执行等赔偿过程中,还需明确生态环境损害赔偿全过程中公众参与的事项、时间点、公众范围的选择、赔偿中政府与企业信息公开、公众参与形式及途径、公众意见反馈处理与参与不力的救济等内容,明晰公众知情权、参与权与监督权,强化生态环境损害的公众参与制度。

参 考 文 献

[1] 徐祥民.被决定的法理——法学理论在生态文明中的革命[J].法学论坛,2007(1).

[2] 刘惠荣,等.海洋环境保护立法的国际比较[J].海洋开发与管理,2006(2).

[3] 桑本谦.利他主义求助的法律干预[J].中国社会科学,2012(10).

[4] 康芒,斯塔格尔.生态经济学引论[M].金志农,等,译.北京:高等教育出版社,2012.

[5] 罗纳德·德沃金.认真对待权利[M].信春鹰,等,译.北京:中国大百科全书出版社,1998.

[6] 威廉·巴雷特.非理性的人[M].段德智,译.上海:上海译文出版社,1992.

[7] 莱斯特·R.布朗.生态经济——有利于地球的经济构想[M].林自新,等,译.北京:东方出版社,2002.

[8] 弗·卡普拉.转折点:科学、社会、兴起中的新文化[M].冯禹,译.北京:中国人民大学出版社,2011.

[9] Evans G C. A sack of uncut diamonds:The study of ecosystems and the future resources of mankind[J]. Journal of Ecology,1976(3):1-38.

[10] 周珂,谭柏平.论我国海岛的保护与管理——以海岛立法完善为视角[J].中国地质大学学报,2008(1).

[11] 吕忠梅.环境公益诉讼辨析[J].法商研究,2008(6).

[12] 吕振宇,等.中国农业生态环境面临的问题与改善对策[J].中国农学通报,2009,25(4).

[13] 郭飞,等.海域使用和海岛保护行政执法实务[M].北京:海洋出版社,2013.

[14] 郭院,等.海岛法律制度比较研究[M].青岛:中国海洋大学出版社,2006.

[15] 陈中义,等.互花米草入侵东滩盐沼对大型底栖无脊椎动物群落的影响[J].湿地科学,2005.

[16] 陈晓东,等.苏北辐射沙洲环境资源特征及其可持续发展战略[J].海洋开发,2001(1).

[17] 林昭进,等.大亚湾珊瑚礁分布现状及生态特点[J].热带海洋学报,2007(13).

[18] 张艳蕊.公益诉讼的本质及其理论基础[J].行政法学研究,2006(3).

[19] 王元楣,等.《日本环境教育法》的现状及修正[J].环境教育,2009(9).

[20] 赵士洞,张永民.生态系统评估的概念、内涵及挑战[J].地球科学进展,2004(4).

[21] 欧阳志云,王如松,赵景柱.生态系统服务功能及其生态经济价值评价[J].应用生态学报,1999(5).

[22] 张灵杰.美国海岸带综合管理及其对我国的借鉴意义[J].世界地理研究,2001(2).

[23] 吴晓青.加强生态保护维护国家生态安全[J].生态与农村环境学报,2006(3).

[24] 杨群芳.论环境法的基本原则之环境优先原则[J].中国海洋大学学报(社会科学版),2009(2).

[25] 徐琳瑜,杨志峰,李巍.论生态优先与城区环境保护[J].中国人口·资源与环境,2004(3).

[26] 刘思华.论以生态为本位的科学依据与理念框架[J].中南财经政法大学学报,2002(4).

[27] 董全.生态功益:自然生态过程对人类的贡献[J].应用生态学报,1999(2).

[28] 叶平.生态权力观和生态利益观探讨[J].哲学动态,1995(3).

[29] 刘长明.生态是生产力之父——兼论生态优先规律[J].中文史哲,2003(3).

[30] 何中华."可持续发展"观及其哲学意蕴[J].哲学研究,1996(9).

[31] 李钢.实现可持续发展的基本条件[J].北京化工大学学报(社会科学版),2001(1).

[32] 冯汉桥.国际法不加禁止行为责任制度对一国涉外民事案件的影响[J].全球视野,2007(1).

[33] 罗科斯·庞德.法律史解释[M].邓正来,译.北京:中国法制出版社,2002.

[34] 戴利,弗蕾.生态经济学——原理与应用[M].徐中民,等,译.郑州:黄河水利出版社,2007.

[35] 丹尼尔·F.史普博.管制与市场[M].余晖,等,译.上海:格致出版社·上海三联书店·上海人民出版社,2005.

[36] 王治国.关于生态修复若干概念与问题的讨论[J].中国水土保持,2003(10).

[37] 韩波.公益诉讼制度的力量组合[J].当代法学,2013(1).

[38] 洛克.政府论[M].叶启芳,等,译.北京:商务印书馆,1993.

[39] 罗斯科·庞德.法律史解释[M].曹玉堂,等,译.北京:华夏出版社,1992.

[40] 威廉·莱斯.自然的控制[M].岳长龄,等,译.重庆:重庆出版社,1993.

[41] K.A.沃科特,等.生态系统——平衡与管理的科学[M].欧阳华,等,译.北京:科学出版社,2002.

[42] 曹明德.生态法的理论基础[J].法学研究,2002(5).

[43] 陈慈阳.环境法总论[M].北京:中国政法出版社,2003.

[44] 曹明德.生态法新探[M].北京:人民出版社,2007.

[45] 汪劲.环境法学[M].北京:北京大学出版社,2006.

[46] 徐祥民.极限与分配——再论环境法的本位[J].中国人口.资源与环境,2003(4).

[47] 徐祥民,等.环境侵权与环境侵害——兼论环境法的使命[J].法学论坛,2006(2).

[48] 卡尔·拉伦茨.法学方法论[M].陈爱娥,译.北京:商务印书馆,2003.

[49] 卡尔·施密特.论法学思维的三种模式[M].苏蕙婕,译.北京:中国法制出版社,2012.

[50] 考夫曼.法律哲学[M].刘幸义,等,译.北京:法律出版社,2004.

[51] 徐祥民.环境法学的三个猜想[J].中国环境法学评论,2011(2).

[52] 徐祥民.环境法律观检讨[J].法学研究,2011(6).

[53] 阿尔·戈尔.濒临失衡的地球——生态与人类精神[M].陈嘉映,等,译.北京:中央编译出版社,1997.

[54] 孟德斯鸠.论法的精神[M].许明龙,译.北京:商务印书馆,2012.

[55] 凯斯·R.孙斯坦.风险与理性——安全、法律及环境[M].师帅,译.北京:中国政法大学出版社,2005.

[56] 罗斯科·庞德.法律史解释[M].曹玉堂,等,译.北京:华夏出版社,1992.

[57] 诺维克.科学的未来和生态问题[J].哲学问题,1975(1).

[58] 李刚.生态政治学、范式与学科定位[J].马克思主义与现实,2005(2).

[59] 亚里士多德.政治学[M].吴寿彭,译.北京:商务印书馆,1965.

[60] 唐纳德·沃斯特.自然的经济体系——生态思想史[M].侯文蕙,译.北京:商务印书馆,2007.

[61] 余谋昌.马克思和恩格斯的环境哲学思想[J].山东大学学报,2005(6).

[62] 徐罗卿.马克思的生态政治思想及其当代启示[J].前沿,2012(17).

[63] 威廉·莱斯.自然的控制[M].岳长龄,等,译.重庆:重庆出版社,1993.

[64] E.博登海默.法理学法律哲学与法律方法[M].邓正来,译.北京:中国政法大学出版社,2004.

[65] 霍尔姆斯·罗尔斯顿.环境伦理学[M].杨通进,译.北京:中国社会科学出版社,2000.

[66] 张祥国.无居民海岛开发的环境问题及其可持续利用[J].生态经济,2011(4).

[67] 黄国恩.从生态安全的角度评析《海岛保护法》[J].中国环境法制,2010(3).

[68] 王灿发.论生态文明建设法律保障体系的构建[J].中国法学,2014(3).

[69] 保罗·霍肯.商业生态学[M].夏善晨,等,译.上海:上海译文出版社,2014.

[70] 黑格尔.自然哲学[M].北京:商务印书馆,1980.

[71] 彼得·辛格.实践伦理学[M].刘莘,译.北京:东方出版社,2005.

[72] 戴维·埃伦费尔德.人道主义的僭妄[M].李云龙,译.北京:国际文化出版公司,1988.

[73] 徐祥民,等.生态保护优先:制定海岛法应贯彻的基本原则[J].海洋开发与管理,2006(2).

[74] 江山.法律革命:从传统到超现代——兼谈环境资源法的法理问题[J].比较法研究,2000(1).

[75] 王永生.《海岛保护法》:呵护我国海岛的"防护栏"[J].南方国土资源,2010(3).

[76] 肖建国.民事公益诉讼的基本模式研究——以中、美、德三国为中心的比较法考察[J].中国法学,2007(5).

[77] 丹尼斯·米多斯.增长的极限[M].李宝恒,译.沈阳:吉林人民出版社,1997.

[78] 莱斯特·R.布朗.崩溃边缘的世界[M].林自新,等,译.上海:上海科技教育出版社,2011.

[79] Kathleen H, Patrick H, Gary A K. Seagrass loss associated with boat moorings at Rottnest Island Western Australia[J]. Ocean and Coastal Management, 1995 (26): 225-246.

[80] Marion G, Wasistini B. Whose sustainability? Top-down participation and emergent rules in marine protected area management in Indonesia[J]. Marine Policy, 2010(6): 1215-1225.

[81] Jong S K, Seongjin H. Assessment of trace pollutants in Korean coastal sediments using the triad approach: A review [J]. Science of The Total Environment, 2014(470-471): 1450-1462.

[82] 利奥波德.沙乡年鉴[M].朱敏,译.上海:上海科学普及出版社,2014.

[83] 亨特布尔格,路克斯,史蒂文.生态经济政策:在生态专制和环境灾难之间[M].葛竞天,等,译.大连:东北财经大学出版社,2005.

[84] 霍肯.商业生态学——可持续发展的宣言[M].戴星翼,等,译.上海:上海译文出版社,2001.

[85] K.茨威格特,等.比较法总论[M].潘汉典,等,译.北京:法律出版社,2003.

[86] 黑格尔.逻辑学(下卷)[M].杨之一,译.北京:商务印书馆,1966.

[87] V.W.拉坦.诱致性制度变迁理论[M].上海:上海人民出版社,1994.

[88] 大卫·D.弗里德曼.经济学语境下的法律规则[M].杨欣欣,译.北京:法律出版社,2004.

[89] Su Y J, Jun G B, et al. The study of distribution characteristics of vascular and naturalized plants in Dokdo, South Korea[J]. Journal of Asia-Pacific Biodiversity, 2014(5): 197-205.

[90] Dirhamsyah D. Indonesian legislative framework for coastal resources management: a critical review and recommendation[J]. Ocean and Coastal Management, 2006(1-2): 68-92.

[91] 康芒,斯塔格尔.生态经济学引论[M].金志农,等,译.北京:高等教育出版社,2012.

[92] 蕾切尔·卡逊.寂静的春天[M].吕瑞兰,李长生,译.长春:吉林人民出版社,1997.

[93] 唐奈勒·H.梅多斯,等.超越极限——正视全球性崩溃,展望可持续的未来[M].赵旭,等,译.上海:上海译文民出版社,2001.

[94] Marion G, Wasistini B. Whose sustainability? top-down participation and emergent rules in marine protected area management in Indonesia[J]. Marine Policy, 2010(6): 1215-1225.

[95] 劳伦斯·M.弗里德曼.法律制度——从社会科学角度观察[M].李琼英,等,译.北京:中国大百科全书出版社,1997.

[96] 樊浩.当代伦理精神的生态合理性[J].中国社会科学,2001(1).

[97] 夏美武,金太军.政治生态学:理论原则、价值与现实意义[J].学习与探索,2012(2).

[98] 禹国峰.马克思主义环境哲学的生成理路及现代境遇[J].南京林业大学学报,2007(2).

[99] 迈克尔·D.贝勒斯.法律的原则——一个规范分析[M].张文显,译.北京:中国大百科全书出版社,1996.

[100] 诺内特·塞尔兹尼克.转变中的法律与社会——迈向回应型法[M].张志铭,译.北京:中国政法大学出版社,1994.

[101] A.J.米尔恩.人的权利与人的多样性——人权哲学[M].邓正来,译.北京:中国大百科全书出版社,2000.

[102] 简·汉考克.环境人权：权力、伦理与法律[M].李隼,译.重庆：重庆出版社,
2007.

[103] 周珂.生态环境法论[M].北京：法律出版社,2001.

[104] 王名扬.美国行政法[M].北京：中国法制出版社,1995.

[105] Indur G. The Precautionary Principle[M]. Washington D. C.：The Cato
Institute,2001.

[106] Towns D R, Ballantine W J. Conservation and restoration of New Zealand Island
ecosystems[J]. Trends in Ecology & Evolution, 1993, 8(12)：452-457.

[107] 蔡晓明.生态系统生态学[M].北京：科学出版社,2002.

[108] 赵绘宇.生态系统管理法律研究[M].上海：上海交通大学出版社,2006.

[109] 余谋昌.生态哲学[M].西安：陕西人民出版社,2000.

[110] 刘京希.政治生态论——政治发展的生态学考察[M].济南：山东大学出版
社,2007.

[111] 沈守愚,孙佑海.生态法学与生态德学[M].北京：中国林业出版社,2010.

[112] 林娅.环境哲学导论[M].北京：中国政法大学出版社,2000.

[113] Garbisch E W. Hambleton Island restoration：environmental concern's first
wetland creation project[J]. Ecological Engineering, 2005(24)：289-307.

[114] 叶俊荣.环境政策与法律[M].北京：中国政法大学出版社,2003.

[115] 金瑞林.环境法——大自然的护卫者[M].北京：时事出版社,1985.

[116] 胡静.环境法的正当性与制度选择[M].北京：知识产权出版社,2009.

[117] Jong S K, Seongjin H. Assessment of trace pollutants in Korean coastal
sediments using the triad approach：A review[J]. Science of The Total
Environment, 2014(470-471)：1450-1462.

[118] 朱谦.环境法基本原理——以环境污染防治法律为中心[M].北京：知识产权出
版社,2009.

[119] 全国人大常委会法制工作委员会.中华人民共和国海岛保护法释义[M].北京：
法律出版社,2010.

[120] 汪劲.环境法律的理念与价值追求[M].北京：法律出版社,2000.

[121] Copson G, Whinam J. Review of ecological restoration programme on
subantarctic Macquarie Island：pest management progress and future directions
[J]. Ecological Management & Restoration, 2001(2)：129-138.

[122] Gibbs J P, Marquex C, Sterling E J. The role of endangered species

reintroduction in ecosystem restoration[J]. Restoration Ecology, 2008, 16(1): 88-93.

[123] 王树义.俄罗斯生态法[M].武汉：武汉大学出版社,2001.

[124] 蔡守秋.环境资源法教程[M].北京：高等教育出版社,2004.

[125] 李昌麒.经济法学[M].北京：中国政法大学出版社,2007.

[126] 杨紫烜.经济法[M].北京：北京大学出版社,2006.

[127] 千年生态系统评委会.生态系统与人类福祉评估报告[M].张永民,赵士洞,译.北京：中国环境科学出版社,2005.

[128] 千年生态系统评估委员会.生态系统与人类福祉：综合报告[M].赵士洞,张永民,译.北京：中国环境科学出版社,2007.

[129] 常纪文.环境法前沿问题——历史梳理与发展探究[M].北京：中国政法大学出版社,2011.

[130] 陈光伟.美国自然资源立法与管理[M].北京：科学出版社,2001.

[131] 赵国青.外国环境法选编(第一辑)[M].北京：中国政法大学出版社,2000.

[132] 马骧聪.环境保护法的健全与完善[M]//环境法治：参与和见证——环境资源法学论文选集.北京：中国社会科学出版社,2012.

[133] 曹明德,龙钰.关于修改我国《环境保护法》的若干思考[M]//《中华人民共和国环境保护法》修改专题研究.北京：科学出版社,2003.

[134] 别涛.环境公益诉讼[M].法律出版社,2007.

[135] 徐祥民.从利益主体看环境法与财产法的区别[J].公民与法,2012(1).

[136] 徐祥民.从现代环境法的发展阶段看循环型社会法的特点[J].学海,2007(1).

[137] 赫尔曼·E.戴利,乔舒亚·法利.生态经济学：原理和应用[M].金志农,等,译.北京：中国人民大学出版社,2014.

[138] 岩佐茂.环境的思想——环境保护与马克思主义的结合处[M].韩立新,等,译.北京：中央编译出版社,2006.

[139] 彼德·巴特姆斯.数量生态经济学：如何实现经济的可持续发展[M].齐建国,等,译.北京：社会科学文献出版社,2013.

[140] 马克思,恩格斯.马克思恩格斯全集(第23卷)[M].北京：人民出版社,1972.

[141] 马克思,恩格斯.马克思恩格斯选集(第4卷)[M].北京：人民出版社,1995.

[142] 马克思,恩格斯.马克思恩格斯选集(第1卷)[M].北京：人民出版社,1995.

[143] 马克思,恩格斯.马克思恩格斯全集(第25卷)[M].北京：人民出版社,1974.

[144] 马克思,恩格斯.马克思恩格斯全集(第20卷)[M].北京：人民出版社,1971.

[145] 余谋昌.生态观与生态方法[J].环境生态科学,1981(3).

[146] 舒廷飞,等.海水养殖对近岸生态环境的影响[J].海洋环境科学,2002(2).

[147] 徐祥民.环境权论——人权发展历史分期的视角[J].中国社会科学,2004(4).

[148] Kathleen H, Patrick H, Gary A K. Seagrass loss associated with boat moorings at Rottnest Island Western Australia[J]. Ocean and Coastal Management, 1995 (26)：225-246.

[149] Polanyi K. The Great Transformation. The Political and Economic Origins of Our Time[M]. Boston：Beacon Press, 2001.

[150] Peter H, Main Currents in Western Environmental Thought[M]. Bloomington：Indiana University Press, 2000：136.

[151] Selfishness. A New Concept of Egoism[M]. New York：Signet, 1964：98.

[152] 潘岳.生态文明的前夜[J].瞭望,2007(43).

[153] 潘岳.中华传统文明充满生态智慧[J].高层视点,2009(2).

[154] 潘岳.中华传统与生态文明[J].瞭望新闻周刊,2009(2).

[155] Milton F. The Politics of Growth un Postwar America[M]. Chicago：University of Chicago Press, 1962：135.

[156] Hardin G. The tragedy of the commons[J]. Science, 1968(1234-1248).

[157] Perrings C. Ecology, economics and ecological economics[J]. Ambio, 1995, 24 (1)：60-63.

[158] 王颖.黄海陆架辐射沙脊群[M].北京：中国环境科学出版社,2002.

[159] 任海,李萍,彭少麟.海岛与海岸带生态系统恢复与生态系统管理[M].北京：科学出版社,2004.

[160] Simberloff D. How forest fragmentation hurts species and what to do about it [J]. Sustainable Ecological Systems. 1993(1)：85-90.

[161] Ballantine W J, Gordon D P. New Zealand's first marine reserve, cape rodney to Okakari point[J]. Biological Conservation, 1979(4)：273-280.

[162] 阿图尔·考夫曼,温弗里德·哈斯默尔.当代法哲学和法律理论导论[M].郑永流,译.北京：法律出版社,2002.

[163] 比尔·麦克基本.自然的终结[M].孙晓春,马树林,译.长春：吉林人民出版社,2000.

[164] Simon A B, Greg A S. Implementing marine reserve networks：a comparison of approaches in New South Wales (Australia) and New Zealand[J]. Marine

Policy, 2010(2): 197-207.

[165] Marion G, Wasistini B. Whose sustainability? top-down participation and emergent rules in marine protected area management in Indonesia[J]. Marine Policy, 2010(6): 1215-1225.

[166] 理查德·A.波斯纳.法律的经济分析[M].蒋兆康,译.北京:中国大百科全书出版社,1997.

[167] Rowan T, Rosemary G. At sea movement of Macquarie Island giant petrels: relationships with marine protected areas and regional fisheries management organisations[J]. Biological Conservation, 2008(12): 2942-2958.

[168] 哈特.法律的概念[M].张文显,译.北京:中国大百科全书出版社,1996.

[169] 弗里德利希·冯·哈耶克.法律、立法与自由(第一卷)[M].邓正来,等,译.北京:中国大百科全书出版社,2000.

[170] 郭洁.集体建设用地使用权流转市场法律规制的实证研究[M].北京:法律出版社,2013:142.

[171] 陆勇峰.集体建设用地流转试点背景下的村庄规划实践[J].城市发展研究,2012(9).